HISTOIRE DE NAPOLÉON.

A LA MÊME LIBRAIRIE :

HISTOIRE D'ANGLETERRE. 1 vol. in-12.
HISTOIRE DE RUSSIE. 1 vol. in-12.
HISTOIRE D'ESPAGNE. 1 vol. in-12.
HISTOIRE DU BAS-EMPIRE. 2. vol. in-12.
HISTOIRE DU MOYEN-AGE. 1 vol. in-12.
HISTOIRE DE LOUIS XII. 1 vol. in-12.
HISTOIRE DE LOUIS XIV. 1 vol. in-12.
HISTOIRE DU GRAND CONDÉ. 1 vol. in-12.
HISTOIRE DE VAUBAN. 1 vol. in-12.
HISTOIRE DE GODEFROI DE BOUILLON. 1 vol. in-12.
HISTOIRE DE PIERRE D'AUBUSSON. 1 vol. in-12.
HISTOIRE DE HENRI IV. 1 vol. in-12.
HISTOIRE DU BRAVE CRILLON. 1 vol. in-12.
HISTOIRE DE BERTRAND DU GUESCLIN. 1 vol. in-12.
HISTOIRE DE BOSSUET. 1 vol. in-12.
HISTOIRE DE FÉNELON. 1 vol. in-12.
HISTOIRE DE PHILIPPE-AUGUSTE. 1 vol. in-12.
HISTOIRE DE PIE VI. 1 vol. in-12.
HISTOIRE DE PIE VII. 1 vol. in-12.
HISTOIRE DE MARIE-ANTOINETTE. 1 vol. in-12.
HISTOIRE DES SOLITAIRES D'ORIENT. 1 vol. in-12.
HISTOIRE DE SAINT FRANÇOIS D'ASSISE. 1 vol. in-12.
HISTOIRE DE SAINTE MONIQUE. 1 vol. in-12.
HISTOIRE DE STANISLAS, roi de Pologne. 1 vol. in-12.

Napoléon à Moscou

HISTOIRE
DE
NAPOLÉON,

Par l'auteur de l'histoire de Vauban.

LILLE.
L. LEFORT, IMPRIMEUR-LIBRAIRE,
RUE ESQUERMOISE, 55.
1846.

PROPRIÉTÉ DE

HISTOIRE DE NAPOLÉON.

CHAPITRE PREMIER.

Famille de Bonaparte. — Naissance de Napoléon et ses premières années, jusqu'au 13 vendémiaire.

La famille Bonaparte ou Buonaparte [1] était originaire de la Toscane. Elle a joué un rôle distingué dans le moyen-âge; elle a été puissante à Trévise; on la trouve inscrite sur le *livre d'or* de Bologne, et ses membres

[1] On écrivait indifféremment de l'une ou de l'autre manière; la seconde est conforme à l'ancienne orthographe italienne, et l'autre à la nouvelle qui a supprimé l'*u* dans la plupart des noms en *uo* et *uon*. Pendant sa première campagne d'Italie, Napoléon signait toujours *Buonaparte*; ce n'est qu'arrivé au consulat qu'il a signé Bonaparte.

faisaient partie des patrices de Florence ; elle avait contracté des alliances avec les Ursins, les Médicis et les Lomellini. Un pape, Nicolas v, eut pour mère une Bonaparte de Sarzanne. Pendant les sanglantes querelles des Guelfes et des Gibelins, querelles qui durèrent plusieurs siècles et désolèrent toutes les villes d'Italie, la famille Bonaparte, attachée au parti Gibelin, fut forcée de quitter Florence, et se retira d'abord à Sarzanne, puis en Corse. Toutefois une branche de cette famille resta en Toscane et se fixa à San-Miniato, où quelques-uns de ses descendants vivaient encore au commencement de ce siècle. La branche établie en Corse y contracta avec le temps des alliances avec les premières familles de l'île ; elle acquit des propriétés, et obtint la plus grande influence dans la *Piéve* ou canton de Talavo, surtout dans le bourg de Bocognano. Mais quelle qu'ait été l'illustration de cette famille, eût-elle compté des rois parmi ses ancêtres, comme le prétendaient quelques généalogistes flatteurs au temps de la haute fortune de Napoléon, ce n'est qu'à cet homme prodigieux que le nom de Bonaparte doit d'être mis au rang des noms les plus célèbres de l'histoire.

Vers le milieu du dix-huitième siècle, il ne restait qu'un rejeton de la branche corse des Bonaparte; c'était Charles, qui fut élevé sous la tutelle d'un vénérable ecclésiastique, son oncle, nommé Lucien Bonaparte, archidiacre d'Ajaccio. Comme la plupart des jeunes gentilshommes de son île, Charles Bonaparte alla achever son éducation sur le continent ; il suivit avec succès les cours des universités de Rome et de Pise, et se fit remarquer par une éloquence vive, naturelle, pleine de chaleur et d'énergie. De retour dans sa patrie, il épousa Lætitia Ramolino, femme non moins remarquable par sa beauté que par le courage et la force de son âme. A cette époque, la Corse, soulevée par le célèbre Pascal Paoli, renouvelait contre Gênes une de ces luttes qui duraient depuis le douzième siècle, et qui n'avaient jamais permis à cette république d'assujettir entièrement les Corses, ni à ceux-ci de recouvrer complètement leur indépendance. Charles Bonaparte vint combattre sous les drapeaux de Paoli, et mérita, par son courage et son dévouement, l'amitié de son chef et l'estime de ses compatriotes.

Bientôt les Gênois, désespérant de soumettre les Corses, implorèrent l'appui de la France contre ceux qu'ils appelaient leurs *sujets révoltés*. Le duc de Choiseul, ministre de Louis XV, accueillit la demande des Gênois, mais avec l'intention de conquérir la Corse, non pour eux, mais pour la France. Des troupes envoyées sous le commandement du marquis de Chauvelin et du comte de Marbeuf, remportèrent d'abord quelques avantages sur les soldats de Paoli. Enfin, le comte de Vaux, amenant de nouveaux renforts et une bonne artillerie, acheva en quelques mois la soumission de l'île. Le 15 juin 1769, Paoli s'embarqua sur un bâtiment anglais pour Livourne, et laissa les Français maîtres de la Corse.

Charles Bonaparte n'avait cessé de combattre jusqu'au dernier moment pour l'indépendance de sa patrie. Quand il la vit tombée au pouvoir des Français, il voulut suivre Paoli dans son émigration; mais l'archidiacre Lucien qui exerçait toujours sur lui l'autorité d'un père, le força de revenir. D'autres motifs le déterminèrent sans doute à obéir aux ordres de son oncle; sa jeune épouse, qui pendant tout le cours de cette guerre, l'avait suivi à cheval et avait partagé ses périls, était sur le point de devenir mère pour la seconde fois. Pouvait-il l'abandonner dans un pareil moment, ou l'emmènerait-il chercher une hospitalité douteuse sur une terre étrangère? D'un autre côté, puisque la Corse ne pouvait être indépendante, ne valait-il pas mieux qu'elle fût soumise à une grande puissance, qui la réunirait à ses autres provinces, que d'être à la merci d'une petite république de marchands, qui ne savaient ni se faire aimer, ni se faire craindre? Ces considérations, et bien d'autres encore, t influèren probablement sur la détermination de Charles Bonaparte; il revint à Ajaccio et fit sa soumission à l'autorité française.

Cependant Mme Bonaparte après avoir assisté, le jour de l'Assomption, 15 août 1769, à l'office divin; fut obligée de revenir en toute hâte chez elle, et donna le jour à un fils qu'elle déposa sur un de ces vieux tapis antiques à grandes figures, qui ornait son salon; ce fils, c'était NAPOLÉON.

Ce nom de Napoléon, si peu connu alors, était, depuis plusieurs générations, donné toujours au second fils de la famille Bonaparte, en mémoire d'un Napoléon des Ursins, célèbre dans les fastes militaires de l'Italie.

L'enfance de Napoléon n'offrit rien de remarquable et qui pût faire présager le rôle important qu'il devait jouer un jour. « Je n'étais, a-t-il dit lui-même, qu'un enfant obstiné et curieux. » On peut ajouter qu'il avait déjà le caractère dominateur, car il exerçait sur ses frères et sœurs, même sur Joseph, qui était l'aîné, un ascendant complet. Personne ne lui imposait, excepté sa mère, pour laquelle il conserva toute sa vie l'affection la plus vive et le respect le plus profond.

En 1779, Charles Bonaparte fut nommé député de la noblesse des états de Corse. Il partit pour Versailles, en cette qualité, et emmena avec lui son fils Napoléon, alors âgé de dix ans et sa fille Elisa. Il passa par Florence, où, par la considération dont sa famille jouissait en Toscane, il obtint une lettre de recommandation du grand duc Léopold, pour la reine de France, Marie-Antoinette, sœur de ce prince. Ce fut à cette recommandation, d'accord du reste avec la politique de la France, qui appelait aux écoles royales les enfants des familles nobles de la nouvelle conquête, qu'il dut la faveur de placer sa fille à Saint-Cyr, et Napoléon à Brienne.

Son séjour à l'école de Brienne n'offrit rien encore de remarquable et qui pût faire présager son brillant avenir. Nous omettrons donc ces anecdotes apocryphes, racontées par des panégyristes enthousiastes, ou par des détracteurs passionnés, dans lesquelles les uns prétendent voir l'annonce de ses hautes destinées, les autres le futur tyran de son pays. M. de Bourrienne, qui était entré en même temps que lui à l'école militaire, et qui se lia intimement avec lui pendant les cinq années que Napoléon passa à Brienne, a laissé, dans ses mémoires sur cette époque de sa vie, des souvenirs qu'on lira avec intérêt, parce qu'ils portent le cachet de la vérité. « Bonaparte, dit-il, se faisait remarquer à Brienne par la couleur de son teint, que le climat de la France a beaucoup changé depuis, par son regard perçant et investigateur, par le ton de sa conversation avec ses maîtres et ses camarades. Il y avait presque toujours de l'aigreur dans ses propos. Il était très-peu aimant ; il ne faut, je pense, l'attribuer qu'aux malheurs qu'avait éprouvés sa famille au moment de sa naissance, et aux impressions qu'avait faites sur ses premières années la conquête de son pays.... » Le caractère du jeune Corse était encore aigri par les moqueries des élèves, qui le plaisantaient souvent et sur son prénom Napoléon [1] et sur son pays. On conçoit l'espèce d'isolement dans lequel il vécut, prenant rarement part aux jeux et aux bruyants exercices de ses condisciples. « Dès qu'arrivait le moment de la récréation, ajoute Bourrienne, il courait à la bibliothèque, où il lisait avec avidité les livres d'histoire, surtout Polybe et Plutarque. Il aimait beaucoup aussi Arrien et ne faisait pas grand cas de Quinte-Curce. Je le laissais souvent seul à la bibliothèque pour aller jouer avec mes camarades [2]. »

Le jeune Bonaparte fit des progrès rapides dans les mathématiques; il n'en fut pas de même à l'égard des belles-lettres, des langues et des arts d'agrément, pour lesquels il ne montrait aucune disposition. Ses mœurs étaient sévères; les principes religieux qu'il avait reçus dans sa première enfance étaient encore chez lui dans toute leur force. Il fit sa première communion avec toute la ferveur et toute la foi qu'on pouvait attendre d'une âme que le souffle du monde et de la philosophie de cette époque n'avait pas encore flétrie. La lettre qu'il écrivit à cette occasion à son oncle Fesch est empreinte d'une vive piété, qui semble contraster étrangement avec une autre époque de sa vie, et qui cependant nous paraîtra moins surprenante quand nous serons arrivés au récit de ses derniers instants, où nous verrons cette foi de la première enfance se réveiller avec toute sa vivacité, et lui adoucir les approches de la mort.

Tout ce qu'on a pu dire sur le séjour de Napoléon à Brienne, sur ses progrès, sur son caractère, se résume

[1] Ce nom, que l'accent corse lui faisait prononcer à peu près *Napoilloné*, lui valut de ses camarades le sobriquet de *La-paille-au-nez*.
[2] Mémoires de M. de Bourrienne, t. I. p. 33.

dans cette note du chevalier de Kéralio, inspecteur des écoles militaires, note dont l'authenticité ni l'impartialité ne peuvent être suspectées, puisqu'elle fut adressée au ministre de la guerre en 1784, et que celui qui l'avait rédigée mourut dans la même année.

« INSPECTION DES ÉCOLES MILITAIRES. — 1784. — ECOLE DE BRIENNE. *Etat des élèves du roi susceptibles par leur âge d'entrer au service ou de passer à l'école de Paris ;* savoir :

« M. de Buonaparte (Napoléon), né le 15 août 1769, taille de quatre pieds dix pouces dix lignes, a fait sa quatrième ; de bonne constitution, santé excellente ; caractère soumis ; honnête, reconnaissant ; conduite très-régulière ; s'est toujours distingué par son application aux mathématiques ; il sait très-passablement son histoire et sa géographie ; il est assez faible dans les exercices d'agrément et pour le latin où il n'a fait que sa quatrième ; *ce sera un excellent marin ;* mérite de passer à l'école de Paris. »

D'après le rapport de M. de Kéralio, adopté par M. de Regnoult, son successeur, le jeune Bonaparte fut admis à l'école militaire de Paris, et il y entra au mois d'octobre 1784, comme on peut le voir par la note suivante, tirée du registre de l'école de Brienne : « Le 17 octobre 1784, est sorti de l'école royale militaire de Brienne M. Napoléon de Buonaparte, écuyer, né en la ville d'Ajaccio, en l'île de Corse, le 15 août 1769, fils de noble Charles-Marie de Buonaparte, député de la noblesse de Corse, demeurant en ladite ville d'Ajaccio, et de dame Lætitia Ramolino, sa mère, suivant l'acte porté au registre de réception, folio 31, reçu dans cet établissement le 23 avril 1779 [1]. » Ainsi Napoléon était

---

[1] Cette note répond aux assertions qu'on avait affecté de

entré à Brienne à l'âge de neuf ans cinq mois vingt-sept jours, et en était sorti à l'âge de quinze ans deux mois, après y avoir séjourné pendant cinq ans et demi.

Napoléon montra à l'école militaire de Paris les mêmes dispositions et obtint à peu près les mêmes succès qu'à Brienne.

Après deux ans passés à l'école militaire de Paris, et à la suite d'un sévère examen dirigé par l'illustre Laplace, Napoléon fut nommé lieutenant en second dans le régiment d'artillerie de La Fère, et il se rendit à Valence, où ce corps était en garnison. Là, il eut pour camarades de pension Lariboissière, qu'il nomma depuis, étant empereur, inspecteur-général de l'artillerie; Sorbier, qui succéda à ce titre à Lariboissière; d'Hédouville cadet, ministre plénipotentiaire à Francfort; Mallet, le frère de celui qui s'est rendu fameux par l'échauffourée de 1813; Mabille, qui, au retour de l'émigration, fut placé par Napoléon dans l'administration des postes; Rolland de Villarceaux, depuis préfet de Nîmes; Desmazzis cadet, son camarade d'école militaire, et le compagnon de ses premières années, auquel il confia, devenu empereur, le garde-meuble de la couronne.

Napoléon, dès les premiers temps de son séjour à Valence, fut admis chez Mme du Colombier, femme de cinquante ans, du plus rare mérite, et qui donnait le ton à la société de Valence. Mme du Colombier accueillit avec faveur et une sorte de prédilection le jeune officier d'artillerie, qui se faisait remarquer par une instruction

répandre sur la basse extraction de Bonaparte; son père y est qualifié de *noble*, et d'après une ordonnance rendue sous le ministère de M. de Ségur, en 1776, il fallait *quatre quartiers* de noblesse pour être admis comme élève du roi dans les écoles militaires.

solide, par l'élévation de ses idées, et peut-être encore plus par la manière originale de les exprimer. Napoléon perdit peu à peu dans cette société l'âpreté sauvage qu'il avait conservée pendant son séjour dans les écoles militaires; il y contracta des relations utiles, qui n'ont pas été sans influence, ainsi qu'il le déclare lui-même, sur les destinées de sa vie [1]. Pour n'en citer qu'un exemple, nous dirons que c'est là qu'il connut et qu'il sut apprécier Montalivet, qui devait être un jour un de ses plus habiles ministres.

En 1788, l'académie de Lyon mit au concours cette question : *Quels sont les principes et les sentiments qu'il importe le plus d'inculquer aux hommes pour leur bonheur?* Napoléon concourut sous le voile de l'anonyme et remporta le prix, si l'on en croit le mémorial de Sainte-Hélène; mais il paraîtrait, au contraire, d'après les documents authentiques fournis par M. Péricaud, bibliothécaire de Lyon, que ce prix fut gagné par Daunou, et que le manuscrit de Bonaparte n'obtint pas même une mention. Vers ce temps Napoléon s'occupa aussi d'écrire l'histoire de la Corse. Pendant ses semestres, qu'il passait ordinairement à Paris, il avait fait la connaissance de l'abbé Raynal, le trop célèbre auteur de l'*histoire philosophique*. Bonaparte lui soumit la première partie de son ouvrage, et en reçut des encouragements et des éloges. Cependant cet ouvrage ne fut point achevé; le manuscrit même sortit des mains de son auteur, et ne s'est plus retrouvé [2]. Du reste Napoléon ne regrettait pas cette perte, parce que, disait-il, cet ouvrage, ainsi que le discours envoyé à

[1] Mémorial de Saint-Hélène.
[2] On annonce pourtant que ce manuscrit, ainsi que beaucoup d'autres écrits de la jeunesse de Napoléon, ont été retrouvés et vont être publiés par M. Libri.

l'académie de Lyon, *était écrit dans l'esprit philosophique de l'époque, et rempli de maximes et d'idées républicaines*, qui faisaient un singulier contraste avec la conduite de celui qui plus tard renversa la république et rétablit la monarchie. Mais alors Napoléon avait embrassé avec ardeur les idées nouvelles, et quand la révolution éclata, elle le trouva tout disposé à en adopter les principes. Ainsi, loin d'imiter ceux de ses compagnons qui prirent le parti d'émigrer, il en retint plusieurs qui cédèrent à son ascendant et restèrent à leur poste.

Au mois d'avril 1791, il fut nommé lieutenant en premier au quatrième régiment d'artillerie, et le 6 février de l'année suivante, il obtint le grade de capitaine, n'ayant pas encore vingt-trois ans.

Cependant la révolution s'avançait à pas de géant. Napoléon voulut en étudier de près la marche et les progrès. Deux mois après sa promotion au grade de capitaine, il se rendit à Paris. Ce fut pendant son séjour dans cette ville qu'eut lieu la journée du 20 juin, et celle plus terrible du 10 août. Voici en quels termes un de ses compagnons rend compte de l'impression que causa à Napoléon le spectacle de la première. » Nous nous étions donné rendez-vous, dit-il, pour nos courses journalières, chez un restaurateur, rue Saint-Honoré, près le Palais-Royal. En sortant, nous vîmes arriver du côté des halles une troupe que Bonaparte croyait être de cinq à six mille hommes, déguenillés et burlesquement armés, vociférant, hurlant les plus grossières provocations, et se dirigeant à grands pas vers les Tuileries. C'était, certes, ce que la population des faubourgs avait de plus vil et de plus abject. *Suivons cette canaille*, me dit Bonaparte. Nous prîmes les devants, et nous allâmes nous promener sur la terrasse du bord de l'eau. C'est de là qu'il vit les scènes scandaleuses qui eurent lieu. Je peindrais difficilement le sentiment de surprise et d'indignation qu'elles excitèrent en lui. Il ne revenait pas de tant de faiblesse et de longanimité. Mais lorsque le roi se montra à l'une des fenêtres qui donnent sur le jardin, avec le bonnet rouge que venait de placer sur sa tête un homme du peuple, l'indignation de Bonaparte ne put se contenir.... *Comment*, s'écria-t-il assez haut, *a-t-on pu laisser entrer cette canaille ? il fallait en balayer quatre ou cinq cents avec du canon, et le reste courrait encore*......... Dans le tête-à-tête, à notre dîner, il parla constamment de cette scène ; il discutait avec un grand sens les causes et les suites de cette insurrection non réprimée. Il en prévoyait et développait avec sagacité toutes les conséquences. Il ne se trompait point ; le 10 août ne se fit point attendre [1]. » Cette dernière catastrophe jeta dans l'esprit de Napoléon une étrange lumière. S'il avait été général à cette époque, disait-il plus tard, il se serait attaché au pouvoir royal et peut-être aurait-il fait alors pour la royauté ce qu'il fit plus tard pour la convention ; mais, simple officier, il ne pensa qu'au parti qu'il pouvait tirer de cet évènement pour faire son chemin. « Ne soyez plus inquiet de vos neveux, écrivait-il quelques jours après à son oncle Paravicini, ils sauront bien se faire place. » Son ambition sans doute n'allait pas encore à rêver de s'asseoir sur ce trône, d'où la fureur populaire venait de renverser l'infortuné Louis ; mais l'histoire lui avait appris ce que peuvent, en temps de révolution, l'audace, le génie, et surtout le grand art de profiter des circonstances.

[1] Mémoires de Bourrienne, t. I. p. 49 et 50.

Dans les premiers jours de septembre, Bonaparte partit pour la Corse, emmenant avec lui sa jeune sœur Élisa, forcée de quitter Saint-Cyr, par la suppression des maisons royales. Il trouva son pays natal plus agité encore que le reste de la France par les fureurs des partis. Le célèbre Pascal Paoli, l'ancien ami de son père, exilé de sa patrie depuis la réunion de la Corse à la France, avait profité de la révolution pour revoir son pays [1]. En 1790 il s'était rendu au sein de l'assemblée constituante, se présentant comme une victime du despotisme, comme un martyr de la liberté. L'assemblée l'avait reçu avec enthousiasme, et, dès l'année suivante, Louis XVI lui avait conféré le titre de lieutenant-général et le commandement de la vingt-sixième division militaire, formée alors de l'île de Corse. Paoli, en acceptant ces fonctions, semblait avoir reconnu la réunion de son pays à la France, et s'être soumis à toutes les conséquences de la révolution ; mais quand il vit la royauté détruite, la France bouleversée de fond en comble, l'Europe prête à se coaliser pour étouffer à sa naissance une révolution qui menaçait tous les trônes, il revint à ses premières idées d'indépendance, et songea à rompre les liens qui unissaient depuis vingt-quatre ans la France et la Corse.

Ce fut dans ces circonstances que Bonaparte arriva dans son pays et se présenta à Paoli. Il en fut accueilli

---

[1] L'assemblée constituante, sur la proposition de Mirabeau, avait décrété en 1789 le rappel des patriotes corses exilés pour avoir défendu l'indépendance de cette île. Paoli accourut aussitôt de Londres à Paris, où il fut reçu aux acclamations de la multitude. Son retour en Corse y excita un enthousiasme qui tenait du délire. Le vœu de ses concitoyens le mit à la tête de la garde nationale, et le porta en même temps à la présidence du département.

avec une affection toute paternelle; de son côté, le jeune officier d'artillerie, plein d'admiration pour cet homme qu'on appelait le héros de la Corse, se sentait disposé à s'attacher à lui avec toute la tendresse d'un fils. Mais ces dispositions de confiance, de bienveillance mutuelle n'eurent qu'une courte durée. Dès que Bonaparte eut connu les projets de Paoli, qui pour assurer, disait-il, l'indépendance de la Corse, voulait recourir à la protection de l'Angleterre, tandis que lui, Bonaparte, était résolu de rester fidèle à sa nouvelle patrie, les relations qu'ils avaient entretenues ensemble cessèrent bientôt.

Vers ce temps (janvier 1793), une escadre, sous les ordres du vice-amiral Truguet, arriva à Ajaccio. Cette expédition était dirigée contre la Sardaigne; l'amiral mit en réquisition toutes les forces disponibles qui se trouvaient en Corse, et donna à Bonaparte le commandement temporaire d'un bataillon levé dans cette île. Ce bataillon était spécialement chargé d'opérer une diversion contre les petites îles situées entre la Corse et la Sardaigne. Bonaparte remplit sa mission avec succès; mais l'expédition principale échoua et l'armée navale revint à Ajaccio.

Paoli, déjà dénoncé à la convention comme chef du parti anti-français, fut encore accusé d'avoir fait manquer l'expédition de Sardaigne. Placé sur une liste de vingt généraux inculpés de trahison, il ne garda plus de ménagement, et leva ouvertement l'étendard de la révolte contre la France. A sa voix, la population des montagnes se souleva, s'empara de Corté, puis d'Ajaccio; il fut nommé généralissime et président d'un *consulta* assemblé à Corté. Les familles d'Aréna et de Bonaparte, qui s'étaient déclarées contre lui, furent expulsées, leurs maisons pillées et leurs biens confisquées. M*me* Lætitia et ses enfants s'étaient enfuis dans une campagne appelée *Melalli*, qu'elle possédait dans les environs d'Ajaccio, et sa maison abandonnée, après avoir été pillée par les paysans, servit de logement aux Anglais que Paoli avait appelés pour l'aider dans son entreprise. Pendant ce temps-là, Bonaparte était à Bastia, à la tête de son bataillon de volontaires, attendant avec impatience des renforts pour attaquer ses ennemis. Enfin, la Convention nationale ayant mis Paoli hors la loi (17 juillet 1793), chargea les représentants Lacombe Saint-Michel et Saliceti de mettre ce décret à exécution. Les deux commissaires se rendirent en toute hâte en Corse avec quelques renforts. Voulant attaquer l'insurrection dans son foyer, ils se dirigèrent avec deux frégates vers Ajaccio, et prirent Napoléon à leur bord. Celui-ci offrit d'aller s'établir, avec quelques hommes d'élite, dans un poste qui dominait la ville, et d'où il pourrait l'attaquer par terre, tandis que la flotte la bombarderait. Il fut descendu à terre de l'autre côté du golfe, avec cinquante hommes choisis de son bataillon, et une pièce de canon. Cette petite troupe s'empara sans difficulté de la tour dite de *Capitello*, vis-à-vis d'Ajaccio, et ouvrit bientôt son feu contre la ville. Mais les prudents représentants du peuple, effrayés des boulets rouges qui partaient de la place, résolurent presque aussitôt la retraite; en même temps, une tempête horrible les força de s'éloigner de la côte, abandonnant Bonaparte et son faible détachement dans une situation des plus périlleuses où il se soit trouvé de sa vie. Il tint trois jours dans cette tour de Capitello, n'ayant pour nourriture que la chair d'un cheval tué en débarquant. Enfin, la tempête s'étant calmée, il parvint à ramener sa troupe à bord des frégates, après avoir tenté de faire sauter la tour, restée depuis cette époque en partie détruite et abandonnée [1].

Cette tentative avortée fut le signal de la ruine du parti français dans l'île. Paoli et Pozzo-di-Borgo, qui partageait avec lui l'autorité, offrirent la couronne de la Corse au roi d'Angleterre, déclarèrent proscrits tous les partisans des Français, et mirent à leur tour hors la loi les frères Bonaparte, qu'ils accusaient de les avoir dénoncés à la Convention. Napoléon, forcé de céder à l'ascendant de l'Angleterre, s'embarqua avec sa famille pour le continent. Mme Bonaparte se rendit, avec ses filles, à Nice, puis à Toulon et à Marseille, où elles vécurent longtemps des faibles secours que la république accordait aux réfugiés. Napoléon avait rejoint à Nice le quatrième régiment d'artillerie, dans lequel il servait comme capitaine ; mais impatient de l'immobilité de l'armée d'Italie dont son régiment faisait partie, il se rendit à Paris pour solliciter de l'avancement, ou du moins un emploi où il pût déployer cette activité qui le dévorait.

C'était l'époque la plus désastreuse de la terreur. La Vendée était en feu ; Lyon soutenait un siége terrible ; une partie du midi était soulevée ; Toulon venait de se livrer aux Anglais. La Convention voulait à tout prix reprendre cette dernière ville, qui assurait un pied à terre dans le midi, et une base pour tenter une invasion. Le général Cartaux, qui venait d'apaiser les troubles de Marseille, reçut l'ordre d'aller assiéger Toulon. Mais une telle entreprise était bien au-dessus des forces de ce général, qui n'avait aucune connaissance de l'art militaire, et n'avait dû son avancement qu'au mouvement révolutionnaire. Bonaparte fut envoyé à l'armée de

---

[1] Voyage en Corse, par M. Valery, bibliothécaire du roi au château de Versailles, t. I, p. 176.

Toulon avec le grade de chef de bataillon, pour diriger l'artillerie de siége. Il se hâta de s'y rendre, et le 12 septembre il arriva au Beausset, où était le quartier-général. L'armée était absolument dépourvue de matériel et de personnel d'artillerie pour un siége aussi important. En moins de six semaines, sa prodigieuse activité créa toutes les ressources qui manquaient, et cent pièces de gros calibre furent réunies. Malheureusement ses mesures les plus utiles, ses plans les mieux conçus, étaient déjoués par l'incapacité du général en chef, et de la plupart des représentants du peuple, aussi ignorants que lui dans l'art militaire, et dont l'autorité était encore supérieure à celle du général. Cependant l'un d'eux, Gasparin, qui avait été capitaine de dragons, entendait mieux la guerre que ses collègues ; il entra dans les vues du jeune commandant d'artillerie, dont il avait deviné la supériorité, et il fit adopter son plan, auquel on dut la prise de Toulon, malgré les objections des comités de la Convention. Napoléon en conserva jusqu'à sa mort un souvenir reconnaissant. « C'était Gasparin, disait-il à Sainte-Hélène, qui lui avait ouvert la carrière. » Et il a voulu consacrer sa reconnaissance dans son testament.

Cependant l'impéritie de Cartaux paralysait les meilleures dispositions du commandant d'artillerie. Sur la demande de Gasparin, il fut remplacé par Doppet. Mais ce choix ne fut pas plus heureux, et Doppet fit presque regretter Cartaux. Enfin le brave Dugommier, l'un des vétérans de la gloire française, fut nommé au commandement général. De ce moment commencèrent les véritables travaux de siége, et Dugommier, qui jugea promptement, ainsi que Gasparin, toute la portée du génie militaire du commandant Bonaparte, lui abandonna complètement la direction.

Le plan de Bonaparte se réduisait à une idée fort simple. C'était de s'emparer du fort que les Anglais avaient élevé entre les promontoires de Balaguier et de l'Eguillette, qui commandait la grande et la petite rade de Toulon. Ce fort occupé, les escadres ne pouvaient plus mouiller dans la rade, sans s'exposer à y être brûlées; elles ne pouvaient pas non plus l'évacuer en laissant dans la ville une garnison de quinze mille hommes sans communications, sans secours, et tôt ou tard exposée à mettre bas les armes; il était donc certain que cette position une fois en la possession des Français, les escadres et la garnison évacueraient ensemble Toulon. Ce point était donc la clé de la place; et les Anglais l'avaient si bien jugé qu'ils y avaient élevé des travaux prodigieux, défendus par trois mille hommes de leurs meilleures troupes et quarante-quatre pièces de gros calibre. Ils le regardaient tellement comme imprenable, qu'ils lui avaient donné le nom de *Petit-Gibraltar*, et que leur général disait : « Si les Français emportent cette batterie, je me fais jacobin. »

C'était ce plan si simple que Bonaparte n'avait pu faire comprendre ni à l'ignorant Cartaux, ni à son digne successeur Doppet. L'arrivée de Dugommier lui permit de le poursuivre avec activité, sans toutefois négliger l'attaque d'autres points importants, pour diviser l'attention de l'ennemi. A mesure que l'instant décisif approchait, il semblait redoubler d'ardeur et d'activité; il encourageait ses canonniers par ses paroles et par son exemple; plus d'une fois on le vit pointer ou charger lui-même les pièces et remplacer les artilleurs blessés [1]. D'autres fois, à la tête des troupes, il

[1] « Etant un jour dans une batterie où un des chargeurs est tué, il prend le refouloir et charge lui-même dix à douze coups. A quelques jours de là, il se trouva couvert d'une galle très-

repoussait les sorties de l'ennemi. Dans une de ces circonstances, il fut dangereusement blessé d'un coup de baïonnette à la cuisse gauche. Dans une autre occasion (le 30 novembre), il repoussa vigoureusement les Anglais qui s'étaient jetés en force sur une batterie qu'ils voulaient enclouer, et fit prisonnier leur général en chef O'Hara. La valeur et l'intelligence, qu'il montra dans cette affaire, lui valurent le grade de chef de brigade (colonel).

Cependant il fallait à tout prix s'emparer du *Petit-Gibraltar*. Bonaparte fit élever, à la distance de cent vingt toises seulement, une batterie parallèle à la redoute anglaise. Mais, à peine démasquée, elle fut foudroyée. Les canonniers effrayés refusaient de tenir cette batterie ; alors Bonaparte imagina un de ces moyens qui lui réussirent tant de fois dans la suite, et qui montrent combien dès cette époque il avait une connaissance profonde du caractère des soldats français. Il fit placer, en avant de la batterie, un écriteau portant ces mots en gros caractères : BATTERIE DES HOMMES SANS PEUR. Il n'en fallut pas davantage pour décider les soldats, et tous les canonniers de l'armée voulurent y servir. Lui-même, debout sur le parapet, donna l'exemple aux *hommes sans peur*, et commanda le feu, qui, commencé le 14 décembre, dura jusque dans la nuit du 17 et fut terrible. L'assaut fut alors résolu ; il eut lieu à minuit, et après une résistance opiniâtre, les

maligne ; on découvre que le canonnier mort en était infecté. Il se contenta d'un léger traitement, et le mal disparut ; mais le poison était rentré ; il affecta longtemps sa santé et faillit lui coûter la vie. De là, la maigreur, l'état chétif et débile, le teint maladif du général en chef de l'armée d'Italie et de l'armée d'Egypte. Ce ne fut que beaucoup plus tard, aux Tuileries, que Corvisart le rendit tout-à-fait à la santé. » (Mémorial de Sainte-Hélène).

Français restèrent maîtres du *Petit-Gibraltar*. Aussitôt ils se disposèrent à foudroyer la flotte anglaise; mais les ennemis ne leur en donnèrent pas le temps. Ils se décidèrent sur-le-champ à évacuer la place, pour ne pas courir plus longtemps les chances d'une défense difficile et périlleuse.

Les malheureux habitants de Toulon furent plongés dans la consternation, quand ils se virent abandonnés à la vengeance des conventionnels par les étrangers qu'ils avaient eu l'imprudence d'appeler à leur secours. Les Anglais signalèrent leur retraite par la destruction du grand magasin général, par l'incendie de l'arsenal, et celui de neuf vaisseaux de ligne et de quatre frégates. A dix heures du soir, le même jour, les républicains entrèrent dans Toulon. On sait à quels excès de cruauté les représentants du peuple se portèrent contre les habitants de cette malheureuse cité. Les ennemis de Bonaparte essayèrent plus tard de diriger contre lui l'odieux de ces atrocités; mais il est aujourd'hui bien reconnu qu'il n'y prit aucune part.

Ce fut pendant ce siège de Toulon que Bonaparte s'attacha quelques hommes qui jouèrent un grand rôle dans la suite. Il distingua, dans les derniers rangs de l'artillerie, un jeune officier qu'il eut d'abord beaucoup de peine à former; mais dont il a tiré depuis les plus grands services; c'était Duroc, qui, sous un extérieur peu brillant, possédait les qualités les plus solides et les plus utiles. Sous l'empire, il fut nommé duc de Frioul et grand-maréchal du palais.

Lors de la construction d'une des premières batteries que Napoléon, à son arrivée devant Toulon, ordonna contre les Anglais, ayant besoin de dicter un ordre, il demanda quelqu'un qui sût écrire. Un sergent d'un bataillon de la Côte-d'Or sortit des rangs et se plaça pour écrire sur l'épaulement même de la batterie; à peine avait-il tracé quelques lignes qu'un boulet le couvrit de terre lui et son papier. « Bon, dit le sergent sans se déranger, je n'aurai pas besoin de sable. » Cette plaisanterie, le calme avec lequel elle fut dite, fixa l'attention de Napoléon, et fit la fortune du sous-officier; c'était Junot, depuis duc d'Abrantès, colonel-général des hussards, commandant de l'armée de Portugal, gouverneur-général de l'Illyrie [1].

La nouvelle de la reprise de Toulon, au moment où l'on s'y attendait le moins, produisit un enthousiasme général dans toute la France. Là commença la réputation de Napoléon; Dugommier demanda pour lui le grade de général de brigade. Son rapport au comité de salut public contient ce passage remarquable, où l'on voit que ce général avait bien deviné son protégé : « Récompensez et avancez ce jeune homme; car, si on était ingrat envers lui, il s'avancerait tout seul. » Six semaines après, Bonaparte fut en effet nommé général de brigade. Dugommier, qui venait d'être promu au commandement en chef de l'armée des Pyrénées, voulait avoir avec lui le jeune officier d'artillerie, mais le ministre de la guerre lui donna une autre destination; il le chargea de réarmer la côte de la Méditerranée et celle de Toulon, et lui confia le commandement de l'artillerie à l'armée d'Italie, dont le général Dumerbion venait d'être nommé général en chef.

En janvier et février 1794, Bonaparte inspecta les côtes de la Méditerranée, y fit rétablir et réparer plusieurs forts, et composa sur cette matière un mémoire qui a été publié avec ses autres écrits. Au mois de mars, il se rendit à Nice, au quartier-général de Du-

[1] Mémorial de Sainte-Hélène.

merbion, pour prendre le commandement de l'artillerie. Il avait pour aide-de-camp Duroc, dont nous avons parlé, et Muiron, jeune officier qu'il avait aussi distingué au siége de Toulon. Il employa une partie du mois de mars à visiter toutes les positions de l'armée ; un plan d'opérations, conçu par lui, et renvoyé à un conseil composé des représentants du peuple Ricord et Robespierre jeune, et des généraux Dumerbion, Masséna, Rusca etc., fut adopté. L'exécution de ce plan commença le 6 avril et fut couronnée d'un plein succès, notamment aux attaques de Saorgio, d'Oneille et du Tanaro, auxquelles le nouveau général prit une part fort active. En un mois, l'armée d'Italie, d'après le plan de Bonaparte, se trouva maîtresse de toute la chaîne supérieure des Alpes maritimes ; quatre mille prisonniers, soixante pièces de canon, deux places fortes, furent les résultats de cette belle opération. Le général en chef Dumerbion écrivit au comité de la guerre : « C'est au talent du général Bonaparte que je dois les savantes combinaisons qui ont assuré notre victoire. »

A cette époque Bonaparte faillit succomber à d'autres dangers que ceux auxquels il était exposé dans les combats. Le 13 juillet 1794, il fut chargé, par les représentants Ricord et Robespierre jeune, d'une mission auprès du gouvernement de Gênes. Il s'agissait de s'assurer de la neutralité de ce gouvernement dans la guerre qui existait entre la France et la coalition européenne. Bonaparte s'acquitta de sa mission avez zèle et se hâta de venir en rendre compte aux représentants. Mais, pendant son absence, était survenue la révolution du 9 thermidor et la chute de Robespierre. De nouveaux représentants étaient arrivés à l'armée, et la mission confiée à Bonaparte par Robespierre jeune

3

et par son collègue leur parut suspecte. En conséquence, ces nouveaux commissaires, Albitte, Laporte et Salicetti, déclarèrent dans un arrêté que le général Bonaparte avait totalement perdu leur confiance par la conduite la plus suspecte et surtout par le voyage qu'il avait dernièrement fait à Gênes. Ils le suspendirent de ses fonctions, ordonnèrent qu'il fût arrêté et traduit au *comité de salut public à Paris* (6 août 1794). Cette mesure n'effraya point Bonaparte; il adressa aux représentants, pour se justifier, une note énergique.

Il paraît que cette défense fit effet sur les représentants. Quinze jours après l'arrestation de Bonaparte, ils prirent un arrêté (20 août), par lequel ils ordonnaient *sa mise en liberté provisoire*, attendu qu'on n'avait rien découvert qui pût justifier les soupçons, et que *ses connaissances militaires et locales pouvaient être utiles à la république*.

Délivré de ce danger, il en courut un autre. Pendant l'hiver de 1794 à 1795, il inspecta l'armement des batteries établies sur le littoral de la Méditerranée. A ce moment la réaction thermidorienne agitait ce pays avec tout l'emportement des passions méridionales. A Marseille, le représentant du peuple craignait que la société populaire ne s'emparât du magasin d'armes et à poudre des forts Saint-Jean et Saint-Nicolas, dont les fortifications avaient été détruites au commencement de la révolution. Le général Bonaparte lui remit alors un projet pour élever des murailles crénelées, qui fermât ces forts du côté de la ville. Ce projet fut dénoncé par les Marseillais comme liberticide, et la Convention aurait mandé à sa barre le général qui l'avait fourni, si les représentants commissaires, après avoir examiné cette affaire, ne l'eussent expliquée et fait envisager aux comités sous son véritable point de vue.

Vers le même temps, il fut assez heureux pour sauver de la fureur populaire plusieurs émigrés de la famille de Chabrillant, pris sur un bâtiment espagnol par un corsaire français, et amenés dans le port de Toulon. Pendant la nuit qui précéda le jour où ces infortunés devaient être jugés et conduits au supplice, Bonaparte les fit cacher dans des caissons d'artillerie qu'il expédia au-dehors, sous prétexte d'objets relatifs à son département. Arrivés à Hyères, les fugitifs s'embarquèrent sur un bateau qui les attendait. Si cet acte d'humanité eût été connu alors, son auteur eût infailliblement porté sa tête sur l'échafaud.

Cependant les évènements de thermidor avaient amené un changement dans les comités de la Convention. Aubry, représentant du peuple, ancien capitaine d'artillerie, fut chargé de diriger le comité de la guerre; il fit un nouveau tableau de l'armée, donna de l'avancement à ses camarades, sans s'oublier lui-même, et ôta à Bonaparte le commandement de l'armée d'Italie, pour lui donner une brigade d'infanterie dans la Vendée. Ce changement ne lui convenait sous aucun rapport, et il s'empressa de se rendre à Paris pour réclamer contre ce qu'il appelait une injustice. Aubry se montra inflexible et lui dit qu'il était trop jeune (il n'avait que vingt-cinq ans), pour commander en chef dans son arme. « On vieillit vite sur le champ de bataille, répondit Bonaparte, et j'en arrive. » Aubry, qui n'avait jamais vu le feu, fut piqué de cette réponse et ne s'en montra que plus opiniâtre. Quelques jours après, un arrêté du comité de salut public le *raya* de la liste des officiers-généraux employés, attendu son refus de se rendre au poste qui lui avait été assigné.

Resté dans la capitale sans emploi et presque sans

ressources, il prit, avec ses amis Sébastiani et Junot, un petit logement rue du Mail, près de la place Notre-Dame des Victoires. La détresse se fit bientôt sentir; Bonaparte fut obligé pour vivre de vendre une précieuse collection d'ouvrages militaires qu'il avait rapportés de Marseille. En même temps son esprit, incapable de repos, enfantait une foule de projets. Parmi ceux qu'il proposa au gouvernement, il en est un qui frappe par des idées extraordinaires, mais qui ne parurent alors que bizarres. Il demandait à être envoyé en Turquie, avec un corps auxiliaire de deux mille cinq cents artilleurs, pour réorganiser l'artillerie et l'armée ottomane, et la mettre en état de résister aux attaques de l'Autriche et de la Russie. Ce plan, comme on le pense bien, ne fut point accueilli, et Bonaparte continuait de rester à Paris complètement oublié, quand Doulcet de Ponté-Coulant fut appelé à remplacer Aubry au comité de la guerre. Ponté-Coulant, à qui les talents et les services de Bonaparte étaient bien connus, ayant appris qu'il était à Paris, le fit appeler et l'attacha au comité topographique, où se décidaient les plans de campagne et se préparaient les mouvements des armées. C'est dans ce modeste emploi que le trouva le 13 vendémiaire, journée si importante dans les destinées de la révolution et dans celle du jeune général.

CHAPITRE II.

Bonaparte au 13 vendémiaire. — Il est nommé général en chef de l'armée d'Italie. — Première campagne — Bataille de Montenotte, de Millésimo, de Dego, de Mondovi. — Armistice de Cherasque. — Passage du Pô ; invasion de la Lombardie. — Bataille de Lodi ; soumission de Milan et de toute la Lombardie. — Ascendant de Bonaparte sur son armée et sur le directoire. — Insurrection de Pavie. — Bataille de Borghette ; investissement de Mantoue. — Rappel de Beaulieu. — Fin de la première campagne d'Italie.

Le 9 thermidor, en renversant Robespierre, en détruisant l'affreux régime de la terreur, était loin d'avoir fermé l'abîme des révolutions et ramené la tranquillité en France. Dans les journées de prairial, le parti vaincu avait essayé de se relever, mais la garde nationale en avait triomphé, et les derniers partisans de la Montagne et de Robespierre avaient succombé. Cependant, au pouvoir tyrannique du comité de salut public, avait succédé un pouvoir sans force et sans capacité. Partout régnaient le désordre et l'anarchie ; les caisses de l'état étaient vides, le crédit public épuisé ; les innombrables armées qui couvraient les frontières de la république manquaient de solde, de pain, de vêtements ; elles étaient cependant toujours victorieuses, mais faute d'être recrutées, elles s'affaiblissaient de jour en jour, et ne présentaient plus que des débris mécontents.

La Convention, pour sortir de cette pénible situation, créa une nouvelle constitution dite de l'an III, destinée à établir un gouvernement régulier. Dans cette constitution, le pouvoir exécutif était confié à un directoire composé de cinq membres, et le pouvoir législatif à deux conseils appelés l'un des Anciens et l'autre des Cinq-Cents. La constitution fut soumise à l'acceptation du peuple réunie en assemblée primaire. Mais la Convention avait joint au pacte social deux lois additionnelles; par l'une, les membres sortant de la Convention devaient former les deux tiers de la législature nouvelle; par l'autre, un tiers seulement des deux conseils, pour cette fois, était à la nomination des assemblées électorales.

Ces dispositions excitèrent un mécontentement général; on accusait la Convention de vouloir perpétuer sa tyrannie. Paris était surtout très-agité; sur quarante-huit sections dont se composait le corps électoral, quarante-trois rejetèrent les lois additionnelles; mais la Convention obtint la majorité dans les départements, et le 23 septembre elle proclama l'acceptation de la constitution et des lois additionnelles, par la majorité des assemblées primaires. Les sections de Paris se soulevèrent alors, prirent les armes et marchèrent contre la Convention, menaçant de l'exterminer. Le 12 vendémiaire (3 octobre 1795), le général Menou fut chargé de dissiper les rassemblement armés; mais n'ayant à sa disposition qu'un petit nombre de troupes à opposer aux sectionnaires, il entra en pourparlers avec eux et se retira par une espèce de capitulation, sans avoir désarmé ni dissous aucun rassemblement.

La retraite de Menou augmenta l'audace des sectionnaires et jeta la consternation dans le sein de la Convention. Menou fut dénoncé par les représentants eux-mêmes qui l'avaient accompagné et qui, loin de déployer la moindre énergie, avaient contrarié les dispositions qu'il avait voulu prendre; Menou fut mis en arrestation. L'agitation était au comble dans l'assemblée qui resta en permanence pendant toute la nuit. Les orateurs se succédaient à la tribune; tous signalaient le péril commun, mais personne n'était d'accord sur les mesures à prendre pour le conjurer. Enfin, sur la proposition de Merlin de Douai, le 13 vendémiaire (4 octobre), à quatre heures du matin, le représentant du peuple Barras fut nommé commandant en chef de l'armée de l'intérieur. Il dut cet honnneur dangereux, non à ses talents militaires fort douteux, mais à la célébrité qu'il s'était acquise le 9 thermidor, en dissipant la commune insurgée pour Robespierre. On lui adjoignit trois représentants, Delmas, De la Porte et Goupilleau de Fontenay. Barras, se défiant de ses propres forces, jeta aussitôt les yeux sur le général Bonaparte, qu'il avait appris à connaître par les rapports de plusieurs de ses collègues envoyés en mission aux armées du midi. Il lui confia le commandement en second, et le chargea de prendre toutes les mesures nécessaires pour repousser l'insurrection.

Aussitôt que Bonaparte fut investi du commandement (il était cinq heures du matin), il examina les postes et fit ses dispositions avec toute la présence d'esprit et toute la célérité qu'exigeaient de pareilles circonstances. Il envoya le chef d'escadron Murat s'emparer de quarante pièces de canon, parquées à la plaine des Sablons. A neuf heures du matin cette artillerie était distribuée et mise en batterie sur toutes les avenues des Tuileries où siégeait la Convention. Le gouvernement n'avait à sa disposition que cinq à six mille hommes de troupes de ligne. La Convention donna des armes à quinze cents individus, dits les *patriotes de quatre-vingt-neuf*. On en forma trois bataillons sous les ordres du général Berruyer; Cartaux, l'ancien général en chef de Toulon, occupait le Pont-Neuf avec quatre cents hommes et quatre pièces de canon.

De leur côté, les sectionnaires se formaient sur tous les points, la générale battait dans tous les quartiers de Paris. Quarante mille hommes bien armés se disposaient à enlever toutes les positions occupées par les troupes de la Convention. Une partie de la journée se passa à s'observer; de part et d'autre on hésitait à commencer le feu, car chaque parti voulait laisser à son adversaire l'odieux d'avoir donné le signal de la guerre civile. Les généraux de la Convention avaient expressément donné l'ordre à leurs troupes d'attendre qu'elles fussent attaquées pour riposter. Enfin, vers les quatre heures et un quart, des coups de fusil, tirés de l'hôtel de Noailles, où s'étaient introduits les sectionnaires, furent le signal du combat. Il s'engagea presque aussitôt des deux côtés de la Seine, au Pont-Royal et dans les rues de Rohan et du Dauphin, vis-à-vis l'église de Saint-Roch. Partout les insurgés furent vivement repoussés et non moins vivement poursuivis; tous les postes qu'ils occupaient furent enlevés. A six heures tout était fini, et si l'on entendit encore quelques coups de canon dans la nuit, ils étaient tirés pour effrayer et pour empêcher les barricades que quelques habitants avaient voulu établir dans différents quartiers. Deux cents hommes environ, de chaque côté, furent tués ou blessés dans cette malheureuse journée.

Le lendemain, quelques rassemblements eurent encore lieu; mais il suffit de l'apparition de quelques colonnes pour les dissiper. Le reste de la journée fut employé à lire des proclamations. Le soir du 14 vendémiaire (5 octobre), la ville paraissait aussi calme qu'elle avait été agitée les jours précédents.

Dans la séance du 18 vendémiaire (10 octobre), quatre jours après la cessation des troubles, Barras présenta à la Convention les officiers de l'armée de l'intérieur qui avaient combattu dans la journée du 13. Le général Berruyer porta la parole au nom de ses compagnons d'armes, parmi lesquels se trouvait Bonaparte. Le représentant Fréron profita de cette occasion pour demander qu'un grand nombre de ces officiers, qui avaient perdu leur emploi par suite de la dernière réforme, fussent réintégrés dans leurs fonctions. « N'oubliez pas, ajouta-t-il, que le général d'artillerie Bonaparte, nommé dans la nuit du 12 pour remplacer Menou, et qui n'a eu que la matinée du 13 pour faire les dispositions savantes dont vous avez vu les heureux effets, avait été retiré de son arme pour le faire entrer dans l'infanterie. » Barras, prenant alors la parole, s'exprima en ces termes : « J'appellerai l'attention de la Convention nationale sur le général Bonaparte ; *c'est à lui, c'est à ses dispositions savantes et promptes* qu'on doit la défense de cette enceinte, autour de laquelle il avait distribué des postes avec beaucoup d'habileté. Je demande que la Convention confirme la nomination de Bonaparte à la place de général en second de l'armée de l'intérieur. » Cette proposition fut aussitôt décrétée ¹,

---

¹ Nous n'avons pas suivi, dans le récit de la journée du dix-huit brumaire, les détails que l'on trouve dans plusieurs vies de Napoléon et dans le Mémorial de Sainte-Hélène. Quoique nous ayons souvent puisé des renseignements dans ce dernier ouvrage et dans les autres écrits des compagnons d'exil de Napoléon, nous observerons que nous n'avons pas toujours accueil-

quoiqu'il ne fût que général de brigade; mais, quelques jours après, il fut nommé général de division (16 octobre).

Bonaparte établit son quartier-général rue Neuve des Capucines, où se trouve actuellement le ministère des affaires étrangères. Il fut chargé du désarmement des sections, de la réorganisation de la garde nationale, de la formation de la garde du directoire et du nouveau corps législatif, qui allait être installé. Le 26 octobre, la Convention cessa ses fonctions, et le gouvernement créé par la constitution dite de l'an III, commença les siennes. Le directoire, composé de cinq membres, la Réveillère-Lépeaux, Letourneur de la Manche, Rewbell, Barras et Carnot, s'établit au Luxembourg. Le conseil des Anciens occupa le château des Tuileries, et celui des Cinq-Cents, la salle du Manége. Bonaparte reçut alors le titre de commandant en chef de l'armée de l'intérieur, que la nomination de Barras au directoire laissait vacant.

Ce fut pendant ce commandement de Paris que Napoléon fit la connaissance de Mme de Beauharnais. Voici comment il raconte lui-même cette circonstance si importante de sa vie.

« On avait exécuté le désarmement général des sections; il se présenta à l'état-major un jeune homme de dix à douze ans, qui vint supplier le général en chef de lui faire rendre l'épée de son père, qui avait été général de la république. Ce jeune homme était

li avec une confiance aveugle le récit de certains faits, tel qu'il est présenté dans ces mémoires. La vérité y est souvent altérée, soit par le défaut de mémoire de Napoléon, qui n'avait pas conservé de souvenirs exacts d'évènements passés depuis longtemps, soit qu'il ait voulu les présenter sous un jour plus favorable.

Eugène de Beauharnais, depuis vice-roi d'Italie. Napoléon, touché de la nature de sa demande et des grâces de son âge, lui accorda ce qu'il demandait. Eugène se mit à pleurer en voyant l'épée de son père. Le général en fut touché et lui témoigna tant de bienveillance que Mme de Beauharnais se crut obligée de venir, le lendemain, lui en faire des remerciements. Napoléon s'empressa de lui rendre sa visite [1]. » Dès-lors il se montra assidu à ses soirées, où elle recevait les personnages les plus influents de l'époque. Enfin, quelques mois après, le 9 mars 1796, il l'épousa.

Pendant cet hiver de 1795 à 1796, Bonaparte dont les talents commençaient à être appréciés, attira l'attention par la singularité de son caractère et de sa personne, par l'originalité et la vigueur de son esprit. Ses regards se tournaient surtout vers l'Italie; c'était là, disait-il, qu'il fallait conquérir la paix. Le directoire ne tarda pas à se rendre à ses vœux. L'armée d'Italie avait changé deux fois de chef depuis le départ de Bonaparte. Dumerbion avait été remplacé par Kellermann, et Kellermann par Schérer. Celui-ci, après de brillants avantages remportés à Loano, le 23 et le 24 décembre 1795, n'avait pas su profiter de la victoire et avait abandonné toutes les positions qu'il avait conquises, pour se replier sur le Var. Le directoire, mécontent de cette conduite, nomma à sa place Bonaparte général en chef de l'armée d'Italie.

Huit jours après son mariage avec Mme de Beauharnais, Napoléon partit pour se rendre à Nice, où il arriva le 26 mars. Cette ville était depuis quatre ans le quartier-général de l'armée d'Italie. Tout s'y trouvait dans un état déplorable; les troupes y étaient réduites

---

[1] *Mémorial de Sainte-Hélène*, dictée de Napoléon.

à la dernière misère. Sans habits, sans souliers, sans paie, quelquefois sans vivres, elles supportaient cependant leurs privations avec un rare courage. Les généraux de division, qui commandaient cette armée, étaient Masséna, déjà célèbre par de brillants succès, et à qui l'on devait la récente victoire de Loano, Augereau, connu par sa bravoure et l'art d'entraîner les soldats, Laharpe, Serrurier, Joubert, Cervoni, Kilmaine, déjà illustres dans les armées de la république, et qui jouissaient d'une renommée sinon supérieure au moins égale à celle de Bonaparte. Au premier moment, ces vieux guerriers, chefs et soldats, furent surpris et même mécontents de se voir commandés par un si jeune homme (il avait à peine vingt-sept ans). Cependant on voulut l'attendre à l'œuvre pour le juger, et il ne tarda pas à faire évanouir les préventions qu'avait inspirées son aspect chétif et juvénil.

D'après les états fournis par le ministre de la guerre, l'armée devait être de cent six mille hommes; mais l'effectif sous les armes n'était guère que de trente-six mille, avec trente pièces de canon, et elle avait à combattre une armée de plus de soixante mille hommes, Autrichiens et Piémontais. C'est avec des forces si inférieures, que Bonaparte résolut sur-le-champ de marcher en avant et de reprendre l'offensive. Dès le lendemain de son arrivée, il transporta le quartier-général à Alberga, et en passant la revue des troupes, il leur adressa la proclamation suivante : « Soldats ! vous êtes nus, mal nourris; le gouvernement vous doit beaucoup, il ne peut rien vous donner. Votre patience, le courage que vous montrez au milieu de ces rochers, sont admirables; mais ils ne vous procurent aucune gloire, aucun éclat ne rejaillit sur vous. Je vais vous conduire dans les plus fertiles plaines du monde; de riches provinces, de grandes villes seront en votre pouvoir; vous y trouverez honneur, gloire et richesses. Soldats d'Italie, manqueriez-vous de courage?» L'armée accueillit ce langage avec plaisir et y répondit par une acclamation générale : ces paroles simples, ces brillantes promesses, frappèrent les esprits de ces soldats aventureux et pauvres, et leur inspirèrent de la confiance dans leur nouveau chef.

Il n'entrait point dans les plans du général en chef de franchir les Alpes, il voulait les tourner, pénétrer en Italie par le col le plus bas de l'Apennin et des Alpes, vers les sources de la Bormida, surprendre et séparer les Autrichiens des Piémontais, par des manœuvres inattendues, et étourdir les généraux ennemis par des succès éclatants. En conséquence il donna ordre au général Laharpe, qui commandait sa droite, de se porter sur Voltri, feignant de menacer Gênes, tandis que les divisions Masséna et Augereau formaient une réserve occupant Loano, Finale et Savone.

Beaulieu, général en chef de l'armée autrichienne, craignant de voir les Français se rendre maîtres de Gênes, courut en toute hâte au secours de cette ville. Il laissa son aile droite à Dego, porta son centre, commandé par d'Argenteau, au col de Montenotte, et se dirigea lui-même avec sa gauche sur Voltri, le long de la mer. Le 10 avril, d'Argenteau traversa le col de Montenotte pour venir tomber à Savone sur le centre de l'armée française, pendant sa marche supposée sur Gênes. Il ne trouva à Montenotte que le colonel Rampon à la tête de douze cents hommes, et l'obligea de se replier dans l'ancienne redoute de Montelegino, qui fermait la route de Montenotte. Le brave colonel, sentant l'importance de cette position, s'enferma dans la redoute, fit jurer à ses soldats de mourir plutôt que de se rendre, et repoussa trois fois les attaques de toute l'infanterie ennemie. Cet acte de courage sauva les plans du général Bonaparte, et peut-être l'avenir de la campagne. D'Argenteau, voyant ses efforts inutiles et ses troupes fatiguées, renonça à enlever ce jour-là les redoutes de vive force; il prit position, et remit au lendemain à tourner ces redoutes pour les faire tomber. Le même jour Beaulieu attaquait l'avant-garde du général Laharpe à Voltri, et la faisait reculer.

Bonaparte était à Savone où il apprit ce qui s'était passé à Montelegino et à Voltri. Sur-le-champ il sentit que le moment était venu de mettre son plan à exécution, et il manœuvra en conséquence. Dans la nuit du 10 au 11, il replia sa droite, formée de la division Laharpe, et la dirigea sur Montenotte; il fit suivre la même direction à la division Augereau, pour soutenir la division Laharpe; en même temps la division Masséna, marchant par un chemin détourné, au-delà de l'Apennin, débouchait sur les derrières mêmes du corps de d'Argenteau.

Le 12 avril, à la pointe du jour, tous ces mouvements étaient exécutés avec une admirable précision, et le général autrichien, qui comptait n'avoir affaire qu'aux douze cents hommes de Rampon, se trouva enveloppé par des forces supérieures. Laharpe et Rampon l'attaquèrent en tête; Masséna et Augereau le prirent en queue et sur les flancs. L'infanterie autrichienne résista d'abord avec bravoure; mais se voyant cernée de toutes parts, elle s'enfuit en désordre sur Dego, laissant deux mille prisonniers, et sept à huit cents morts sur le champ de bataille. Tandis que le centre de son armée se trouvait écrasé à Montenotte, Beaulieu se portait à Voltri, où il ne trouvait plus personne. Ce ne fut que le lendemain qu'il apprit le désastre de Montenotte et l'entrée des Français en Piémont. Il se hâta alors de replier ses troupes et les porta sur Millesimo et Dego, afin de couvrir les deux grands débouchés du Piémont et du Milanais, et recevoir les renforts que pourrait lui fournir la Lombardie.

Tous les efforts de Bonaparte dûrent se porter alors sur ces deux points; car, s'il s'en rendait maître, il aurait séparé les deux armées coalisées, et pourrait à volonté se jeter sur les uns ou sur les autres, se diriger sur Turin ou sur Milan. Dès le 13 avril, la division Augereau, formant la gauche de l'armée française, poussa la droite de l'ennemi et lui enleva les gorges de Millesimo, tandis que Masséna et Laharpe s'avançaient sur Dego. Le lendemain 14, l'attaque devint générale sur tous les points. A la gauche, Augereau repousse tous les efforts du général piémontais Colli sur Millesimo et force un autre général de cette nation, Provera, à déposer les armes à la tête de quinze cents hommes. Les Autrichiens, qui occupaient Dego, ne sont pas plus heureux. Attaqués avec impétuosité par Laharpe et Masséna, toutes leurs positions sont enlevées, ils perdent une partie de leur artillerie, et laissent quatre mille prisonniers, dont vingt-quatre officiers. La séparation des deux armées autrichienne et sarde fut dès-lors complète. Beaulieu se retira sur Acqui, pour couvrir le Milanais, et Colli sur Ceva, pour garantir Turin.

Après quatre jours de fatigues et de combats, les soldats comptaient sur quelques instants de repos, lorsque le 19 avril, à trois heures du matin, Dego fut tout-à-coup attaqué et enlevé par un corps de six mille grenadiers autrichiens, commandé par Wukassovich. Ces troupes revenaient de Voltri, et tentaient de rejoindre l'armée autrichienne en se faisant jour à travers les Français. Il fallut recommencer la bataille et renouveler les efforts de la veille ; Bonaparte se porta lui-même au plus fort du danger, rallia ses colonnes, et après un combat opiniâtre mit en déroute les grenadiers autrichiens et reprit Dego. Il remarqua dans cette action un chef de bataillon nommé Lannes, qu'il fit chef de brigade (colonel), sur le champ de bataille.

La victoire de Dego acheva de consolider les résultats obtenus par celle de Millesimo. L'armée piémontaise était complètement isolée de l'armée autrichienne. Le moment était venu de décider sur laquelle des deux porteraient les efforts du général français. Ses instructions, dictées par Carnot, lui prescrivaient de négliger les Piémontais, pour courir sur les Autrichiens. Mais la prudence ne lui permettait pas de laisser sur ses derrières l'armée piémontaise, qui avait beaucoup moins perdu que l'armée autrichienne dans les journées précédentes. D'ailleurs, il se sentait assez sûr de lui-même pour ne pas suivre à la lettre les ordres du directoire, et nous le verrons bientôt s'en affranchir complètement. En conséquence, il laissa la division Laharpe seule au camp de San-Benedetto, pour tenir Beaulieu en échec, et il se mit en marche sur Mondovi, après un seul jour de repos.

Les soldats étaient accablés de fatigues, mais ils marchaient gaiement à la suite de leur jeune général qui, en quelques jours, avait gagné toute leur confiance. Les généraux eux-mêmes étaient subjugués ; ils écoutaient avec attention, déjà avec admiration, le langage précis et figuré du jeune capitaine. En arrivant sur les hauteurs de Monte-Zemoto, l'armée française contempla avec étonnement les belles plaines du Piémont et de l'Italie, et derrière elle et autour d'elle les grandes Alpes couvertes de neige. « Annibal a franchi les Alpes, s'écria Bonaparte, nous, nous les avons tournées. » Ce mot résumait, pour toutes les intelligences, le plan et les résultats de cette campagne miraculeuse.

Colli ne tint que peu de temps dans le camp retranché de la Ceva, il se retira derrière la Corsaglia, en avant de Mondovi. Il fit encore bonne contenance à Saint-Michel, et prit enfin position à Mondovi, en s'appuyant sur quelques redoutes. Là, il est attaqué par toute l'armée française (22 avril); Serrurier enlève la redoute de la Bicoque, et décide le succès de la bataille. La ville de Mondovi, qui donna son nom à cette bataille, et tous ses magasins tombèrent au pouvoir du vainqueur. Les Piémontais perdirent trois mille hommes, huit pièces de canon, dix drapeaux, quinze cents prisonniers, dont trois généraux.

Après l'affaire de Mondovi, le général en chef marcha sur Cherasque, dont il se rendit maître sans coup férir. Bonaparte mit cette place en état de défense, et l'arma avec l'artillerie prise à l'ennemi. Dans cette position, Bonaparte était à vingt lieues de Savone, son point de départ, à dix lieues de Turin, à quinze d'Alexandrie.

La cour de Sardaigne était dans la consternation. Le vieux roi, Victor-Amédée, craignait de voir sa capitale livrée aux horreurs d'un siége. Il fit faire à Bonaparte des propositions de paix. Celui-ci n'avait pas de pouvoir pour signer un tel traité; mais il pouvait consentir un armistice, et il s'y décida; mais il exigea de telles conditions qu'on a pu appeler à juste titre l'armistice de Chérasque une véritable capitulation. Ainsi, il demanda et obtint qu'on lui livrât les trois places de Coni, Tortone et Alexandrie, avec tous les magasins qu'elles renfermaient, lesquels serviraient à l'armée, sauf à compter ensuite avec la république; que toutes les routes du Piémont seraient ouvertes aux militaires français qui se rendraient à l'armée, ou qui retourneraient en France; que l'armée sarde fût dispersée dans les places, de manière que l'armée française n'eût rien à en craindre; enfin, que des plénipotentiaires partiraient sur-le-champ pour Paris afin de traiter de la paix définitive, etc. Cet armistice fut signé à Chérasque le 28 avril.

Le général Murat, premier aide-de-camp du général en chef, fut envoyé à Paris avec vingt-un drapeaux et la copie de l'armistice. Ensuite Bonaparte adressa à ses soldats une proclamation où il commence par leur rappeler les rapides succès par lesquels ils viennent d'ouvrir la campagne.

« Soldats ! leur dit-il, vous avez remporté en quinze jours six victoires, pris vingt-un drapeaux, cinquante-cinq pièces de canon, plusieurs places fortes, et conquis la partie la plus riche du Piémont; vous avez fait quinze mille prisonniers, tué ou blessé plus de dix mille hommes ; vous vous étiez battus jusqu'ici pour des rochers stériles, illustrés par votre courage, mais inutiles à la patrie; vous égalez aujourd'hui par vos services l'armée de Hollande et du Rhin. Dénués de tout, vous avez suppléé à tout. Vous avez gagné des batailles sans canons, passé des rivières sans ponts, fait des marches forcées sans souliers, bivouaqué sans eau-de-vie et souvent sans pain. Les phalanges républicaines, les soldats de la liberté, étaient seuls capables de souffrir ce que vous avez souffert; grâces vous en soient rendues, soldats ! La patrie reconnaissante vous devra sa prospérité...... »

Quand ces nouvelles, ces drapeaux, ces proclamations, arrivèrent coup sur coup à Paris, la joie fut extrême. Le premier jour, c'était une victoire qui ouvrait l'Apennin et donnait deux mille prisonniers ; le second jour, c'était une victoire plus décisive, qui séparait les Piémontais des Autrichiens, et donnait six mille prisonniers. Les jours suivants apportaient de nouveaux succès ; la destruction de l'armée piémontaise à Mondovi, la soumission du Piémont à Chérasque, et la certitude d'une paix prochaine qui en présageait d'autres. La rapidité des succès, le nombre des prisonniers, dépassait tout ce qu'on avait encore vu. Le langage de ces proclamations étonnait les esprits. On se demandait de toutes parts quel était ce jeune général, dont le nom, connu de quelques appréciateurs, et inconnu de la France, éclatait pour la première fois. Les conseils décidèrent par cinq fois que l'armée d'Italie avait bien mérité de la patrie. L'arrivée de l'aide-de-camp de Bonaparte fut une véritable fête, et le directoire le reçut au milieu d'une cérémonie imposante.

Dès ce moment, non-seulement la France, mais l'Europe entière, contempla avec étonnement et même avec admiration le jeune conquérant qui, en quinze jours de campagne active, s'était emparé d'un royaume défendu par les Alpes, par des forteresses aussi inexpugnables qu'elles, et par deux armées commandées par de vieux et habiles généraux. Que ne présageait pas un tel début pour l'avenir ? et cependant celui qui fixait ainsi tous les regards, devait encore dépasser toutes les prévisions.

En envoyant à Paris les trophées de ses premières victoires, Bonaparte avait écrit au directoire : « Je marche demain sur Beaulieu ; je l'oblige à repasser le Pô. Je le passe immédiatement après ; je m'empare de toute la Lombardie ; et, avant un mois, j'espère être sur les montagnes du Tyrol, trouver l'armée du Rhin, et porter de concert la guerre dans la Bavière.... » Ainsi, un mois après son arrivée à Nice, il traçait, autant en politique qu'en général consommé, un plan de campagne qui menaçait en Allemagne la maison d'Autriche, qu'il n'avait pas encore attaquée dans ses possessions d'Italie, et si ce plan ne fut pas exécuté de point en point, la faute en est plutôt au directoire qu'au général.

L'armistice de Chérasque était à peine signé, que Bonaparte se mit en marche sur la Lombardie. La précaution qu'il avait prise, dans le traité de Chérasque, de se faire livrer le pont de Valence, fit présumer à Beaulieu que son adversaire se préparait à passer le Pô sur ce point. En conséquence, il détruisit le pont, enleva les bateaux et prit une forte position sur la rive opposée; mais ce n'était qu'une feinte, et le général français, s'avançant à marches forcées sur Plaisance, y arrive le 8 mai, fait construire à la hâte un pont, et le lendemain toute l'armée avait effectué le passage du Pô, à Plaisance, tandis que Beaulieu se préparait à le lui disputer à Valence. Ainsi, par une feinte et une marche hardie, l'armée française avait franchi un fleuve de deux cent cinquante toises de largeur, et cette opération, l'une des plus critiques de la guerre, s'était faite sans opposition.

Beaulieu, en apprenant le mouvement de l'armée française, fit marcher en toute hâte des troupes sur Plaisance, pour empêcher le passage du fleuve. Dans la nuit du 7, une de ses divisions, commandée par le général Lipaty, arriva à Fombio et s'y retrancha. Bonaparte ne voulut pas laisser le temps à toute l'armée ennemie de se fortifier sur ce point; il fit aussitôt attaquer Fombio. En moins d'une heure, Lipaty y fut cerné et culbuté; il perdit ses canons et deux mille cinq cents prisonniers.

Dans la soirée, Beaulieu, qui ignorait le désastre de son lieutenant, arrivait pour le soutenir; mais il rencontra en avant de Fombio l'avant-garde française qui le força de se replier en toute hâte. Malheureusement, le brave général Laharpe, en revenant d'une reconnaissance, fut tué par ses propres soldats dans l'obscurité de la nuit. Cette mort porta la désolation dans toute l'avant-garde de l'armée, dont Berthier, chef de l'état-major-général, prit alors le commandement.

Le 9 mai, Bonaparte signa un armistice avec le duc de Parme, en lui imposant pour conditions de payer deux millions en argent pour la solde de l'armée française; de fournir seize cents chevaux pour la cavalerie et les transports; une grande quantité de blé et d'avoine; il exigea en outre la faculté de traverser le duché, l'établissement d'hôpitaux pour ses malades aux frais du prince, et de plus vingt tableaux, au choix des commissaires français, pour être transportés à Paris. Le duc consentit à toutes ces conditions; cependant il offrait un million pour conserver le tableau de saint Jérôme. Bonaparte dit à l'armée : « Ce million, nous l'aurions bientôt dépensé, et nous en trouverons bien d'autres à conquérir. Un chef-d'œuvre est éternel; il parera notre patrie. » Le million fut refusé.

Le 10 mai, Napoléon marcha vers Lodi, où Beaulieu avait réuni quelques divisions. Cette ville est située sur l'Adda, sur la rive même par laquelle arrivait l'armée française. Il la fit attaquer à l'improviste, et les Français y pénétrèrent pêle-mêle avec les Autrichiens. Ceux-ci, quittant la ville, se retirèrent par le pont, et se rallièrent sur l'autre rive au gros de leur armée. C'est sur ce pont qu'il fallait passer en sortant de Lodi, pour franchir l'Adda. Mais douze mille hommes d'infanterie, quatre mille de cavalerie et vingt pièces de canon défendaient les approches de ce pont. Cet obstacle, que tout autre eût jugé insurmontable, n'arrête point Bonaparte. Il envoie un corps de cavalerie passer la rivière à un gué situé à une demi-lieue au-dessus du pont; il place toute son artillerie sur la rive droite, au débouché du pont, pour l'opposer aux batteries ennemies; il forme six mille grenadiers en colonne serrée; puis, quand sa cavalerie a commencé son attaque, que ses canons ont démonté quelques pièces à l'ennemi, il lance ses grenadiers au pas de course sur le pont. Un feu épouvantable les accueille, et la tête de la colonne est renversée; les grenadiers hésitent, mais encouragés par la voix et par l'exemple de Lannes et de Bonaparte, ils reprennent leurs courses, arrivent sur les pièces, tuent les canonniers qui veulent les défendre, et s'emparent de toute l'artillerie ennemie. Les Autrichiens, effrayés par un coup si audacieux, et menacés en flanc par la cavalerie française, se retirent précipitamment à Crema, après avoir laissé sur le champ de bataille près de trois mille prisonniers, des drapeaux et tous leurs canons.

Cet exploit d'une audace si extraordinaire, acheva de porter l'épouvante dans l'armée ennemie. Beaulieu, se jugeant incapable de tenir désormais la campagne contre son infatigable adversaire, se hâta de compléter l'approvisionnement de Mantoue; il y laissa pour garnison la moitié de ses troupes, et, avec le reste, il se retira derrière le Mincio, abandonnant tout le Milanais sans défense à l'armée conquérante.

La bataille de Lodi où, s'il n'eût pas réussi, Bonaparte aurait pu être accusé à juste titre d'une imprudente témérité, n'est pas non plus une de celles où il eût à déployer ces combinaisons savantes, ces ressources du génie qui lui assurèrent tant d'autres fois la victoire ; et cependant c'est un des faits d'armes qui ont le plus contribué à sa renommée populaire, parce que les traits d'audace et d'intrépidité frappent davantage la multitude que les mouvements stratégiques les plus habilement combinés, qu'elle ne peut souvent ni deviner ni comprendre. Aussi, les soldats qui, depuis Montenotte, avaient su apprécier leur jeune général en chef, après Lodi, le jugèrent un homme tout-à-fait supérieur. Il avait su déjà gagner leur confiance ; désormais leur dévouement pour lui était à son comble. Ce fut à cette époque que, dans leur gaîté, ils imaginèrent de lui donner à leur manière une marque de leur estime. Quand Bonaparte avait paru pour la première fois à Nice au quartier-général, les soldats murmuraient de ce qu'on leur eût donné un jeune homme, ou pour parler leur langage, un *blanc-bec* pour les commander ; mais quand ce jeune homme eut triomphé à Montenotte, à Millesimo, à Dego, à Mondovi, on cessa de l'appeler *blanc-bec*, et on reconnut que c'était un *troupier fini*. Après Lodi, les plus vieux soldats s'assemblèrent, et déclarèrent que Bonaparte ayant fait ses preuves, ils le nommèrent caporal, et effectivement, quand il parut au camp, ils le saluèrent du titre, si fameux depuis, de *petit caporal*. Cette bouffonnerie, qui peint bien le caractère du soldat français, se continua encore quelque temps ; ainsi il fut nommé sergent à Castiglione, et les autres grades lui furent successivement conférés à mesure qu'il les avait mérités.

Bonaparte reçut à Lodi une députation des Milanais qui lui offraient la soumission de leur ville. Il envoya Masséna prendre possession de cette ville ; Augereau fut chargé d'occuper Pavie ; les divisions Serrurier et Laharpe furent laissées à Pizzighitone, Lodi, Crémone et Cassano, pour garder l'Adda. Enfin, le 15 mai, le général Bonaparte fit son entrée solennelle à Milan, et alla fièrement s'établir dans le palais des archiducs. Les Autrichiens avaient laissé deux mille hommes dans la citadelle de Milan; Bonaparte la fit investir et commencer les travaux de siége sur-le-champ.

Napoléon ne voulait pas séjourner longtemps dans la capitale de la Lombardie ; son projet était de ne s'y arrêter que le temps nécessaire pour organiser le pays, en tirer des ressources pour son armée et régler toutes choses sur ses derrières. De là, il devait courir à l'Adige et à Mantoue, et, s'il était possible, jusque dans le Tyrol et au-delà des Alpes.

Il s'occupa d'abord d'organiser des gardes nationales dans toute la Lombardie, puis il frappa cette province d'une contribution de vingt millions. Bientôt il trouva encore de nouvelles ressources. Le duc de Modène lui envoya des députés pour traiter aux mêmes conditions que le duc de Parme. Bonaparte y consentit, en exigeant dix millions, des subsistances de toute espèce, des chevaux et des tableaux. Avec ces ressources, il établit sur les bords du Pô de grands magasins, des hôpitaux fournis d'effets pour quinze mille malades, habilla ses troupes dont les vêtements étaient déguenillés, et remplit toutes les caisses de l'armée ; bien plus, il envoya dix millions au directoire, et un million à l'armée du Rhin, pour l'aider à entrer en campagne. C'était chose toute nouvelle qu'un général nourrissant non-seulement son armée, mais encore son gouvernement.

Le lendemain de son entrée à Milan, il adressait à ses soldats une proclamation où l'on remarque les passages suivants :

« Soldats ! vous vous êtes précipités comme un torrent du haut de l'Apennin ; vous avez culbuté, dispersé tout ce qui s'opposait à votre marche. Le Piémont, délivré de la tyrannie autrichienne, s'est livré à ses sentiments naturels de paix et d'amitié pour la France. Milan est à vous, et le pavillon républicain flotte dans toute la Lombardie. Les ducs de Parme et de Modène ne doivent leur existence politique qu'à votre générosité. L'armée qui vous menaçait avec orgueil ne trouve plus la barrière qui la rassure contre votre courage ; le Pô, le Tésin, l'Adda, n'ont pu vous arrêter un seul jour ; ces boulevards de l'Italie ont été insuffisants ; vous les avez franchis aussi rapidement que l'Apennin. Tant de succès ont porté la joie dans le sein de la patrie ; vos représentants ont ordonné une fête dédiée à vos victoires, célébrée dans toutes les communes de la république......

Ces proclamations de Bonaparte étaient écoutées avec enthousiasme et relues avec avidité par les soldats et par les officiers. Son armée lui devenait de plus en plus dévouée, et il eût été difficile à un autre de la commander avec succès.

Cet ascendant que Bonaparte prenait sur ses soldats, et qui témoignait le talent le plus extraordinaire pour conduire les hommes, cette autorité qu'il s'arrogeait, sans consulter le gouvernement ni même ses commissaires, pour régir à son gré les pays conquis, pour signer des traités avec les peuples et les princes, laissant le trône à ceux-ci, promettant l'indépendance à ceux-là, commencèrent à alarmer les directeurs. N'osant pas le désavouer ouvertement, le directoire résolut de le gêner dans son plan de campagne, et de diviser le commandement de son armée. Dans une dépêche, datée du 7 mai, après avoir commencé par le louer de la conquête du Piémont et de l'armistice de Chérasque, on combattait comme périlleux le plan de l'invasion du Tyrol. On lui annonçait ensuite que le directoire avait résolu de partager l'armée d'Italie en deux ; l'une, sous les ordres de Kellermann, garderait le Milanais, tandis que l'autre, sous les ordres de Bonaparte, irait conquérir Livourne, Rome et Naples. Enfin, le directoire ajoutait que, suivant un arrêté du 9 floréal, ses commissaires Garrau et Salicetti *auraient seuls le droit de requérir des mouvements de troupes.*

Ce projet de s'enfoncer dans la Péninsule, avant d'être maîtres de la haute Italie, était désastreux. Il renouvelait la faute commise par Charles VIII et par Louis XII, qui, dans l'impatience de posséder Naples, virent la route se fermer derrière eux. Bonaparte n'eut garde de céder aux injonctions du directoire ; il lui fit connaître ses intentions dans cette espèce d'ultimatum, qu'il terminait par une offre de démission, si elles n'étaient pas acceptées. « Je crois très-impolitique de diviser en deux l'armée d'Italie ; il est également contraire aux intérêts de la république d'y mettre deux généraux différents. « L'expédition de Livourne, Rome et Naples, est très-peu de chose ; elle doit être faite par des divisions en échelons, de sorte que l'on puisse, par une marche rétrograde, se trouver en face contre les Autrichiens, et menacer de les envelopper au moindre mouvement qu'ils feraient. Si vous affaiblissez vos moyens en partageant vos forces, *si vous rompez en Italie l'unité de la pensée militaire,* je vous le dis avec douleur, vous aurez perdu la plus belle occasion d'imposer des lois à l'Italie..... » Plus loin, insistant sur la nécessité de laisser un seul général à la tête de l'armée, il ajoute : « Sans doute Kellermann commandera l'armée aussi bien que moi ; car personne n'est plus convaincu que je ne le suis, que les victoires sont dues au courage et à l'audace de l'armée ; mais je crois que réunir Kellermann et moi en Italie, c'est vouloir tout perdre. *Je ne puis pas servir volontiers avec* un homme qui se croit le premier général de l'Europe ; et, d'ailleurs, je crois qu'il faut plutôt un mauvais général que deux bons. *La guerre est comme le gouvernement, c'est une affaire de tact.* »

Une telle correspondance n'a pas besoin de commentaire. On y voit percer, sans déguisement, ce caractère de domination et d'orgueil qui devait subjuguer le monde. Il traite d'égal à égal avec le directoire, ou plutôt il lui adresse des remontrances comme pourrait le faire un supérieur à un inférieur, avec lequel il se contente de garder quelque ménagement de forme. Et les timides directeurs, n'osant ni accepter, ni refuser sa démission, lui répondirent humblement : « *Vous paraissez désireux*, citoyen général, de continuer à conduire toute la suite des opérations militaires de la campagne actuelle d'Italie ; le directoire *a mûrement réfléchi sur cette proposition*, et la confiance qu'il a dans vos talents et votre zèle républicain a décidé cette question en faveur de l'affirmative. Le général Kellermann restera à Chambéry, etc. »

De cette époque date la suprématie de Bonaparte, qui va se rendre le maître des opérations de la guerre et l'arbitre des intérêts politiques de la France. Qui sait les rêves que forme déjà son ambition ? lui-même a pris soin de nous l'apprendre. « Vendémiaire et même Montenotte, disait-il à Sainte-Hélène, ne me portèrent pas encore à me croire un homme supérieur ; ce n'est qu'après Lodi qu'il me vint dans l'idée que je pourrais bien devenir, après tout, un acteur décisif dans notre scène politique. *Alors naquit la première étincelle de la haute ambition* [1]. »

---

[1] Mémorial de Sainte-Hélène.

On remarque, dit un de ses historiens, que dès le jour de son entrée à Milan, il semble que le général Bonaparte se regarde comme le descendant ou l'héritier des rois lombards. Ce jour vit commencer parmi ses troupes, dans son état-major, dans les habitudes de son quartier-général, et jusque dans les relations de ses amitiés militaires, ce respect, véritable attribut de la royauté et du génie, qui s'attacha à sa personne jusqu'aux derniers moments de son existence [1] ! »

Bonaparte, libre maintenant d'agir comme il l'entendait, ne songea plus qu'à poursuivre avec activité l'exécution de ses plans. Après huit ou dix jours accordés à l'armée pour se reposer, il porta de nouveau son quartier-général à Lodi, et s'avança de là vers l'Adige.

Tandis qu'il poursuivait sa marche, un évènement inattendu le rappela tout-à-coup à Milan. Les agents de l'Autriche avaient répandu le bruit que Beaulieu arrivait avec soixante mille hommes; que les Français allaient être écrasés, et que ceux qui s'étaient montrés leurs partisans ne seraient pas plus épargnés. Une foule de paysans, qui avaient souffert du passage de l'armée, était prête à se soulever. Dès que Bonaparte eut quitté Milan, on crut que le moment était favorable pour faire soulever toute la Lombardie. La garnison du château de Milan donna le signal par une sortie. Aussitôt le tocsin sonna dans toutes les campagnes environnantes, et les paysans armés se portèrent sur Milan pour s'en emparer; mais la division que Bonaparte avait laissée pour bloquer la citadelle, repoussa tout-à-la-fois avec vigueur et la sortie de la garnison et l'attaque des paysans. En apprenant ces évènements, Bonaparte

[1] Norvins, Hist. de Napoléon, t. I, p. 126 et 127.

s'était empressé de revenir à Milan; mais quand il arriva, l'ordre était rétabli. Dans les environs de Pavie, les assaillants avaient eu plus de succès. Ils s'étaient emparés de cette ville, et avaient forcé une garnison française de trois cents hommes à mettre bas les armes. Bonaparte continua le lendemain sa route sur Pavie. Les insurgés avaient poussé une avant-garde jusqu'au bourg de Binasco. Lannes l'attaqua, Binasco fut pris, pillé et brûlé. Pavie, forte de trente mille âmes, crut pouvoir résister à la faible troupe qui accompagnait le général en chef; il n'avait en effet que quinze cents hommes et six pièces de campagnes. Au lieu de déposer les armes sur la sommation que leur fit Bonaparte, ils se barricadèrent dans la ville, et firent sonner le tocsin dans tous les villages environnants. Les circonstances ne permettaient pas au général d'attendre de nouveaux renforts; en conséquence il fit brusquer l'attaque. La mitraille et les obus balayèrent les murailles, tandis que les sapeurs enfonçaient les portes à coups de hache. Les grenadiers pénétrèrent alors dans la ville, et eurent un combat à soutenir dans les rues; cependant la résistance ne fut pas longue. Les paysans s'enfuirent et livrèrent la malheureuse Pavie au courroux du vainqueur. Les soldats demandaient le pillage à grands cris; Bonaparte leur accorda trois heures de pillage. Puis il lança dans la campagne ses trois cents chevaux, et fit sabrer une grande quantité d'insurgés. Cette prompte répression ramena la terreur partout; on prit quelques otages, on opéra un désarmement général dans la campagne; ainsi finit ce soulèvement qui pouvait compromettre l'existence de toute l'armée française.

Pendant ce temps, le mouvement général de l'armée s'était opéré sous la conduite de Berthier; le quartier-général était à Soncino, où l'on attendait Bonaparte.

Masséna était sur la route qui mène de Brescia à Soncino, et Augereau sur celle qui mène à Bergame, Serrurier sur la droite de Masséna, et Kilmaine à Brescia, une des plus grandes villes de l'état vénitien.

Le sénat de Venise s'alarma en voyant l'armée française pénétrer sur son territoire. Il envoya au général en chef une députation qui protesta de sa neutralité. Bonaparte répondit que l'armée autrichienne ayant eu l'autorisation de traverser le territoire de Venise pour venir l'attaquer, il avait le droit de le franchir à son tour pour le poursuivre; que du reste il respecterait le territoire de Venise et les habitants de cette république; qu'il ferait observer la plus exacte discipline à son armée, que tout ce qu'il prendrait serait payé, et qu'il n'oublierait point les antiques liens qui unissaient la France à Venise. Après cette réponse, il continua sa marche.

Beaulieu avait reçu des renforts et transféré son quartier-général derrière le Mincio, qu'il était résolu à défendre pour empêcher l'investissement de Mantoue. Cette place recevait chaque jour de nouveaux approvisionnements, et de nouvelles fortifications la mettaient sur un pied de défense respectable.

Bonaparte employa pour franchir le Mincio les mêmes manœuvres qui lui avaient si bien réussi au passage du Pô. Il fit marcher un corps de troupes sur Peschiera, et dès qu'il eut attiré les principales forces de l'ennemi sur ce point, il se porta rapidement sur Borghetto. (30 mai). Quatre mille hommes d'infanterie ennemie y étaient retranchés, et trois mille cavaliers autrichiens et napolitains avaient pris position dans la plaine. Murat chargea la cavalerie et la mit en déroute; les grenadiers, conduits par le colonel Gardanne, entrèrent au pas de charge dans Borghetto, et les Autrichiens, croyant voir la terrible colonne de Lodi, s'enfuirent épouvantés. Le Mincio fut franchi ; les divisions Augereau et Serrurier poursuivirent l'ennemi. Le soir, le quartier-général fut porté à Vallegio. Au moment où Bonaparte allait s'y établir, des hussards autrichiens fondirent tout-à-coup au milieu du bourg et parvinrent jusqu'à son logement. Le piquet d'escorte n'eut que le temps de fermer la porte cochère et de crier aux armes. Bonaparte eut à peine le temps de se sauver par des jardins. On s'aperçut bientôt que cette alerte était causée par un corps ennemi laissé à la garde du bas Mincio, et qui remontait le fleuve pour rejoindre Beaulieu dans sa retraite sur les montagnes. La division Masséna donna la chasse à cette troupe isolée, qui parvint toutefois à rejoindre Beaulieu.

Le danger que venait de courir le général en chef le détermina à créer une garde composée d'hommes d'élite, chargée spécialement de veiller sur sa personne. Ce corps reçut le nom de *guides*, et ne tarda pas à devenir fameux. Il fut organisé et commandé par Bessières ; il reçut dès-lors l'uniforme adoptée depuis par les chasseurs de la garde impériale, dont il forma le noyau.

La victoire de Borghetto et le passage du Mincio avaient décidé une seconde fois la retraite des Autrichiens, qui se rejetaient définitivement dans le Tyrol. Bonaparte voulut alors s'emparer de la ligne de l'Adige pour couvrir le siége de Mantoue et assurer la suite de ses opérations dans la Péninsule. Mais il fallait occuper Vérone, ville vénitienne qui avait trois ponts sur l'Adige. C'était une nouvelle violation de la neutralité de cette république ; mais Bonaparte prétendait, pour se justifier, que Peschiéra, autre ville vénitienne, ayant été occupée militairement par Beaulieu, il avait le droit, lui, d'user de représailles en s'emparant de Vérone. En conséquence, le 3 juin Masséna eut ordre d'entrer dans Vérone; Porto-Legnago, Montebaldo, et la Basse-Adige, furent également occupés et tous les défilés du Tyrol se trouvèrent ainsi gardés. Le 4, les dehors de Mantoue furent enlevés, et Serrurier, maître des têtes des quatre chaussées qui conduisent dans cette ville à travers le lac formé par le Mincio, tint bloquée, avec huit à dix mille hommes, toute la garnison de Mantoue, forte de quinze mille.

Le 5 juin, un envoyé du roi de Naples se présenta au quartier-général, pour demander de la part de son maître un armistice au général en chef. Bonaparte s'empressa de l'accorder, et n'y mit d'autres conditions que la rupture de Naples avec la coalition, l'ouverture de ses ports aux Français, et la retraite de deux mille cinq cents cavaliers napolitains qui devraient quitter immédiatement l'armée autrichienne et rentrer dans leur pays.

Les désastres qu'avait si rapidement éprouvé le général autrichien Beaulieu déterminèrent sa cour à le rappeler, et à donner le commandement de son armée au feld-maréchal Wurmser, qui, avec trente mille hommes des meilleures troupes de l'armée du Rhin, devait aller recueillir et réorganiser les débris de Beaulieu. En attendant l'arrivée du maréchal, Mélas fut chargé *par intérim* du commandement de l'armée battue, et d'en rassembler les corps épars dans les environs de Trente, où il établit son quartier-général.

Ainsi finit cette première campagne.

CHAPITRE III.

Expédition dans la Romagne et en Toscane. — Traité de Bologne avec le pape. — Bataille de Castiglione. — Invasion du Tyrol. — Bataille de Bassano. — Bataille de Saint-Georges. — Wurmser est enfermé dans Mantoue. — Entrée en Italie d'une troisième armée autrichienne commandée par Alvinzi. — Situation périlleuse de l'armée française. — Bataille d'Arcole. — Nouveaux efforts de l'Autriche. — Bataille de Rivoli. — Bataille de la Favorite. — Reddition de Mantoue.

Tandis qu'une partie de l'armée française gardait la ligne de l'Adige, qu'une autre assiégeait Mantoue, et le château de Milan, Bonaparte se décida à faire, avec deux de ses divisions, une course vers l'Italie méridionale, avant que les renforts amenés par Wurmser à l'armée autrichienne, eussent mis cette armée en état de reprendre l'offensive. Ce mouvement lui était commandé par le directoire, mais bien plus encore par la nécessité d'assurer ses derrières, quand il aurait en tête une nouvelle armée de l'empereur. En effet, plusieurs parties des pays traversés par l'armée française étaient agitées par l'insurrection ; les dispositions de l'Italie centrale étaient peu favorables ; la Toscane, il est vrai, était depuis un an en paix avec la république française ; mais Livourne avait été livrée aux Anglais par le gouverneur de cette ville. Il calcula le temps qui devait encore s'écouler jusqu'à la reprise de la guerre avec l'Autriche, et résolut d'en profiter pour dompter tous ces ennemis secondaires, ces neutres mécontents et incertains. Son activité, la célérité de ses marches, la promptitude de ses manœuvres, suppléèrent aux troupes qui lui manquaient. En peu de jours les troubles des fiefs impériaux furent comprimés; les légations de Bologne et de Ferrare furent occupées, et il se dirigea vers Rome, où tout le monde était dans les plus vives alarmes. Le vénérable Pie VI, abandonné par le roi de Naples, peu soutenu par l'Autriche, conservait encore du calme et du sang-froid, sans se dissimuler les dangers de sa position. Il envoya au général français le chevalier Azara, ambassadeur d'Espagne, qui, par ses opinions connues, avait encore quelque crédit auprès de la France révolutionnaire. C'était lui qui déjà avait négocié pour le duc de Parme. Il reçut en effet de Bonaparte un accueil favorable, et le détermina à signer un armistice, d'après lequel sa sainteté dut renoncer aux trois légations, payer quinze millions en argent et six en provisions pour l'armée; plus, des tableaux, des statues, des manuscrits, etc., et enfin permettre aux Français de mettre garnison dans la ville d'Ancône. Dans cette circonstance, Bonaparte, loin de se conformer aux instructions du directoire, qui lui prescrivaient de *révolutionner* Rome, d'en détrôner le pontife, d'arrêter tous les prêtres français qui s'y étaient réfugiés, se montra toujours plein de respect et de vénération pour le pape, ne l'appelant jamais que très-saint père et souverain pontife, tandis que les directeurs affectaient de ne lui donner d'autre titre que celui d'évêque de Rome; on a remarqué aussi que c'est la seule fois qu'il se soit abstenu d'envahir une capitale, quand il a été en son pouvoir de le faire; enfin, loin de persécuter les ecclésiastiques français déportés, qui se trouvaient sur le passage de son armée, et que, jusque-là, tous les généraux de la république avaient traités d'une manière fort rigoureuse, il les prit sous sa protection spéciale. Les uns ont attribué cette modération à un profond calcul d'ambition, prévoyant déjà tout le parti qu'il pourrait tirer un jour de ses rapports avec le pontife romain; d'autres n'y ont vu qu'un esprit de contradiction et d'opposition avec le directoire; mais, quelle que soit la cause de sa conduite en cette circonstance, on peut la citer, dans cette époque de haine et de persécution, comme palliant un peu l'odieux de ses usurpations contre le souverain pontife.

Le 26 juin, Bonaparte passa l'Apennin avec la division Vaubois et entra en Toscane. Le duc de Florence épouvanté lui envoya son ministre Manfredini; Bonaparte le rassura sur ses intentions, sans toutefois les lui communiquer. Pendant ce temps, Murat, à la tête de l'avant-garde, se portait à marches forcées sur Livourne, où il entra à l'improviste, espérant y surprendre la factorerie anglaise; mais les négociants anglais avaient été prévenus à temps et s'étaient empressés de mettre à la voile. Le gouverneur Spannochi fut saisi, enfermé dans une chaise de poste, et envoyé au grand-duc avec une lettre, dans laquelle le général français expliquait les motifs de cet acte d'hostilité commis chez une puissance amie. On disait au grand-duc que son gouverneur avait manqué à toutes les lois de la neutralité, en opprimant le commerce français, en donnant asile aux émigrés et aux ennemis de la république, et il ajoutait que, par respect pour son autorité, il lui laissait à lui-même le soin de punir son ministre. De quelques spécieux prétextes qu'on ait voulu colorer cet acte, ce n'en était pas moins un étrange abus de la force et une violation manifeste du droit des gens. De pareils faits se retrouveront malheureusement plus d'une fois dans l'histoire de Napoléon.

Le grand-duc, loin de se plaindre de son redoutable allié, qui venait faire la police chez lui et mettait garnison dans une de ses places, l'invita à se rendre à Florence. Bonaparte répondit à cette invitation, en arrivant presque sans escorte dans la capitale du grand-duc, qui lui fit une réception magnifique. Il apprit, au milieu des fêtes que lui donnait la cour de Florence, la reddition de la citadelle de Milan. Il envoya aussitôt l'ordre de diriger sur Mantoue toute la grosse artillerie que cet évènement rendait disponible. Lui-même quitta Florence et repassa le Pô pour revenir à son quartier-général de Roverbella, près Mantoue. Cette excursion, qui n'avait duré qu'une vingtaine de jours, lui avait suffi pour imposer aux puissances de l'Italie, et pour s'assurer du calme pendant les nouvelles luttes qu'il avait encore à soutenir contre la puissance autrichienne.

Il poussa avec activité les travaux du siége de Mantoue. Déjà la tranchée était ouverte à cent toises du chemin couvert, de nombreuses batteries étaient prêtes à réduire cette ville en cendres; enfin la place ne pouvait tenir plus de quinze jours, et le général en chef ne doutait pas que l'armée autrichienne ne lui laissât encore ce temps-là. Mais le feld-maréchal Wurmser était arrivé avec ses renforts, et montrant, dans un corps usé par l'âge, une vigueur et une activité comparables à celle de son jeune antagoniste, il s'était aussitôt mis en marche à la tête d'une armée de soixante mille hommes. Ses premières manœuvres obtinrent du succès. Divisant son armée en deux corps, il chargea le général Quasdanowich de marcher sur Salo et Brescia par la rive droite du lac Garda, tandis que lui-même, avec trente-cinq mille hommes sur trois colonnes, descendait la vallée de l'Adige; il espérait par cette marche surprendre les Français devant Mantoue, les écraser lui-même sur leur front, pendant que son lieutenant leur coupait toute retraite. En effet, Quasdanowich d'un côté s'empara de Brescia et de Salo, tandis que Wurmser repoussait Masséna de Rivoli et marchait sur Mantoue. Bonaparte apprit toutes ces nouvelles à son quartier-général de Roverbella. Il ne s'était pas encore trouvé dans une position aussi difficile. Il n'avait que trente mille hommes disponibles à opposer à soixante mille ; il venait de perdre sa ligne de défense sur l'Adige, et sa ligne de retraite sur Milan. Dans une situation si alarmante, il convoqua un conseil de guerre, et pour la première fois il demanda l'avis de ses généraux. Tous opinèrent pour la retraite, à l'exception d'Augereau. Bonaparte congédia le conseil, sans exprimer son avis; mais son plan était arrêté. Si son armée était trop faible pour faire face aux deux divisions de l'ennemi, elle pouvait battre chacune séparément, et par sa position Bonaparte se trouvait entre elles. Mais, pour exécuter ce projet, il fallait lever à l'instant le siége de Mantoue, car le moindre retard aurait donné à Wurmser le temps et les moyens d'opérer sa jonction avec Quasdanowich. C'était un grand sacrifice, car on assiégeait Mantoue depuis deux mois, on y avait transporté un grand matériel, la place allait se rendre, et en la laissant ravitailler, on perdait le fruit de longs travaux et une proie presque assurée. Bonaparte n'hésita pas. Le siége de Mantoue fut levé; cent quarante canons encloués furent laissés dans les tranchées. S'embarrasser de cette artillerie eût été compromettre le succès de l'opération qui dépendait principalement de la célérité des mouvements. Bonaparte dit à ceux qui semblaient regretter la perte de cet immense matériel : « Si nous battons l'ennemi, ces canons seront repris avec Mantoue; dans le cas contraire, ils auraient toujours été perdus. »

Ici commence cette série de combats et de victoires, que nos soldats appelèrent *la campagne des six jours*, et où jamais Bonaparte ne déploya plus d'activité, d'audace et de génie. Le 31 juillet, après avoir abandonné Mantoue, il repassa le Mincio, pour aller à la rencontre de Quasdanowich; l'ennemi fut expulsé de Lonato, de Brescia et de Salo, et forcé de se replier sur Gavardo, où sa retraite fut favorisée par les montagnes. L'armée française s'établit sur la Chiesa.

Pendant ce temps-là Wurmser, sans s'inquiéter de son lieutenant, avait passé le Mincio et s'était porté sur Mantoue, où il était entré sans obstacle. En voyant nos affûts en cendres, nos canons encloués, et les traces d'une extrême précipitation, il ne reconnut point le calcul du génie et ne vit qu'un effet de l'épouvante; il fut plein de joie et entra en triomphe dans la place qu'il venait délivrer; son erreur ne fut pas longue. C'était le 2 août : ce jour même Quasdanowich ayant repris l'offensive, fut battu une seconde fois à Lonato et rejeté de nouveau sur Gavardo. Une troisième tentative, qu'essaya le lendemain le général autrichien pour arriver jusqu'à Wurmser, n'eut pas une meilleure issue; il fut mis dans une déroute complète et forcé de reprendre le chemin du Tyrol. Le même jour, 3 août, Augereau battait deux divisions de Wurmser à Castiglione et les rejetait sur le Mincio. Wurmser sortant alors de Mantoue avec quinze mille hommes, rallia à lui les deux divisions battues, et s'étendit dans les plaines de Castiglione (4 août). Bonaparte rappela aussitôt les troupes qui venaient de poursuivre Quasdanowich, et concentra son armée sur ce point, où allait se décider le destin de l'Italie.

Le 5 août les deux armées se trouvèrent en présence à Castiglione. Wurmser n'avait pu réunir que vingt-cinq à trente mille hommes. Bonaparte en avait vingt-cinq mille; mais il comptait en outre sur la division Serrurier, qui, d'après ses ordres, avait dû marcher toute la nuit pour venir attaquer par-derrière la gauche de l'armée ennemie. Dès la pointe du jour le combat s'engagea; Bonaparte, en attendant l'arrivée de Serrurier, fit d'abord un mouvement rétrograde, pour attirer l'ennemi hors de sa position, et se borna à soutenir sa ligne, maintenant son centre immobile dans la plaine. Bientôt il entendit le feu de Serrurier; aussitôt Augereau chargea le centre et Masséna la droite de l'ennemi; tandis que Marmont, avec vingt pièces d'artillerie et une demi-brigade, enlevait une redoute qui protégeait la gauche des Autrichiens. Wurmser jugea alors qu'une prompte retraite pouvait seule le sauver; il repassa le Mincio, abandonnant à l'armée française deux mille prisonniers, vingt canons et cent vingt caissons.

Pour ne pas laisser au général autrichien le temps de s'établir solidement sur le Mincio et de rappeler à lui Quasdanowich, Bonaparte traversa cette rivière le lendemain, attaqua l'ennemi près de Peschiera, le battit de nouveau et le força de chercher un refuge dans le Tyrol.

Bientôt tous les postes qu'occupait l'armée sur les deux rives du lac de Garda, avant le mouvement offensif de Wurmser, se retrouvèrent en notre possession. La division de Serrurier retourna devant Mantoue; mais la perte irréparable du parc de siége força de recommencer le blocus de cette ville.

L'armée autrichienne, dans cette campagne de six

jours, avait perdu vingt-un mille hommes, dont quinze mille prisonniers, soixante-dix canons et tous ses caissons. Wurmser, rejeté dans les montagnes, était dans l'impossibilité de tenir la campagne. Ainsi s'était évanouie cette formidable expédition devant une poignée de braves. Ces résultats extraordinaires, et inouis dans l'histoire, étaient dus à la promptitude et à la vigueur de résolution du jeune chef.

Bonaparte donna vingt jours de repos à ses troupes, reçut six mille hommes de renfort et se mit à la poursuite de l'ennemi, avec le projet de se joindre par le Tyrol à l'armée du Rhin, qui, sous les ordres de Moreau, pénétrait alors en Bavière. On se rappelle qu'il avait projeté cette jonction dès le commencement de la campagne d'Italie; mais il dut bientôt y renoncer, en apprenant que Jourdan avait été battu à Amberg par le prince Charles, et que Moreau, par suite de la défaite de l'armée de Sambre-et-Meuse, n'avait pas pu porter l'armée du Rhin sur Inspruck.

Le mouvement de Bonaparte sur le Tyrol eut un plein succès; Davidowich, battu successivement à Mori, à Roveredo et Calliano fut forcé, après avoir perdu six mille prisonniers et trente pièces de canon, d'abandonner Trente à l'armée républicaine. En arrivant dans cette ville, Bonaparte apprit que Wurmser, dont l'armée avait reçu des renforts considérables, était parti la veille, se dirigeant sur Mantoue par la vallée de la Brenta. Aussitôt, au lieu de s'enfoncer dans le Tyrol, il laisse Vaubois avec huit mille hommes, pour contenir Davidowich refugié derrière le Lawis, et se lance avec vingt mille hommes dans les gorges de la Brenta, à la poursuite de Wurmser. Il atteint l'arrière-garde autrichienne, qui avait deux jours d'avance, à Primolano et à Covelo (6 et 7 septembre), la met en déroute et force le vieux maréchal à s'arrêter à Bassano. Wurmser, surpris, hésite et enfin accepte la bataille (8 septembre). Elle fut désastreuse pour lui; il y perdit cinq mille prisonniers, cinq drapeaux, trente-cinq pièces de canon, ses équipages de pont, ses fourgons et tous les approvisionnements qu'il conduisait à Mantoue. Après avoir erré pendant huit jours, au milieu des colonnes ennemies qui le poursuivaient sans relâche, il parvint à se réfugier dans Mantoue, avec douze mille hommes qui lui restaient. La garnison de cette ville se trouva portée alors à vingt-cinq mille hommes. Avec de telles forces, il essaya de tenir la campagne; mais Bonaparte l'attaqua, le battit à la Favorite et à Saint-Georges (15 septembre), l'un des faubourgs de Mantoue, lui prit trois mille hommes, vingt-deux drapeaux et vingt-cinq canons, et le força à se renfermer désormais dans la place; mais ce renfort de troupes, inutile pour sa défense, ne faisait qu'ajouter à sa détresse, en y augmentant la consommation. Ainsi, malgré tant d'attaques réitérées et la perte de son artillerie de siége, Bonaparte avait dès-lors rendu inévitable la chute du boulevard de l'Italie. Et après avoir perdu presque entièrement deux armées, Wurmser n'était parvenu qu'à retarder cette chute de quelques mois, en s'emparant de l'artillerie des Français. En effet, le blocus fut aussitôt resserré avec la plus grande rigueur, et de nouveau confié à la division Serrurier, commandée par le général Kilmaine. Le reste de l'armée revint se placer en observation devant le Tyrol.

Tandis que les armes françaises triomphaient en Italie, elles éprouvaient en Allemagne de terribles revers. L'armée de Sambre-et-Meuse, commandée par Jourdan, avait été complètement battue par le prince Charles, et Moreau, compromis par cette défaite, avait été obligé de ramener son armée du centre de la Bavière, en deçà du Rhin. Cette retraite, il est vrai, s'était opérée d'une manière admirable, mais ce n'en était pas moins une retraite. Les succès de l'Autriche avaient ranimé partout l'espérance des puissances étrangères ; l'armée d'Italie, affaiblie par ses triomphes, se trouvait dans un isolement périlleux au milieu de ses conquêtes. Venise, Rome, Naples, prenaient les armes ; Gênes et le Piémont n'étaient pas sûrs ; le duc de Modène violait l'armistice ; l'Autriche, à l'aide des victoires de l'archiduc Charles, allait porter en Italie une nouvelle armée. De toutes les parties de ce vaste empire, des troupes étaient dirigées vers le Tyrol ; et, avant la fin d'octobre, soixante mille hommes devaient s'y trouver réunis sous les ordres d'un nouveau chef, le général Alvinzy.

Cependant l'armée d'Italie s'affaiblissait de jour en jour ; les hôpitaux se remplissaient de malades, et Bonaparte demandait en vain des renforts. « On nous compte, écrivait-il au directoire, envoyez-moi des troupes ou l'Italie est perdue. » Le directoire, ne pouvant lui envoyer des renforts, chercha du moins à l'aider par ses négociations ; il signa avec le Piémont, Gênes et Naples, trois traités de paix qui assurèrent la neutralité de ces états, le passage des troupes françaises en Italie et la fermeture des principaux ports aux Anglais ; il empêcha, par ses promesses et ses menaces, Rome et Venise de se déclarer ennemies ; il approuva la formation d'une république *cispadane*, que Bonaparte avait créée de sa propre autorité et composée des états du duc de Modène, et des légations de Bologne et de Ferrare ; enfin, il signa avec l'Espagne un traité d'alliance offensive et défensive, fondé sur les bases du pacte de famille. Bonaparte promettait en même temps aux Milanais, jaloux des faveurs accordées à la république cispadane, de créer aussi une république lombarde, aussitôt que les circonstances le lui permettraient ; mais il leur répétait qu'il fallait gagner l'indépendance en le soutenant dans cette terrible lutte. Confiants dans ces promesses, les Milanais décidèrent de porter à douze mille hommes les deux légions italiennes dont ils avaient déjà commencé l'organisation.

A la même époque, la Corse venait d'être affranchie par ses soins. Il avait réuni à Livourne les principaux réfugiés, ses compatriotes, leur avait donné des armes et des officiers, et les avait jetés hardiment dans l'île pour seconder la rébellion des habitants contre les Anglais. L'expédition réussit et sa patrie fut délivrée du joug britannique.

Ainsi, il avait employé tout le temps écoulé, depuis la bataille de Saint-Georges, à améliorer sa position en Italie, en se ménageant autour de lui des gouvernements amis, en diminuant l'influence des Anglais dans la Méditerranée, et par toutes ces ressources d'une habile politique, il avait suppléé autant que possible aux forces que son gouvernement ne pouvait lui fournir. Malgré toutes ces précautions, il n'était point encore en état de lutter contre l'Autriche ; car il n'avait à opposer à soixante mille hommes de troupes fraîches, que trente-six mille soldats, fatigués par une triple campagne, et diminués tous les jours par les fièvres.

Cependant Alvinzi était prêt à commencer les hostilités, et dès le 1er novembre il avait jeté des ponts sur la Piave, et s'était avancé sur la Brenta. Le plan des Autrichiens, cette fois, était d'attaquer simultanément par les montagnes du Tyrol et par la plaine, de se réunir sous Vérone, où Bonaparte avait son quartier-général, de l'accabler sous le poids de toutes leurs forces et de délivrer Wurmser. En effet, Davidowich, qui commandait l'aile droite, forte de vingt mille hommes, força Vaubois d'évacuer Trente, le rejeta sur Calliano et de là sur Rivoli, pendant qu'Alvinzi, à la tête de quarante mille hommes, entrait à Bassano, rejetait Masséna sur Vérone, et venait occuper la formidable position de Caldiero, à trois lieues de Vérone. Bonaparte, après s'être assuré que Vaubois pouvait tenir encore quelque temps sur le plateau de Rivoli, où il avait réussi à rallier son corps d'armée, réduit de douze mille hommes à huit, résolut d'attaquer la position de Caldiero avec les divisions Augereau et Masséna, c'est-à-dire avec vingt mille hommes contre quarante mille, fortement retranchés. Le 12 novembre, l'action s'engagea à la pointe du jour. Nos soldats s'avancèrent courageusement; mais la difficulté de l'accès, l'opiniâtreté de la défense, et par-dessus tout une pluie glaciale qu'un vent violent de nord-est leur chassait dans la figure, et qui les aveuglait, rendirent leurs efforts inutiles; ils furent repoussés. En vain Bonaparte voulut renouveler ses efforts, ils furent impuissants. Les deux armées passèrent la nuit en présence, et le lendemain, 13 novembre, Bonaparte rentra dans Vérone.

La situation de l'armée devenait désespérante. Après avoir perdu à la gauche le Tyrol et quatre mille hommes; après avoir livré une bataille malheureuse à Caldiero, pour éloigner Alvinzi de Vérone, et s'être encore affaibli sans succès, toute ressource semblait perdue. La gauche, qui n'était plus que de huit mille hommes, pouvait à chaque instant être culbutée de Rivoli, et alors Bonaparte se trouvait enveloppé à Vérone. Les deux divisions Masséna et Augereau, qui formaient l'armée active, opposée à Alvinzi, offraient à peine quinze mille hommes en état de porter les armes, tant elles avaient été réduites par les combats des jours précédents. L'artillerie, qui nous avait toujours servi à contre-balancer la supériorité de l'ennemi, ne pouvait plus se mouvoir au milieu des boues ; il n'y avait donc aucun espoir de lutter avec quelque chance de succès. L'armée était dans la consternation, et les soldats ne craignaient pas d'exprimer tout haut leur mécontentement. Bonaparte, qui partageait leur mauvaise humeur, écrivait au directoire le 14 novembre : « Tous vos officiers supérieurs, tous vos généraux d'élite sont hors de combat ; l'armée d'Italie, réduite à une poignée de monde, est épuisée. Les héros de Millesimo, de Lodi, de Castiglione, de Bassano, sont morts pour leur patrie, ou sont à l'hôpital. Il ne reste plus aux corps que leur réputation et leur orgueil. Joubert, Lannes, Lamare, Victor, Murat, Charlot, Dupuis, Rampon, Pigeon, Ménard, Chabrand, sont blessés. Nous sommes abandonnés au fond de l'Italie, ce qui me reste de braves voit la mort infaillible, au milieu de chances si continuelles, et avec des forces si inférieures. Peut-être l'heure du brave Augereau, de l'intrépide Masséna, est près de sonner.... Alors ! que deviendront ces braves gens ? Cette idée me rend réservé ; je n'ose plus affronter la mort, qui serait un sujet de découragement pour qui est l'objet de mes sollicitudes,...... aujourd'hui, ajoutait Bonaparte, repos aux troupes ; demain, selon les mouvements de l'ennemi, nous agirons. »

Cependant, tandis qu'il adressait ces plaintes amères au gouvernement, il affectait la plus grande sécurité aux yeux de ses soldats ; il leur répétait qu'il fallait faire un effort et que cet effort serait le dernier ; qu'Alvinzi détruit, les moyens de l'Autriche seraient épuisés pour jamais, l'Italie conquise, la paix assurée, et la gloire de l'armée immortelle. Sa présence, ses paroles relevaient les courages. Les malades, dévorés par la fièvre, en apprenant que l'armée était en péril sortaient en foule des hôpitaux, et accouraient prendre leur place dans les rangs. La plus vive et la plus profonde émotion était dans tous les cœurs. Les Autrichiens s'étaient approchés, le jour même, de Vérone, et montraient les échelles qu'ils avaient préparées pour escalader les murs. Les Véronais laissaient éclater leur joie en croyant voir, sous quelques heures, Alvinzi réuni dans leur ville à Davidowich, et les Français détruits.

L'armée attendait avec anxiété les ordres du général, et espérait à chaque instant qu'il commanderait un mouvement. Cependant la journée du 14 novembre s'était écoulée, et, contre l'usage, l'ordre du jour n'avait rien annoncé. Mais Bonaparte n'avait point perdu de temps ; et, après avoir médité sur le champ de bataille qu'il voulait choisir, il venait de prendre une de ces résolutions que le désespoir inspire au génie. Il confia la garde de Vérone au général Kilmaine, qui, avec deux mille hommes, avait été rappelé du blocus de Mantoue. Vers la nuit, l'ordre est donné à toute l'armée de prendre les armes ; le plus grand silence est recommandé ; on se met en marche ; mais, au lieu de se porter en avant, on rétrograde, on repasse l'Adige sur les ponts de Vérone, et on sort de la ville par la porte qui conduit à Milan. L'armée se met tristement en marche, croyant qu'on bat en retraite et qu'on renonce à garder l'Italie. Quelques habitants, compromis pour leur attachement à notre cause, regardaient, le cœur serré, la marche rétrograde de nos soldats, qui allait les livrer sans défense à toute la haine de leurs ennemis politiques.

Tout-à-coup, au lieu de suivre la route de Milan, l'armée reçoit l'ordre de tourner à gauche et de se diriger, en longeant l'Adige, sur le village de Ronco, où un pont venait d'être jeté, d'après les instructions du général en chef. La joie rentre dans les cœurs ; les soldats devinent les intentions de leur général, et leur marche, si tristement commencée, s'achève avec confiance et gaîté. Le 15 au matin, toute l'armée a traversé l'Adige, et se retrouve de l'autre côté de cette rivière, qu'elle croyait avoir abandonnée pour toujours. Voici quel était le plan de Bonaparte. Ayant éprouvé à l'attaque du 12 qu'il était impossible d'enlever de front la position de Caldiero, il avait résolu de la tourner, et de s'approcher d'Alvinzi, par le terrain marécageux sur lequel sa gauche était appuyée. Deux chaussées seulement traversaient ces marais, et ce n'était que sur ces chaussées que l'on pouvait combattre, ce qui annulait l'avantage du nombre, et laissait décider le succès par le courage des têtes de colonnes. La chaussée de gauche longe l'Adige par Porcil jusqu'à Vérone, devant la position de Caldiero ; celle de droite traverse la petite rivière de l'Alpon à Arcole, et atteint la route de Vérone près de Villanova, seul point par lequel Alvinzi peut se retirer, puisqu'il a devant lui Vérone, à gauche l'Adige, à droite des montagnes impraticables. Masséna marche par la digue de Porcil, et Augereau par celle d'Arcole ; mais il trouve le pont de ce village défendu par trois mille croates, dont la vive résistance donna le temps à Alvinzi d'abandonner Caldiero et de jeter des renforts sur Arcole. Augereau saisit un drapeau et le porte sur le pont ; ses soldats le suivent, mais ces feux épouvantables les ramènent en arrière. Les généraux Lannes, Verne, Verdier sont gravement blessés.

Bonaparte voyait de Ronco s'ébranler toute l'armée

ennemie, qui se hâtait de quitter Caldiero pour n'être pas prise par-derrière à Villa-Nova ; il était de la dernière importance de franchir Arcole sur-le-champ, afin d'arriver à temps sur les derrières d'Alvinzi, et d'obtenir un triomphe complet. Il n'hésite pas, il s'élance au galop, arrive près du pont, se jette à bas de cheval, demande aux soldats s'ils sont encore les vainqueurs de Lodi, les ranime par ses paroles, et, saisissant un drapeau, leur crie : suivez votre général ! — Au milieu du fracas épouvantable de l'artillerie, un certain nombre seulement ont vu ce mouvement de leur général et ont entendu sa voix ; Bonaparte s'avance, le drapeau à la main, au milieu d'une grêle de balles et de mitraille. Tous ses généraux l'entourent. Lannes, déjà blessé de deux coups de feu dans cette journée, est atteint d'un troisième ; le jeune Muiron, aide-de-camp du général, est tué à ses pieds. Cependant la colonne est près de franchir le pont, lorsqu'une dernière décharge l'arrête, et la rejette en arrière. Les soldats restés auprès du général le saisissent, l'emportent au milieu du feu et de la fumée, et il échappe ainsi par leur dévouement à une mort certaine.

La nuit était venue ; quoique le succès de cette journée ne fût pas complet, on avait obtenu d'importants résultats. Alvinzi avait quitté sa redoutable position de Caldiero ; il avait perdu beaucoup de monde dans les marais, et il ne menaçait plus Vérone. Cependant Bonaparte, craignant que Vaubois n'eût été chassé de Rivoli, il repassa l'Adige pour être en mesure de le soutenir. Le lendemain, comme Vaubois tenait encore, Bonaparte repassa le pont de Ronco, et le combat recommença sur les deux digues. Il dura toute la journée du 16 ; les Français animés par la lutte, avaient repris toute leur confiance ; ils firent un grand nombre de prisonniers, enlevèrent des canons et des drapeaux, mais Bonaparte ne tenta ce jour-là aucun effort décisif pour passer l'Alpon. Le soir il replia ses colonnes, et repassa encore l'Adige. Il apprit alors que Davidowich avait attaqué Vaubois dans la journée, et l'avait forcé à se retirer sur Bussolingo. Il devenait important d'obliger Alvinzi à se retirer au-delà de Villa-Nova, afin de se mettre en communication avec Vérone, et de secourir son lieutenant. Le 17, il franchit le fleuve pour la troisième fois; et tandis qu'Augereau tournait la gauche de l'Alpon pour prendre Arcole à revers, Masséna attaqua de front et enfonça les Autrichiens; alors Alvinzi n'osa tenir en plaine et se retira en désordre sur Montebello, après avoir perdu dans ces trois sanglantes journées, que dura la bataille d'Arcole, douze mille morts et six mille prisonniers. Bonaparte laissa à la cavalerie le soin de poursuivre l'ennemi, et se hâta de rentrer à Vérone par la route de Villa-Nova et de Caldiero, afin de venir au secours de Vaubois. Quand l'armée entra triomphante dans la ville, par la porte opposée à celle par laquelle elle en était sortie mystérieusement et comme fugitive, trois jours auparavant, les Véronais furent saisis de surprise. Amis et ennemis ne purent contenir leur admiration pour le général et les soldats qui venaient de changer si glorieusement le destin de la guerre.

Les divisions Masséna et Augereau ne firent que traverser Vérone. La première se porta directement au secours de Vaubois, et la seconde se dirigea sur Dola pour couper la retraite de Davidowich; mais celui-ci se hâta de remonter l'Adige et ne s'arrêta qu'à Roveredo. Vaubois reprit ses positions sur le plateau de Rivoli et sur les hauteurs de la Corona. La retraite de Davidowich décida Alvinzi à se replier derrière la Brenta, et l'armée française reprit les positions qu'elle occupait avant le mouvement de l'armée impériale.

Cette nouvelle victoire excita en Italie et en France un enthousiasme universel. On admirait de toutes parts ce génie opiniâtre, qui avec quatorze ou quinze mille hommes, devant quarante mille, n'avait pas songé à se retirer ; ce génie inventif et profond, qui avait su découvrir dans les digues de Ronco un champ de bataille tout nouveau, qui annulait le nombre et donnait dans les flancs de l'ennemi. On célébrait surtout l'héroïsme déployé au pont d'Arcole, et partout on représentait le jeune général, un drapeau à la main, au milieu du feu et de la fumée. Les deux conseils, en déclarant, suivant l'usage, que l'armée d'Italie avait encore bien mérité de la patrie, décidèrent de plus que les drapeaux, portés par les généraux Bonaparte et Augereau sur le pont d'Arcole, leur seraient donnés pour être conservés dans leurs familles.

Bonaparte donna six semaines de repos à ses troupes harassées de leurs victoires ; il employa ce temps à réorganiser l'administration des pays conquis ; il menaça Venise, qui armait ses régiments esclavons ; enfin, il se mit en marche contre Rome, qui cédant aux sollicitations de l'Autriche, avait rompu l'armistice ; mais, arrivé à Bologne, il apprit qu'Alvinzi avait repris l'offensive, et revint en toute hâte sur l'Adige.

En effet, l'Autriche, faisant de nouveaux efforts, avait envoyé des renforts considérables à l'armée d'Alvinzi, qui se trouvait maintenant plus nombreuse qu'avant la campagne d'Arcole. Toutes les parties de la monarchie avaient fourni des levées, et plusieurs corps avaient été détachés des armées du Rhin. Toute la garnison de Vienne avait été acheminée sur le Tyrol. Les habitants de la capitale avaient fourni quatre mille volontaires, pleins de zèle, et pour lesquels l'impératrice broda de ses mains un magnifique drapeau, portant cette inscription : *Volontaires de Vienne.* Toute cette armée fut prête à se mettre en campagne dès le milieu de décembre ; et, en moins de quinze jours, elle déboucha par les vallées de l'Adige et de la Brenta. Le conseil aulique avait décidé que le général Alvinzi agirait sur trois lignes d'opération, et attaquerait le centre et les deux ailes de l'armée française à la fois ; en même temps Wurmser devait sortir de Mantoue, franchir la ligne du blocus, rallier à lui l'armée du pape, se réunir à Provera, qui avec vingt mille hommes se porterait sur le Bas-Adige, et attaquer les derrières des Français, occupés en avant par Alvinzi.

L'armée française, qui avait enfin reçu les renforts si longtemps sollicités par Bonaparte, se montait à quarante cinq mille hommes, partagés en quatre divisions de dix mille hommes chacune, et une réserve commandée par Rey. Bonaparte, incertain du point où le gros des forces autrichiennes devait se porter, avait ces divisions dans leurs positions : Serrurier devant Mantoue, Augereau sur l'Adige, Masséna à Vérone, Joubert à la Corona et à Rivoli. Rey, avec la réserve, se tenait à Castel-Novo.

Quelques engagements de peu d'importance firent bientôt juger au général en chef que tous les efforts de l'ennemi se porteraient sur Rivoli, occupé par Joubert. En effet, dans la journée du 13 janvier, Joubert attaqué par des forces supérieures fut chassé des hauteurs de la Corona, et essaya de tenir sur le plateau de Rivoli. Bonaparte, instruit de cette attaque, et de la marche d'Alvinzi sur ce point, laissa Augereau sur le Bas-Adige, et fit partir à la hâte la division Masséna pour Rivoli. Lui-même, devançant ces troupes, arriva à minuit sur le plateau de Rivoli. Il faisait un beau clair de lune, le ciel était animé, le froid vif; ce qui permit à Bonaparte de distinguer, par les feux de l'ennemi, la position des différents corps de son armée, et de former son plan de bataille. Alvinzi avait divisé son armée en six colonnes. Trois d'entre elles, fortes ensemble de douze mille hommes, devaient attaquer de front la division Joubert; Quasdanowich, avec dix mille hommes, était chargé d'attaquer notre droite, en montant sur le plateau de Rivoli, par la route en escalier tournant, dite de l'Incanale; quatre mille hommes, commandés par Lawgnan, devaient tourner notre gauche en passant par le revers occidental du Monte-Baldo; enfin, la sixième colonne, forte de six mille hommes, commandée par Wukassowich, placée sur la rive gauche de l'Adige, devait protéger par son artillerie l'attaque opérée par l'Incanale.

La division Masséna arriva sur les deux heures du matin, et prit quelque repos jusqu'au point du jour, où l'action s'engagea (14 janvier). Bonaparte avait vingt mille hommes à opposer à quarante mille; mais ce désavantage était compensé par une artillerie formidable, composée de soixante pièces de canons, tandis que l'ennemi ne pouvait se servir ni de son artillerie, ni de sa cavalerie, et qu'un tiers de ses forces, occupées à des opérations accessoires, était en quelque sorte en dehors de l'action principale. Il ne s'inquiète, ni du corps de la rive gauche qui n'agit que par ses boulets perdus, ni des soldats de Lusignan, qu'il montre de loin à ses braves en leur disant : « Ceux-là sont à vous! » C'est sur la colonne d'Incanale qu'il porte tous ses efforts : au moment où la tête de cette colonne commence à déboucher et à se déployer sur le plateau, elle est assaillie sur ses flancs par l'infanterie, chargée de front par la cavalerie, criblée de boulets par l'artillerie, qui plonge dans le profond défilé où plus de douze mille hommes sont entassés; tout est culbuté, tué ou pris. De là il se porte sur les colonnes d'Alvinzi, qui se débandaient à la poursuite de notre gauche; elles sont chargées, mises en déroute, jetées dans les précipices. Enfin, il se retourne, fond sur Lusignan, le pousse sur la réserve de Rey, qui arrivait en toute hâte, pour prendre part à l'action, et le force à mettre bas les armes.

Ces engagements successifs durèrent toute la journée. A cinq heures du soir, l'armée autrichienne était anéantie. Avant la fin de l'action, Bonaparte avait quitté le champ de bataille, laissant à Joubert et à Rey le soin d'achever la victoire, et sûr du triomphe, il avait rallié en toute hâte la division Masséna, et était parti pour poursuivre Provera qui par le Bas-Adige se dirigeait sur Mantoue. Ces soldats qu'il mène à de nouveaux combats, s'étaient battus la veille devant Vérone, avaient marché toute la nuit du 13 au 14, s'étaient battus tout le jour, et repartaient le 14 au soir pour aller combattre encore à quatorze lieues de là, sous les murs de Mantoue. La nouvelle qu'avait reçue Bonaparte, pendant la bataille de Rivoli, que Provera était parvenu à passer l'Adige près de Legnago, et marchait pour débloquer Mantoue, l'avait déterminé à ce mouvement rapide. Bonaparte en arrivant à Castel-Novo apprit qu'Augereau s'était jeté à la poursuite de Provera, avait attaqué son arrière-garde et lui avait fait deux mille prisonniers; mais le général autrichien n'en avait pas moins continué sa marche, et s'était avancé jusque devant le faubourg de Saint-Georges, défendu seulement par quinze cents hommes, sous les ordres de Miollis. Provera croyait emporter facilement ce poste; mais Miollis repoussa toutes ses attaques, ce qui donna le temps aux renforts qu'amenait

Bonaparte d'arriver. Cependant Provera était parvenu, pendant cette journée, à communiquer avec Wurmser, et à concerter avec lui leurs opérations du lendemain. Le 16 janvier, au jour, Wurmser sortit avec la garnison de Mantoue et prit position à la Favorite. Bonaparte, arrivé dans la soirée du 15, avait placé Augereau sur les derrières de Provera, Victor et Masséna sur ses flancs, de manière à empêcher sa jonction avec Wurmser. Serrurier fut chargé de repousser les attaques. L'action fut engagée par la garnison de Mantoue, qui assaillit Serrurier avec fureur ; mais celui-ci lui résista avec une bravoure égale, et ne perdit pas un pouce de terrain. En même temps, Victor, à la tête de la 57me demi-brigade, qui dans ce jour reçut le nom de *Terrible*, s'élance sur Provera, et renverse tout ce qui se présente devant lui. Après un combat opiniâtre, Wurmser est rejeté dans Mantoue, Provera, enveloppé par Victor, Masséna, Augereau, met bas les armes et se rend prisonnier avec six mille hommes. Dans ce corps se trouvaient les jeunes volontaires de Vienne, qui, après une défense honorable, furent forcés de se rendre, et d'abandonner au vainqueur le drapeau brodé par les mains de l'impératrice.

Cette journée fut appelée la bataille de la Favorite. Le même jour (16 janvier), Joubert se jeta à la poursuite d'Alvinzi sur les hauteurs de la Corona, le tourna par les deux flancs, le coupa de sa ligne de retraite, l'enferma dans un véritable gouffre, où il fut écrasé ; cinq mille Autrichiens se rendirent, trois mille furent tués ; le reste se jeta dans l'Adige ou s'enfuit sur Roveredo et Calliano, harcelé et poursuivi par Joubert, qui ne s'arrêta que sur le Lawis. Les Français reprirent partout leurs anciennes positions, depuis Trente par Bassano jusqu'à Trévise.

Dans ces trois journées, Bonaparte avait pris ou tué une moitié de l'armée ennemie, et l'avait comme frappé d'un coup de foudre. Wurmser rejeté dans Mantoue était sans espoir. La garnison avait à peine pour trois jours de vivres ; tous les chevaux étaient mangés, et la moitié des soldats étaient dans les hôpitaux. Le vieux maréchal avait fait preuve d'un noble courage et d'une rare opiniâtreté, il pouvait songer à se rendre. Il fit lui-même ses conditions. Bonaparte les accepta et y ajouta même que, pour marque de son estime envers le vieux guerrier, il ne serait point prisonnier de guerre, et qu'il lui accordait en outre deux cents cavaliers, cinq cents hommes à son choix, et six pièces de canon, qui sortiraient avec lui librement de Mantoue. Le reste de la garnison devait être dirigé sur Trieste pour être échangé contre un nombre égal de prisonniers français.

Wurmser sortit de Mantoue le 2 février ; sa consolation, en quittant Mantoue, était de remettre son épée au vainqueur lui-même ; mais il ne trouva que Serrurier, devant lequel il fut obligé de défiler avec tout son état-major ; Bonaparte était déjà parti pour la Romagne. Sa vanité, aussi profonde que son génie, avait calculé autrement que les vanités vulgaires ; il aimait mieux être absent que présent sur le lieu de triomphe.

La reddition de Mantoue achevait la conquête de l'Italie.

CHAPITRE IV.

Expédition contre les Etats du pape. — Traité de Tolentino. — Marche de l'armée d'Italie sur Vienne. — Passage du Tagliamento. — Préliminaires de Léoben. — Insurrection de Venise. — Création de la république Cisalpine. — Révolution du 18 fructidor. — Conférences d'Udine. — Traité de Campo-Formio. — Retour de Bonaparte en France.

BONAPARTE, maître de l'Italie, songeait enfin à exécuter son projet de marcher sur les états héréditaires de l'empereur, et d'aller à Vienne dicter une paix glorieuse au nom de la république française. Le gouvernement, éclairé par ses exploits, lui envoyait des renforts qui devaient le mettre en état de suivre son plan favori. Mais, avant de commencer une entreprise d'une si haute importance, il voulait exercer sa vengeance contre la cour de Rome, la mettre à contribution et en tirer des subsides nécessaires pour la nouvelle campagne qu'il méditait.

Le directoire aurait voulu que Bonaparte détruisît la puissance temporelle du pape, et qu'il formât de Rome et des états pontificaux, une république à l'exemple de celles qu'il venait d'établir en-deçà et au-delà du Pô; mais le général en chef n'exécuta pas, au moins pour le moment, l'ensemble de ce plan impie. Avant de quitter Vérone, il avait écrit au cardinal Mattei, pour se plaindre en termes hautains et amers du gouvernement du pape. Sa lettre toutefois se terminait ainsi : « Mais, quelque chose qu'il arrive, je vous prie de dire au pape *qu'il peut demeurer tranquillement à Rome. Premier ministre de la religion, il trouvera à ce titre protection pour lui-même et pour l'Eglise.* »

Dès que la capitulation de Mantoue fut signée, il dirigea deux de ses divisions contre les Etats du pape. Le cardinal Rusca, ministre du saint-père, qui ne manquait ni de caractère, ni de prévoyance, avait fait quelques préparatifs de défense. Il osa attendre les Français sur les bords du Senio, avec une petite armée de sept mille hommes, sous les ordres du général Colli, envoyé par l'empereur d'Autriche. Le 3 février, ces troupes furent attaquées dans leurs retranchements par la division Victor; après quelques heures de résistance, elles s'enfuirent en désordre dans les places de Faenza et d'Ancône, où elles capitulèrent à des conditions qui ne furent pas trop rigoureuses. Le 13 février, Bonaparte transféra son quartier-général à Tolentino, et s'y arrêta pour attendre la réponse aux propositions qu'il avait chargé le général des Camaldules de faire de sa part au souverain pontife. Cette réponse ne se fit pas attendre, elle était conçue en ces termes :

CHER FILS,

SALUT ET BÉNÉDICTION APOSTOLIQUE.

« Désirant terminer à l'amiable nos différends actuels avec la république française, par la retraite des troupes que vous commandez, nous envoyons et députons vers vous, comme nos plénipotentiaires, deux ecclésiastiques, M. le cardinal Mattei, parfaitement connu de vous, et monsignor Galeppi, et deux séculiers, le duc don Louis Braschi, notre neveu, et le marquis Massimi, lesquels sont revêtus de nos pleins-pouvoirs, pour concerter avec vous, promettre et souscrire les conditions justes et raisonnables que nous espérons d'obtenir. Nous nous engageons sur notre foi et parole, à les approuver et ratifier en forme spéciale, afin qu'elles soient valides et inviolables en tout temps. Convaincu des sentiments de bienveillance que vous avez manifestés, nous sommes décidé à ne pas sortir de Rome; vous verrez par là combien est grande notre confiance en vous. Nous finissons en vous assurant de notre plus grande estime, et en vous donnant la paternelle bénédiction apostolique. »

Signé PIE VI.

Voici quelques passages de la réponse de Napoléon :

TRÈS-SAINT PÈRE,

« Je dois remercier votre sainteté des choses obligeantes contenues dans la lettre qu'elle s'est donné la peine de m'écrire..... Toute l'Europe connaît les inclinations pacifiques et les vertus conciliatrices de votre sainteté. La république française sera, je l'espère, une des amies les plus vraies de Rome. J'envoie mon aide-de-camp, chef de brigade (Murat), pour exprimer à votre sainteté l'estime et la vénération parfaite que j'ai pour sa personne, et je la prie de croire au désir que j'ai de lui donner, dans toutes les occasions, les preuves de respect et de vénération, avec lesquels j'ai l'honneur d'être,

Son très-obéissant serviteur,

BONAPARTE.

Malgré ce ton de modération et ces marques de respect, qui contrastaient si fort avec le langage des chefs de la république française, le pape dut encore souscrire à de nouveaux sacrifices. Par le traité de Tolentino, du 19 février, il dut consentir à payer encore quinze millions, et à céder une partie de la Romagne et la place d'Ancône; ce qui, avec les premières concessions, formait à peu près le tiers de ses Etats, et deux années de son revenu; à quoi il fallut ajouter des chevaux, des provisions pour l'armée française, des objets d'art pour le musée de Paris, enfin la cession du comtat Venaissin. Après la signature du traité, Bonaparte reprit le chemin de la Lombardie, méditant la marche militaire la plus hardie dont l'histoire fasse mention.

La campagne de 1797 allait être décisive. L'Autriche avait prescrit à son armée du Rhin de rester sur la défensive, et elle avait fait les derniers efforts pour envoyer en Italie une cinquième armée qu'elle donna à l'archiduc Charles, tout resplendissant de la gloire qu'il venait d'acquérir contre Jourdan et Moreau. C'était un digne adversaire qu'elle donnait au vainqueur de l'Italie; l'Europe entière attendait avec anxiété l'issue de la lutte qui allait s'ouvrir.

Bonaparte avait résolu cette fois de ne pas attendre l'ennemi en Italie, d'aller le chercher au contraire jusque dans les Etats héréditaires de l'Autriche, et de porter la guerre jusque sous les murs de Vienne. C'était le même plan qu'il avait conçu dès les commencements de la guerre d'Italie et dont le directoire fut alors effrayé; mais aujourd'hui, se soumettant aux vues de son général victorieux, il lui envoya les divisions Delmas, Bernadotte et Baraguay-d'Hilliers, qui élevèrent l'armée d'Italie à près de quatre-vingt mille hommes. Le gouvernement lui avait promis en outre de faire concourir à ses opérations les armées du Rhin et de Sambre-et-Meuse, et déjà peut-être, Bonaparte, dans ses rêves d'ambition, se voyait sous les murs de Vienne, à la tête de deux cent mille combattants. Cependant les soupçonneux directeurs ne se hâtèrent pas de le placer dans une si belle position, pensant que, pour leur sûreté, ce général n'avait déjà que trop de pouvoir et de gloire. Malgré ses pressantes réclamations, les armées du Rhin restèrent immobiles. Impatient et craignant d'être devancé, il prit l'initiative, et dès le 10 mars toutes ses colonnes furent en mouvement.

Pour une telle entreprise, il ne fallait pas moins d'audace que d'énergie. Avant de parvenir à la capitale de l'Autriche, il avait à franchir, au cœur de l'hiver, plusieurs fleuves, de longs défilés, les Alpes Noriques et Juliennes, le Simmering, laissant sur la gauche les Alpes tyroliennes avec leur belliqueuse population, et sur sa droite, la Hongrie, la Croatie et les places vénitiennes, dont il avait plus à se défier peut-être que de ses ennemis déclarés ; et quand tous ces obstacles seraient surmontés, il se trouverait à deux cents lieues de sa base d'opération, au centre de la monarchie autrichienne.

Malgré les nombreuses colonnes détachées de l'armée du Rhin pour renforcer l'archiduc Charles, l'Autriche épuisée n'avait pu composer une armée qui eût pour elle la supériorité du nombre ; et, quels que fussent le courage et l'habileté de leur général, les impériaux ne pouvaient guère espérer que sa capacité suppléât à la faiblesse numérique, ayant à lutter contre l'ascendant de la victoire, l'héroïsme du soldat français et le génie de Bonaparte. Le prince Charles, réduit à se tenir sur la défensive, s'était placé sur le Tagliamento et essaya de le défendre à Valvasone ; mais il fut battu (16 mars) et rejeté derrière l'Isonzo ; Bonaparte s'empara de Palma-Nova. L'archiduc opéra sa retraite en bon ordre, mais non sans des pertes inévitables en un tel pays, et poursuivi comme il le fut par un ennemi actif et entreprenant.

Après avoir battu de nouveau l'archiduc dans les gorges de Neumark (1er avril), puis à Unzmark, Bonaparte franchit les Alpes Noriques, et arriva sans obstacle à Léoben le 7 avril. Son avant-garde s'empara du Simmering, dernière hauteur des Alpes Noriques, qui est à vingt-cinq lieues de Vienne, et d'où l'on peut voir les clochers de cette capitale. La consternation était dans cette ville, et la cour d'Autriche ne songeait plus qu'à traiter. Le jour même où Bonaparte entrait à Léoben, le lieutenant-général Bellegarde, chef d'état-major du prince Charles et le général-major Merfeld, arrivèrent au quartier-général, pour demander un armistice de dix jours. Bonaparte ne l'accorda que pour cinq, et employa ce temps à reposer et à rallier ses colonnes. A l'expiration de la suspension d'armes, les plénipotentiaires de l'empereur se présentèrent pour signer les préliminaires de la paix. Bonaparte n'avait pas mission de négocier ; mais ses triomphes l'avaient investi d'une égale prépondérance sur les vainqueurs et sur les vaincus, et maître en quelque sorte des destinées de la France, comme de celles de l'Autriche, il résolut d'essayer sa puissance en se constituant l'arbitre unique de la paix. Les conférences commencèrent le 26, et les préliminaires furent signés le 29 avril, sur les bases suivantes : cession à la France de la Belgique et de la rive gauche du Rhin ; cession de la Lombardie, pour en faire un état indépendant, moyennant indemnité prise sur le territoire vénitien, etc. « Votre gouvernement, dit le vainqueur du prince Charles en signant le traité, a envoyé contre moi quatre armées sans généraux, et cette fois un général sans armée. »

Le jour même où Bonaparte signait les préliminaires de la paix, les armées du Rhin, immobiles pendant un mois, entraient en campagne. Déjà Hoche avait battu les Autrichiens à Heddersdorf et Moreau à Diersheine, quand tous deux furent arrêtés par les courriers de Léoben. Le directoire, excité par ces premiers succès, hésita à ratifier les préliminaires que Bonaparte avait signés sans autorisation; mais un enthousiasme universel avait accueilli l'espérance de la paix; le gouvernement n'osa blâmer la conduite illégale de l'homme à qui il devait tant de triomphes, les préliminaires furent ratifiés, et le général d'Italie reçut des pleins-pouvoirs pour les négociations qui allaient s'ouvrir à Udine pour traiter de la paix définitive.

Bonaparte s'était empressé de repasser les Alpes Juliennes pour assurer ses communications. Car, pendant son absence, la guerre avait éclaté entre les troupes françaises, qui protégeaient les villes insurgées, et les paysans vénitiens qui soutenaient le sénat. A Vérone, les Français furent égorgés dans les rues et les hôpitaux; quatre cents furent jetés dans l'Adige.

Ce fut alors que la nouvelle des préliminaires de Léoben arriva à Venise; le sénat terrifié demanda grâce; mais Bonaparte accourait plein de colère, et il repoussa toutes les supplications. « Le sang de mes frères d'armes sera vengé! dit-il aux envoyés du sénat. Je serai un Attila pour Venise. » Et il déclara la guerre à la république, renversa dans toutes les villes le gouvernement de Saint-Marc, et dirigea ses troupes sur les lagunes. On renvoya ses soldats esclavons, on désarma les paysans, on modifia la constitution de la république;

tout cela fut inutile ; une révolution éclata dans Venise ; la bourgeoisie força le sénat à abdiquer et appela les Français ; le général Baraguay-d'Hilliers, avec quatre mille hommes, entra dans la ville. Les forts et les vaisseaux furent livrés ; les troupes vénitiennes capitulèrent, et un nouveau gouvernement fut provisoirement établi.

Ainsi tomba sans efforts cette république de quinze siècles, qui espérait vainement reprendre, sous la protection des Français, une nouvelle vie ; Bonaparte avait écrit sa ruine dans les préliminaires de Léoben. Le général s'inquiéta peu des murmures qu'excita jusque dans le corps législatif français sa conduite à l'égard de Venise ; à cette époque, il faisait et défaisait à son gré dans la Péninsule, sans même en rendre compte à son gouvernement, les républiques et les principautés. Ainsi, tout en s'occupant des négociations du traité définitif avec l'Autriche, négociations qui furent longues et hérissées de difficultés, il créa la république *Cisalpine*. Après l'avoir formée de la Lombardie et des légations, c'est-à-dire de la réunion des nouvelles républiques Transpadane et Cispadane, il y joignit quelques débris arrachés au partage de Venise et la Valteline, petit canton de la Suisse italienne. Il donna à cet état, qu'il destinait à devenir un jour le seul de l'Italie, et à fondre en un seul peuple tous les habitants de la Péninsule, une constitution dont les formes étaient en apparence représentatives et démocratiques, et étaient calquées sur celles qui régissaient alors la France ; mais il en nomma les directeurs, les juges, les administrateurs, même les députés aux deux conseils. Lorsque tout fut ainsi arrangé, il y eut une espèce de fédération dans une vaste plaine, où Bonaparte, placé sur une estrade, fixa tous les regards et reçut tous les applaudissements. Ce fut une véritable intronisation ; le général en chef n'a pas fait autrement quand il est devenu empereur et roi. Il se contenta alors du titre de *Libérateur*, que la flatterie lui décerna. Dans le même temps, une révolution démocratique éclata aussi à Gênes ; le sénat fut forcé d'abdiquer, et le *grand libérateur* fut chargé de donner une constitution à la nouvelle république, qui prit le nom de *Ligurienne*. Bonaparte lui fit adopter, à quelques modifications près, la constitution de la république française et nomma lui-même les cinq directeurs chargés du pouvoir exécutif.

Les affaires de l'intérieur de la France attiraient aussi l'attention du général Bonaparte. Les royalistes, par la marche des élections, étaient devenus nombreux et puissants dans les conseils législatifs ; une révolution prochaine menaçait l'existence de la république, minée par l'excès de ses crimes et par l'incapacité des directeurs ; le directoire lui-même était divisé ; chaque parti, incertain de l'avenir, cherchait à s'assurer l'appui d'un général marquant. Pichegru s'était rapproché des royalistes ; Moreau inclinait aussi vers un grand acte de conciliation et de réparation. La majorité du directoire résolut de sortir de la crise où elle était par un coup d'état ; mais elle avait aussi besoin, pour réussir, de l'appui des généraux. Bonaparte fut consulté ; il se prononça en faveur des trois directeurs qui formaient la majorité. Augereau, un de ses lieutenants, homme de courage et de résolution, mais sans talents politiques, fut placé à la tête des troupes du coup d'état du 18 fructidor. Cette journée, attentatoire à la sûreté du corps législatif, porta un coup mortel à la faible constitution de l'an III. Le directoire et les conseils législatifs furent mutilés par la condamnation à l'exil de Carnot, de Barthélemy et de cinquante-trois députés des opinions les plus opposées. Nous verrons plus tard quelle influence elle eut sur la destinée de Bonaparte.

Tout semblait concourir à lui préparer les voies à aplanir le chemin de cette haute fortune, qui bientôt devait étonner le monde; il habitait alors, près de Milan, le château de Montebello, résidence des archiducs. Voici comment il a raconté lui-même ce qui se passait dans ce beau séjour : « La réunion des dames de Milan, qui s'y rendaient journellement pour faire leur cour à Joséphine (Mme Bonaparte qui était venue rejoindre son mari en Italie), la présence des ministres d'Autriche, du pape, des rois de Naples, de Sardaigne, des républiques de Venise, de Gênes, etc; le concours de tous les généraux, des autorités; le grand nombre de courriers qui arrivaient et repartaient à toute heure; le train de vie enfin de ce grand château, le fit appeler la *cour de Montebello*. » Tout y annonçait en effet la résidence d'un souverain, et si chez lui la pensée du pouvoir suprême n'eût pas été innée, on conçoit qu'elle lui fût venue dans l'enivrement d'une telle position.

Les évènements du 18 fructidor eurent une grande influence sur les conférences d'Udine; jusqu'alors les négociateurs de l'Autriche avaient procédé, avec une lenteur calculée; mais quand ils virent le pouvoir du gouvernement français raffermi, les négociations marchèrent avec plus de rapidité. D'un autre côté, le directoire, fier de ses succès, envoya un *ultimatum* portant que « l'empereur renoncerait à Mantoue, à Venise, à la Terre-ferme, au Frioul vénitien. » Ces conditions nouvelles, contraires au traité de Léoben, et aux bases posées plus récemment à Montebello, et approuvées par le directoire, équivalaient à une déclaration de guerre. Bonaparte n'était pas en mesure de reprendre les hostilités ; son armée n'avait reçu aucun renfort, tandis que l'armée autrichienne s'était recrutée sans cesse depuis les préliminaires de Léoben. Enfin, il était fatigué ; il voulait jouir de son immense gloire. Une bataille de plus n'ajoutait rien aux merveilles de ces deux campagnes, et en signant la paix il se couronnait d'une double gloire. A celle de guerrier il ajouterait celle de négociateur, et il serait le seul général de la république qui aurait réuni les deux, car il n'en était encore aucun qui eût signé des traités. Il satisferait à l'un des vœux les plus ardents de la France, et rentrerait dans son sein avec tous les genres d'illustration. Il est vrai qu'il y avait une désobéissance formelle à signer un traité sur ces bases, car le directoire voulait conserver l'indépendance de Venise, et Bonaparte partageait les états vénitiens avec l'Autriche. Mais ces considérations ne l'arrêtèrent point, persuadé qu'en signant le traité, il obligeait le directoire à le ratifier.

Il donna donc hardiment son ultimatum ; il cédait Venise à l'Autriche, mais Mantoue restait à la Cisalpine, et il exigeait Mayence pour la France ; l'Adige serait les limites de la république italienne, et le Rhin de la république française ; celle-ci aurait de plus les îles Ioniennes, Corfou, Zante, Cérigo, Céphalonie. Le 16 octobre, la dernière conférence eut lieu à Udine chez M. de Cobentzel. De part et d'autre on déclarait qu'on allait rompre ; M. de Cobentzel ne voulait pas entendre parler de céder Mayence si l'on ne rendait pas Mantoue ; il soutenait que l'Autriche ne pouvait consentir à un autre arrangement sans se déshonorer ; que, du reste, jamais la France n'aurait fait un traité plus beau, plus avantageux ; que Bonaparte sacrifiait à son ambition et à une vaine gloire militaire les vrais intérêts de sa patrie ; qu'il le rendait responsable du sang qui allait être versé dans une lutte nouvelle, dont toutes les chances d'ailleurs paraissaient être en faveur de l'Autriche, car une armée russe était prête à se joindre aux armées de l'empereur. Bonaparte, après avoir écouté jusqu'au bout les paroles de M. Cobentzel, se leva tout-à-coup, et s'écriant : « Eh bien ! la trêve est rompue, la guerre déclarée ; mais souvenez-vous qu'avant la fin de l'automne je briserai votre monarchie comme je brise cette porcelaine. » En proférant ces paroles, il jeta sur le parquet un magnifique cabaret de porcelaine que Catherine II avait donné à M. de Cobentzel, et se retira [1]. En montant en voiture pour retourner à son quartier général de Passeriano, il envoya un officier prévenir l'archiduc que les hostilités recommenceraient dans vingt-quatre heures. Les diplomates autrichiens, qui ne s'attendaient pas à une telle fougue, se hâtèrent d'accepter toutes les conditions imposées par la France, et le lendemain, 17 octobre, fut conclu le traité de Campo-Formio; bien que signé à Passeriano, quartier général de Bonaparte, il porte la date de Campo-Formio, village entre Udine et Passeriano, déclaré neutre par le congrès.

Bonaparte ne pouvait guère douter de la ratification du traité ; cependant il n'était pas sans inquiétude, car ce traité était une contravention formelle aux instructions du directoire. Il le fit porter à Paris par son fidèle et complaisant chef-d'état major Berthier, et par le savant Monge, membre de la commission, chargée

---

[1] M. Michaud, dans sa notice sur Napoléon, prétend qu'il ne s'en tint qu'à la menace de briser cette porcelaine; « ce que nous savons, dit-il, par des témoins irrécusables, et ce qui était bien assez, l'on en conviendra. » (Biographie universelle, t. 75, p. 108).

de choisir les objets d'art en Italie. Dès que la nouvelle de la paix arriva à Paris, la joie fut au comble ; sans en connaître les conditions, on était certain qu'elles devaient être brillantes. On exaltait Bonaparte et sa double gloire. Au milieu de cet enthousiasme universel, le directoire n'osa pas refuser sa ratification au traité, quoiqu'il fût la suite d'une désobéissance formelle. D'ailleurs ce traité offrait d'immenses avantages, et le seul déplaisir que purent en avoir les directeurs, fut de voir par là s'augmenter beaucoup le crédit et l'influence d'un général qui leur donnait déjà de si vives inquiétudes, et qu'ils furent néanmoins obligés de féliciter et de complimenter encore. Leur président lui écrivit une lettre très-flatteuse ; et, pour l'arracher le plus tôt possible à l'Italie et à son armée, sans le faire venir à Paris, où sa présence les eût inquiétés encore davantage, ils le nommèrent commandant d'une armée d'Angleterre qui n'existait pas, et qu'ils destinaient à une invasion des royaumes britanniques, dont le plan n'était pas même conçu. En attendant, ils le chargeaient d'aller présider la légation française au congrès de Rastadt, où devaient se régler toutes les conventions relatives à l'empire d'Allemagne, le traité de Campo-Formio n'ayant terminé que les différends avec la maison d'Autriche.

Quelques jours après, Bonaparte se mit en route pour Rastadt. Il fit son entrée à Rastadt le 25 novembre 1797, avec une suite de plusieurs voitures, escortées par des hussards autrichiens, et dont la première était attelée de huit chevaux, la seconde de six. Un très-bel appartement lui avait été préparé dans une aile du château. Il y trouva une lettre du directoire, qui enfin s'était décidé à l'appeler à Paris, mais qui, ne désirant pas qu'il se hâtât d'y venir, lui recommandait encore beaucoup de soin au congrès. Toutes les députations de l'empire vinrent lui faire d'humbles visites. Les réclamations des princes dépossédés sur la rive gauche du Rhin étaient nombreuses et annonçaient de longues conférences. Bonaparte, impatient de se rendre à Paris, s'empressa de signer une convention militaire pour la remise de Mayence aux troupes françaises; il déclara à Treilhard et à Bonnier, ses collègues, qu'il regardait sa mission comme finie, les chargea de tous les démêlés secondaires, et partit pour Paris, où il arriva incognito le 5 décembre.

Cet homme, chez lequel l'orgueil était immense, mettait toute son adresse à le cacher. Lors de la reddition de Mantoue, il s'était soustrait à l'honneur de voir défiler Wurmser; à Paris, il alla descendre modestement dans une petite maison, qu'il avait fait acheter rue Chantereine. Il affectait dans son langage, dans son costume, dans toutes ses habitudes, une simplicité qui surprenait l'imagination des hommes, et la touchait plus profondément par l'effet du contraste. Tout Paris, averti de son arrivée, était dans une impatience de le voir qui était bien naturelle, surtout à des Français. Pour lui, il paraissait éviter de se montrer en public, et ne recevait que très-peu de monde. Par une délibération spontanée, la municipalité de Paris changea le nom de Chantereine que portait la rue qu'il habitait, en celui de *la Victoire*. Les conseils législatifs voulurent lui décerner une récompense nationale, et il fut question d'un hôtel à Paris avec la terre de Chambord, qu'autrefois on avait donné pour moins au maréchal de Saxe. Il s'y attendait, et sut très-mauvais gré au directoire de s'y être opposé. Les directeurs, sous prétexte que les services de Bonaparte n'étaient pas de ceux qu'on pût payer avec de l'argent, voulurent se charger de la reconnaissance publique en lui donnant une fête extraordinaire, triomphale, inusitée, dont la pompe excessive montra toute autre chose que de la grandeur. Cette exagération de la gratitude directoriale ne trompa personne, ni celui qu'elle regardait, ni la foule toujours éclairée des spectateurs. La remise du traité par Bonaparte fut le prétexte de cette fête. Elle eut lieu le 10 décembre au palais du Luxembourg; la vaste cour du palais fut disposée pour cette solennité sans exemple, à laquelle aucun édifice public ne pouvait suffire. Les directeurs, drapés en costume antique, avec une magnificence théâtrale, étaient rangés au fond de la cour sur une estrade, au pied de l'autel de la patrie. Autour d'eux, les ministres, les ambassadeurs, les membres des deux conseils, la magistrature, les chefs des administrations, étaient placés sur des siéges rangés en amphithéâtre. Des trophées magnifiques, formés par les nombreux drapeaux pris sur l'ennemi, s'élevaient de distance en distance autour de la cour; des galeries immenses étaient remplies de spectateurs innombrables, attendant avec impatience le héros de cette fête, que peu d'entr'eux avaient vu. Quand il parut accompagné de Talleyrand, chargé comme ministre des affaires étrangères de le présenter, la sensation fut extrême. Talleyrand prit la parole, et dans un discours fin et concis, s'efforça de rapporter la gloire du général, non à lui, mais à la révolution, aux armées et à la *grande nation*. Il sembla se faire en cela le complaisant de la modestie de Bonaparte, et avec son esprit accoutumé, deviner comment le héros voulait qu'on parlât de lui, devant lui. Son discours, quoique propre à frapper les esprits, ne fut écouté qu'avec une vive impatience; on voulait que le vainqueur parlât lui-même; et dès qu'il en manifesta l'intention, un silence religieux régna dans toute l'assemblée. Bonaparte s'avança, remit au président le traité de Campo-Formio, et prononça, d'un ton ferme, un discours, ou plutôt quelques phrases hâchées à sa manière, et qui n'étaient guère que des lieux communs, assez insignifiants. Elles n'en furent pas moins applaudies avec enthousiasme. Barras, président du directoire, répondit à Bonaparte dans un discours, long, diffus, peu convenable, où l'excès de la flatterie déguisait mal la crainte et l'envie que la présence du génie triomphant inspirait à une administration au moins inhabile. Le général Joubert et le chef de brigade Andréossy, présentés par le ministre de la guerre, reçurent à leur tour les félicitations du directoire. Après toutes ces harangues, les généraux allèrent recevoir l'accolade du président du directoire. A l'instant où Bonaparte la reçut de Barras, les quatre autres directeurs se jetèrent, comme par un entraînement involontaire, dans les bras du général. Des acclamations unanimes remplissaient l'air; le peuple amassé dans les rues voisines y joignait ses cris; le canon y joignait ses roulements; toutes les têtes cédaient à l'ivresse. Voilà comment la France se jeta dans les bras d'un homme extraordinaire !

CHAPITRE V.

Bonaparte à Paris. — Projets de l'expédition d'Egypte.— Départ de l'expédition. — Prise de Malte. — Arrivée à Alexandrie.— — Bataille des Pyramides. — Occupation du Kaire. — Destruction de la flotte francaise à Aboukir.— Révolte du Kaire. — Expédition de Syrie. — Siége de Saint-Jean d'Acre. — Bataille de Mont-Thabor. — Retour de Bonaparte au Kaire. — Bataille d'Aboukir. — Bonaparte quitte l'Egypte. — Son arrivée en France. — Enthousiasme universel. — Révolution du 18 brumaire.

BONAPARTE, depuis son retour, occupait tous les regards; le peuple l'applaudissait; le directoire le consultait sur toutes les questions politiques; certains membres des conseils le pressaient de faire un mouvement et de se mettre à la tête de la république; mais le jeune général, si profondément habile à ménager l'avenir, fuyait les honneurs, les représentations, les plaisirs; il semblait ne se plaire que dans la société de sa femme; il se montrait avide d'instruction, ne s'entourait que de savants; et comme il avait été récemment élu membre de l'institut, il en affectait le titre et le costume. Surveillé avec une jalousie et une défiance extrême par le directoire, il blâmait la marche du gouvernement, mais avec mesure; il protestait sans emphase de son attachement à la constitution; il repoussait nettement toutes les avances des partis. « Il n'était pas encore assez fort, comme il l'a dit plus tard, pour marcher seul ; » il voyait que le directoire n'était ni assez odieux, ni assez méprisé ; et suivant l'expression dont il se servait avec ses intimes : « *La poire n'était pas encore mûre.* » Il voulait, suivant l'exemple de César, lorsqu'il s'était fait donner le commandement des Gaules, laisser tous les hommes médiocres s'user à Paris dans de mesquines intrigues, pendant qu'il étonnerait le monde par une expédition lointaine et merveilleuse. « S'enfoncer dans les contrées de la lumière et de la gloire, où Alexandre et Mahomet ont vaincu et fondé des empires, y faire retentir son nom et le renvoyer en France répété par les échos de l'Asie, » était pour lui une perspective enivrante. Il proposa au directoire de faire la conquête de l'Egypte ; ce pays n'appartenait plus aux Turcs que nominalement ; c'étaient des Mameluks ou esclaves circassiens, appelés par les sultans pour sa défense, qui le dominaient et tenaient les habitants dans l'esclavage et l'abrutissement. En s'en emparant, on ruinait le commerce des Anglais dans l'Inde, soit qu'on en fît l'entrepôt de l'Asie et de l'Europe, comme dans l'antiquité, soit qu'on en fît une station militaire pour aller dans l'Hindoustan ; de plus, on pouvait y créer une florissante colonie, qui nous dédommagerait de la perte de celles d'Amérique, et qui nous aiderait à établir notre empire sur la Méditerranée ; cette mer qui, suivant l'expression de Bonaparte, devait être un *lac français.* Ce projet, jadis présenté à Louis XIV, l'avait été plus tard à Choiseul. Le consul français d'Alexandrie en avait récemment entretenu le directoire ; Bonaparte lui-même avait écrit de Milan à Talleyrand, le 16 août 1797 : « Les temps ne sont pas éloignés où nous sentirons que, pour détruire véritablement l'Angleterre, il faut nous emparer de l'Egypte. L'empire ottoman croule tous les jours. La possession des îles Ioniennes nous mettra à même d'en prendre notre part. »

Le directoire accéda sans peine à ce projet aventureux, malgré les sages remontrances de l'un de ses membres qui y voyait le danger de rompre notre alliance avec la Porte, de priver la France d'une armée entière et de compromettre notre marine ; mais la majorité des directeurs se décida par l'idée d'être débarrassés d'un homme dont la réputation les écrasait. Les préparatifs de l'expédition furent faits avec la plus grande activité, et le but tenu dans le plus profond secret : les troupes qu'on rassemblait sur les côtes de la Méditerranée étaient, disait-on, l'aile gauche de l'armée d'Angleterre. Peu de personnes furent mises dans la confidence, Bonaparte travailla jour et nuit avec une activité sans égale à l'exécution de son projet. En deux mois, l'armée fut prête à s'embarquer.

Cette armée s'élevait environ à trente-six mille hommes. Tous ses généraux étaient illustrés par leurs exploits en Allemagne et en Italie : c'étaient Kléber, Desaix, Reynier, Bon, Menou, Vaubois, Dumas, Lannes, Lanusse, Murat, Leclerc, Davoust, etc. Berthier était chef d'état-major, Caffarelli-Dufalga commandait le génie, et Dommartin l'artillerie. Le service de santé était placé sous la direction de Desgenettes et de Larrey. Les cavaliers, au nombre de deux mille cinq cents, avaient été choisis parmi les hussards et les dragons. Ils n'emmenaient que trois cents chevaux ; on comptait sur ceux des Arabes et des Mameluks. Brueys, ayant sous lui Gantheaume, Villeneuve, Ducrès, Duchayla, commandait la flotte composée de plus de cinq cents voiles et montée par dix mille marins.

Cet armement considérable, cette réunion extraordinaire de troupes avaient donné lieu en France et en Europe à de nombreuses conjectures, mais aucune n'avait découvert le véritable but de l'expédition, tant le secret avait été bien gardé. L'incertitude augmentait à l'aspect d'une nombreuse commission de savants attachés à l'armée. C'étaient plusieurs membres de l'Institut, et des hommes déjà distingués dans les sciences et dans les arts : Monge, Denon, Costaz, Fourrier, Berthollet, Geoffroy, Dolomieu, etc.

Bonaparte arriva à Toulon le 8 mai. Avant de quitter Paris, il avait été convenu que Talleyrand irait à Constantinople pour expliquer à la Porte-Ottomane le but de l'expédition. Au moment de l'embarquement, le général en chef adressa aux soldats une de ces proclamations par lesquelles il savait si bien les électriser; mais, tout en leur annonçant une campagne au-delà des mers, il ne disait rien du véritable but de l'expédition.

On mit à la voile le 19 mai, au bruit du canon, aux acclamations de toute l'armée. Bonaparte, avec son état-major, montait le vaisseau amiral l'*Orient*, de 120 canons. Après avoir rallié les différents convois partis de Gênes, de Corse et de Civita-Vecchia, la flotte arriva le 9 juin devant l'île de Malte : Bonaparte, depuis longtemps convoitait cette île, comme devant, avec Corfou, lier Toulon à Alexandrie, et assurer à la France la domination de la Méditerranée. Dès l'année précédente, il avait pratiqué des intelligences avec un grand nombre de chevaliers, et quand la flotte française parut, rien n'était préparé pour la défense de l'île. Après un simulacre de résistance, la formidable place de Lavalette se rendit le 10 juin. Le grand-maître et les chevaliers accordèrent, moyennant quelque indemnité pécuniaire, la souveraineté de Malte à la France.

Bonaparte passe dix jours à Malte, y organise une municipalité, laisse à La Valette une garnison de trois mille hommes sous les ordres de Vaubois, et met à la voile pour cingler vers l'Egypte. Ce fut alors seulement qu'une proclamation imprimée à bord de l'Orient et distribuée à toute l'armée, lui fit connaître le but de l'expédition.

Dix jours après, la flotte arriva en vue d'Alexandrie, (1er juillet) sans avoir, par un bonheur inouï, rencontré l'escadre anglaise, commandée par Nelson, qui courait toute la Méditerranée, incertaine de la direction que prenait l'armée française. La veille même, treize vaisseaux anglais avaient paru devant Alexandrie, et n'y ayant point rencontré la flotte française, ils avaient fait voile vers la Syrie. Bonaparte, en apprenant que l'escadre anglaise se trouvait dans ces parages, donna l'ordre de débarquer sur-le-champ, quoique la mer fût houleuse. Les embarcations furent mises à la mer, et après de grands dangers, on toucha le rivage. A ce moment, une voile parut à l'horizon; on crut que c'était un navire anglais : « Fortune, s'écria Bonaparte, m'abandonnerais-tu ? » Mais il fut bientôt rassuré, car c'était une frégate française qui rejoignait. Il fit aussitôt continuer le débarquement, qui s'effectua avec autant de bonheur que de célérité. Quand il eut réuni quatre à cinq mille hommes, il marcha sur Alexandrie, dont on était éloigné de quatre lieues. Cette ville fut emportée d'assaut après un violent combat, où Kléber fut blessé. Bonaparte y laissa trois mille hommes, sous les ordres de Kléber, que sa blessure empêchait de faire un service plus actif, et il se mit en route pour le Kaire, où il fallait arriver avant l'époque des inondations du Nil. Une flotille chargée de vivres et de munitions longea la côte jusqu'à la bouche de Rosette, et remonta le fleuve pendant que l'armée s'avançait par le désert de Damanhour. Dans cette première marche, les troupes eurent à supporter des souffrances inouïes, au milieu de ces sables brûlants, où elles manquaient de vivres et surtout d'eau pour étancher une soif ardente, plus insupportable encore que la faim. Des murmures se firent entendre, mais la présence et les paroles du général en chef les calmèrent ; l'ordre et la discipline furent maintenus. L'armée et la flotille se réunirent enfin à Ramanich ; les soldats prirent quelque repos et l'on se remit en marche.

Deux beys, qui avaient sous leurs ordres dix à douze mille Mamelucks, servis par vingt mille Arabes ou *fellahs*, dominaient alors l'Egypte : l'un, Ibrahim, ne songeait qu'à conserver ses trésors et se tenait sur la rive droite du Nil, près du Kaire ; l'autre, Mourad, intrépide guerrier, vint à la rencontre des Français, et les attendit à Chebreiss avec deux mille Mamelucks, quatre à cinq mille Arabes et des chaloupes canonnières (13 juillet). Ce fut là que nos soldats virent pour la première fois cette brillante cavalerie, toute couverte de fer et d'or, parfaitement montée, armée de sabres, de lances, de flèches, de carabines. Bonaparte forme ses cinq divisions en carrés qui se flanquaient l'un l'autre. Les Mamelucks n'attendirent pas les Français ; ils se précipitèrent au galop sur ces forteresses vivantes, hérissées de baïonnettes, et d'où partait une grêle continuelle de balles et de mitraille. Ils revinrent plusieurs fois bravement à la charge ; mais la discipline et la tactique européenne triomphèrent de leur bravoure désordonnée. Le village de Chebreiss fut emporté par les Français, et les Mamelucks, en désordre, s'enfuirent vers le Kaire. Les marins de la flotille ne furent pas moins heureux que l'armée de terre ; ils obligèrent aussi la flotille ennemie à prendre la fuite.

Une vieille tradition populaire des Arabes accorde

l'empire de l'Egypte à celui qui se rend maître du Kaire. Les Mamelucks avaient résolu de tenter un dernier effort sous les murs de leur capitale. Il s'agissait pour eux de vaincre ou de mourir. La perte de cette bataille devait entraîner la chute de leur domination. Mourad-bey avait donc réuni sur la gauche du Nil la plus grande partie de ses Mamelucks, dix mille à peu près, suivis par vingt mille fellahs armés. Il avait pris position dans une longue plaine qui s'étend entre le Nil et les pyramides de Giseh, les plus hautes de l'Egypte. Sa droite s'appuyait sur le village d'Embabey, situé sur le Nil, où il avait fait élever quelques travaux conçus et exécutés avec l'ignorance turque. Vingt-quatre mille fellahs et janissaires devaient défendre ce village, dont les retranchements étaient garnis d'une vingtaine de pièces d'artillerie, placées sur des affûts immobiles. La gauche de Mourad était formée par trois mille cavaliers Arabes, qui remplissaient l'intervalle qui séparait les Mamelucks des Pyramides.

Le 21 juillet, l'armée française, après avoir marché une partie de la nuit, arriva au point du jour devant l'ennemi. Cette ligne formidable, l'éclat des armes qui brillaient au soleil levant, l'aspect des trois cents minarets du Kaire, des bosquets de palmier qui bordaient le fleuve, celui des gigantesques pyramides qui semblaient sortir des sables du désert, tout ce tableau imposant et sublime excitait parmi les soldats un sentiment de surprise et d'admiration. Le visage de Bonaparte était rayonnant d'enthousiasme; parcourant le front de son armée, et montrant du doigt les monuments des Pharaons, il prononça cette courte harangue. « Soldats! nous allons combattre, songez que du haut de ces pyramides quarante siècles vous contemplent et vont applaudir à votre victoire. »

L'armée fut divisée en cinq carrés par divisions comme à Chebreiss. Ayant remarqué que l'artillerie d'Embabey n'était pas montée sur des affûts mobiles, et ne pourrait se porter dans la plaine, il appuya avec ses divisions sur la droite, pour se tenir hors de la portée du canon d'Embabey, et séparer les Mamelucks de leur camp retranché. Mourad-Bey, qui, quoique sans instruction, était doué d'un grand caractère et d'un coup-d'œil pénétrant, devina sur-le-champ l'intention de son adversaire, et résolut de le prévenir en chargeant pendant qu'il exécuterait son mouvement. Il s'élança aussitôt avec tous ses Mamelucks sur le premier carré (Desaix), qui n'était pas encore formé quand les premiers cavaliers arrivèrent ; mais il le fut en un instant, et reçut avec un feu terrible le choc terrible de ces huit ou dix mille cavaliers. Les Mamelucks reculèrent, se jetèrent sur le deuxième carré (Reynier), et furent accueillis de même ; ils revinrent sur leurs pas et trouvèrent derrière eux le carré du centre (division Kléber, commandée par Dugua) qui les mit en pleine déroute. Alors les carrés de gauche (divisions Bon et Menou) marchèrent sur le camp d'Embabey, l'enlevèrent et jetèrent ses défenseurs dans le Nil. Mourad se retira avec ses débris dans la Haute-Egypte ; Ibrahim, après avoir incendié sa flotille, prit la route de Syrie. Ils avaient perdu deux mille Mamelucks, quatre mille fellahs, toute leur artillerie, et quatre cents chameaux.

La victoire des Pyramides fut d'une grande importance pour l'armée française qui manquait de tout. Elle trouva dans le camp ennemi des bagages, des vivres et des provisions de toute espèce en abondance. Le lendemain les Français entrèrent au Kaire ; Bonaparte y établit son quartier général, et cette grande cité, qui compte plus de trois cent mille habitants, fut dès-lors considérée comme la capitale de l'empire qu'il voulait fonder. Réunissant tous les pouvoirs, n'ayant de compte à rendre à personne et disposant de tout à son gré, il s'y montra véritablement en souverain. Il déclara aux habitants qu'il venait comme allié de la Porte-Ottomane, pour délivrer le pays de la domination des Mamelucks. Il visita les principaux scheiks arabes, les flatta, leur promit la conservation de leur culte et de leurs coutumes, s'annonçant à eux comme l'*envoyé de Dieu* pour défendre Mahomet et ses sectateurs. Cette sorte de honteuse apostasie, inspirée par un frénétique amour de la domination, lui fit dire aux chefs arabes : « Faites connaître au peuple que depuis que le monde est monde, il était écrit qu'après avoir détruit les ennemis de l'islamisme, je viendrais du fond de l'Occident pour remplir la tâche qui m'était imposée. » Les grands scheiks publièrent aussitôt une déclaration par laquelle ils engageaient les Egyptiens à se soumettre à l'envoyé de Dieu, qui respectait le prophète, et qui venait venger ses enfants de la tyrannie des Mamelucks.

Bonaparte établit au Kaire un divan, composé des principaux scheiks et des plus notables habitants. Ce divan, ou conseil municipal, devait lui servir à gagner l'esprit des Egyptiens, en les consultant, et à s'instruire par eux de tous les détails de l'administration intérieure. Il fut convenu que, dans toutes les provinces, il en serait établi de pareils, et que ces divans particuliers enverraient des députés au divan du Kaire, qui serait ainsi le grand divan national.

Après ces premiers soins donnés à la sûreté de la capitale, Bonaparte partit avec trois divisions pour poursuivre Ibrahim-Bey, qui s'était retiré sur Belbeïs; il l'atteignit à Salahieh et le rejeta dans le désert de Syrie. La division Reynier resta à Salahieh pour fortifier ce poste et couvrir l'Egypte du côté de l'Asie. La division Kléber fut dirigée sur Damiette pour occuper cette ville et garder les côtes. La division Menou fut ramenée au Kaire par le général en chef.

Pendant que Bonaparte chassait Ibrahim-Bey de la Basse-Egypte, Desaix, envoyé dans la Haute-Egypte à la poursuite de Mourad-Bey, s'établissait dans ce pays, et réussissait à contenir le brave chef des Mamelucks, qui, toujours battu, mais jamais découragé, renouvelait ses attaques avec une constance admirable. Les grandes qualités de Desaix, sa modération, son équité, produisirent une vive impression sur les peuples de la Haute-Egypte, dont la reconnaissance lui décerna d'une commune voix le nom de *Sultan juste*.

Le succès de l'expédition paraissait complet; l'armée de terre avait réussi dans toutes ses entreprises; jusque-là, tout allait au gré des vœux du vainqueur; la fortune adverse ne devait pas tarder d'avoir son tour. Nelson, après avoir cherché pendant deux mois notre flotte, sans pouvoir la rencontrer, apprit enfin le débarquement des Français. Il se dirigea aussitôt sur Alexandrie, où il arriva le 1er août, à six heures du soir. Il résolut d'attaquer sur-le-champ, afin de ne pas donner le temps à nos vaisseaux, dont la moitié des équipages était à terre, de se préparer au combat. Le combat s'engagea aussitôt et dura toute la nuit avec un acharnement sans exemple : « Jamais, dit un historien anglais, la valeur française ne fit acheter plus sérieusement la victoire. » La flotte française fut entièrement détruite, à l'exception de deux vaisseaux et de deux frégates que l'amiral Villeneuve ramena à Malte.

Ce désastre porta un coup fatal aux espérances du général en chef, et fit une pénible impression sur l'armée, qui se trouvait ainsi jetée sur une terre lointaine, sans moyens de communication avec la mère-patrie. Bonaparte essaya de ranimer les courages abattus, en leur présentant leur situation comme loin d'être désespérée, et comme devant leur fournir une nouvelle occasion de gloire. « Eh bien ! répondit-il, à ceux qui lui demandaient comment sortirons-nous d'ici? nous en sortirons grands comme les anciens. »

Il tourna alors toutes ses pensées vers les moyens de conquérir l'affection des Egyptiens. Il assista aux fêtes nationales du peuple, à la rupture de la digue des eaux du Nil, et enfin à la célébration de l'anniversaire de la naissance de Mahomet.

Cependant Talleyrand n'était pas allé à Constantinople, comme on en était convenu avec Bonaparte au moment du départ de l'expédition, pour rassurer la Porte sur les intentions de la France en Egypte. Il confia cette mission à un subalterne qui ne fut pas reçu, et le divan déclara la guerre à la France, et fit alliance avec l'Angleterre et la Russie. La nouvelle de cet évènement pénétra en Egypte par le moyen d'émissaires envoyés de Syrie, et ne tarda pas à se répandre dans tout le pays où elle causa une fermentation générale. Le chef des musulmans déclarait, dans son manifeste, que les Français étaient « des impies, ennemis de toute religion, et regardant le Koran, la Bible et l'Evangile comme des fables. » Ces accusations n'étaient que trop fondées, et malheureusement en Egypte comme dans tous les pays où les républicains avaient porté le drapeau tricolore, l'athéisme des vainqueurs excitait la répugnance et l'inimitié des vaincus. Une révolte terrible éclata au Kaire le 22 octobre. Le général Dupuy, gouverneur de la ville, et trois cents officiers ou soldats furent égorgés. Un polonais, Joseph Sulkowski, aide-de-camp du général en chef, périt dans ce massacre. Le quartier général du génie fut pillé, dévasté, quatre ingénieurs furent tués ; la révolte dura trois jours et ne cessa que par la force des armes. Les troupes campées aux environs de la ville reçurent ordre d'y pénétrer, et fusillèrent tous ceux qu'elles trouvèrent les armes à la main. Le reste se réfugia dans la grande mosquée, et, foudroyé par l'artillerie de la citadelle, fut obligé de se rendre à discrétion. Six des chefs eurent la tête tranchée.

Pendant que le général en chef réprimait l'insurrection du Kaire, Desaix achevait la soumission de la Haute-Egypte, en gagnant sur les débris des Mamelucks la bataille décisive de Sediman, et en complétant leur défaite par les sanglants combats de Keneh, de Thèbes et de Benouth. L'ennemi était définitivement rejeté dans la Nubie, et les Français étaient arrivés aux cataractes de Syène, limite de l'empire romain.

Cependant deux armées turques se rassemblaient, l'une à Rhodes, l'autre à Damas, pour chasser les Français de l'Egypte (1799). Bonaparte résolut d'aller au-devant de l'armée de Damas avant que celle de Rhodes ne vînt débarquer à Aboukir; il savait d'ailleurs, par les exemples des temps anciens et modernes, que la possession de la Syrie est indispensable à qui veut conserver l'Egypte ; enfin il s'ouvrait par là une porte vers l'Orient, et peut-être une destinée dans ces pays où se fondent si facilement les grands empires. Il partit avec treize mille hommes de ses meilleures troupes, et ses plus braves généraux, Kléber, Caffarelly, Murat', Lannes, Davoust, Berthier, Junot, Rampon, Marmont, etc. (10 février 1799). Il s'empara d'El-Arich après quatre jours de siége; Gaza se rendit sans résistance;

il arriva devant Jaffa, l'antique Joppé, le 13 Mars. Cette ville, la clef de la Syrie, fut emportée d'assaut et livrée au pillage pendant trente heures. Deux mille hommes, reste de la garnison, massacrés dans la ville, s'étaient retirés dans un caravansérai; ils furent faits prisonniers. Sans respect pour les conventions, pour le droit des gens et pour les lois de l'humanité, ces deux mille hommes furent impitoyablement mis à mort. De quelque prétexte qu'on ait cherché à colorer cette épouvantable exécution, elle n'en est pas moins restée une tache ineffaçable sur l'armée d'Egypte, sur la vie de Bonaparte, et elle fut le présage des désastres qui attendaient l'expédition de Syrie.

L'armée marcha ensuite sur Saint-Jean-d'Acre, où Djezzar-Pacha s'était renfermé avec toutes ses richesses et une nombreuse garnison turque; il était en outre assisté par une escadre anglaise qui lui fournit des canons et des officiers. Bonaparte manquait d'artillerie de siége; la sienne était partie sur trois frégates qui furent prises par les Anglais; il livra inutilement deux assauts à la place. Pendant ce temps, l'armée de Damas s'avançait sur le Jourdain. Kléber, avec deux mille hommes, marcha à sa rencontre et fut enveloppé par vingt mille cavaliers et autant de fantassins; il forma ses braves en carrés, et pendant six heures lutta contre cette multitude. Heureusement Bonaparte arriva avec trois mille hommes, dégagea son lieutenant, et mit en pleine déroute l'immense cohue des barbares. La bataille du mont Thabor (16 avril) coûta à l'armée ottomane la perte de plus de six mille hommes, cinq cents chameaux, des provisions et des richesses considérables.

On retourna devant Saint-Jean-d'Acre, dont la garnison s'était renforcée jusqu'à vingt mille hommes. Un nouvel assaut fut tenté, dans lequel les Français arrivèrent inutilement jusque dans les rues de la ville. C'était le huitième depuis le commencement du siége. L'élite des troupes et plusieurs généraux avaient péri. Depuis la prise de Jaffa, la peste s'était manifestée dans l'armée, et chaque jour augmentait le nombre de ses victimes; enfin on annonçait le prochain débarquement de l'armée de Rhodes. Il fallait lever le siége, en se contentant d'avoir battu l'armée de Damas au mont Thabor, renoncer à la conquête de la Syrie et à tous les rêves sur l'Orient, revenir sur la scène bornée et sans espoir de l'Egypte. Bonaparte s'y décida avec un profond regret et il laissa percer les rêves de son ambition par ces paroles : « J'ai manqué une fortune ; sans Djezzar-Pacha, je serais peut-être empereur d'Orient. »

Le 21 mai, l'armée s'éloigna de Saint-Jean-d'Acre. Elle avait perdu près de quatre mille hommes par la peste ou par les combats. Le retour en Egypte fut accompagné de plus de souffrances et de fatigues que la marche sur la Syrie. Toutes les villes, tous les villages qui se rencontrèrent sur la route furent saccagés, et les maisons incendiées. On ajouta au désert un désert nouveau pour opposer un obstacle de plus à l'ennemi. Les troupes s'arrêtèrent quatre jours à Jaffa pour se reposer de leurs fatigues. La peste avait continué d'y exercer ses ravages et le nombre des malades était considérable. Bonaparte donna l'ordre d'évacuer sur l'Egypte tous ceux qui pourraient supporter le transport. Cinquante à soixante, parvenus au dernier période de la maladie, furent laissés à Jaffa. On a dit que Bonaparte, voyant leur mort inévitable, leur avait fait donner une dose de laudanum, pour hâter leur mort. Ce fait, longtemps controversé, n'est pas encore parfaitement éclairci.

L'armée entra enfin en Egypte, après une expédition de près de trois mois. Elle était harassée, découragée, et diminuée de plus d'un tiers; elle traînait à sa suite douze ou quinze cents blessés ou malades. Cependant Bonaparte voulut en imposer aux habitants du Kaire et même aux Français, en faisant une entrée triomphale dans cette ville, et en donnant aux habitants des fêtes magnifiques (14 juin). Puis, dans des proclamations pompeuses, il annonçait toute cette campagne comme une suite de triomphes, où il avait détruit l'armée de Damas, pris quarante pièces de canon, cinquante drapeaux, rasé les fortifications de toutes les villes, même celles de Saint-Jean-d'Acre. Ces mensonges n'en imposèrent pas tellement aux Egyptiens qu'ils ne fussent prêts à céder aux suggestions des beys et des Anglais. Déjà quelques révoltes avaient éclaté, quand on apprit que l'armée de Rhodes, escortée par une flotte anglaise, avait paru devant Alexandrie. Repoussée par l'artillerie de cette place, elle débarqua, au nombre de dix-huit mille hommes, dans la presqu'île d'Aboukir, et s'y retrancha en attendant que Mourad-Bey eût soulevé une partie de l'Egypte sur les derrières des Français. En effet, Mourad venait de reparaître dans la Basse-Egypte, pour combiner son mouvement avec celui de l'armée turque. Bonaparte sortit aussitôt du Kaire, refoula les Mamelucks dans les déserts, et se porta à marches forcées sur Alexandrie. Le 25 juillet, il attaqua l'armée turque retranchée à Aboukir et commandée par Mustapha, pacha de Romélie. Au premier coup-d'œil, le général en chef vit tout le vice de leur position, qui n'avait d'appui que le fort d'Aboukir et quelques redoutes formées à la hâte dans des sables mouvants. L'attaque eut lieu avec toute la vivacité, toute la précision qu'en pareil cas il savait si bien inspirer à ses troupes. En moins de trois heures, ces redoutes furent enlevées, et toute l'infanterie musulmane passée au fil de l'épée, ou jetée dans la mer, à l'exception de deux mille hommes qui se réfugièrent dans le fort où trois jours après ils furent obligés de capituler.

Cette brillante victoire causa d'autant plus de joie à l'armée française, qu'elle lavait l'humiliation que le désastre de notre flotte avait attaché au nom d'Aboukir. De plus, elle consolidait notre établissement en Egypte, et chacun pensait que Bonaparte allait en profiter pour réparer ses pertes et rétablir l'ordre et la discipline. Mais il était découragé; tous ses rêves si brillants sur l'empire d'Orient étaient évanouis. Une triste réalité avait pris la place des énivrantes illusions. D'autres idées vinrent alors s'emparer de son esprit. Depuis dix mois, il était sans nouvelles de France, et pendant ce temps-là, de grands changements avaient eu lieu. L'administration du directoire n'avait été marquée que par des désastres. Nos armées n'avaient éprouvé que des défaites en Allemagne et en Italie; ce dernier théâtre des exploits de Bonaparte avait été abandonné, et nos armées se trouvaient rejetées sur le Var. Les revers du dehors n'étaient rien en comparaison de l'anarchie et du désordre de l'intérieur. Le directoire, qui avait fait un coup d'état au 18 fructidor, en avait subi un à son tour le 30 prairial. La France était dans une situation plus dangereuse qu'en 92; à cette époque il y avait une nation jeune, ardente, enthousiaste, prompte à se jeter dans les périls et les hasards; maintenant l'étranger était à nos portes, l'anarchie partout, même dans les partis, et la nation usée, découragée, harassée. Ce n'était pas seulement la république, c'était la société qui s'en allait en poussière. Aux mœurs passionnées et sanguinaires de 93, avaient succédé une fureur de dissipations et de richesses, un amour pour les baladins, les danses, un esprit de bassesse, de vénalité et de corruption, une moquerie pour toutes les croyances et les sentiments, qui semblaient renouvelés des temps de Tibère et de Néron. Non-seulement les vertus publiques, mais les vertus domestiques paraissaient exilées de la France, depuis que le divorce avait porté un coup mortel à la société en détruisant la famille. On ne savait plus où l'on allait; on ne voyait pas d'issue au cercle impur où l'on tournoyait depuis quatre ans; on demandait de l'ordre, du repos, de l'unité à tout prix, une volonté à la place des disputes, un homme à la place des factions. « Il ne faut plus de bavards, disait Syeyès, l'un des nouveaux directeurs, mais une tête et une épée. » Dans sa pensée, la tête, c'était lui; quant à l'épée, il avait songé à Joubert, mais Joubert était mort; il avait songé à Moreau, mais Moreau l'avait refusé; il pensait maintenant à Bonaparte, tout le monde y pensait avec lui. On accusait son absence de tous les malheurs de la patrie; on racontait avec des transports d'admiration ses victoires d'Orient; on disait qu'il allait revenir avec son armée par Constantinople.

Après la bataille d'Aboukir, Bonaparte apprit enfin, par les journaux, que l'amiral anglais leur envoya, l'anarchie et les désastres de la France; il connut les vœux que faisait pour son retour la majeure partie de la nation. Aussitôt sa résolution fut prise. L'expédition d'Egypte, malgré son fatal dénouement, lui donnait une partie du résultat cherché par son ambition, en l'entourant d'une auréole de gloire fabuleuse; maintenant qu'il était devenu l'homme nécessaire de la France, il fallait y revenir, au risque de tomber aux mains des Anglais. Il ordonne dans le plus grand secret les préparatifs de son départ, qui dut avoir lieu sur une petite escadre composée de deux frégates et deux autres petits bâtiments, seuls restes de l'immense flotte partie de Toulon l'année précédente. Après avoir donné ordre à l'amiral Gantheaume de se tenir prêt à mettre à la voile, il courut au Caire pour faire toutes ses dispositions, rédigea une longue instruction pour Kléber, auquel il laissait le commandement de l'armée qu'il abandonnait dans la situation la plus critique, et repartit pour Alexandrie.

Il s'embarqua le 22 août 1799, avec quelques-uns de ses officiers et de ses amis les plus intimes : Lannes, Murat, Berthier, Junot, Andréossy, Marmont, Monge et Bertholet. Il comptait tellement sur sa fortune, qu'en sortant du port d'Alexandrie on fut surpris par un calme qui exposait la petite escadre à être surprise par les croiseurs anglais ; on voulait rentrer dans le port. Bonaparte s'y opposa : « Soyez tranquilles, dit-il, nous passerons en dépit des Anglais. » En effet, après quarante-huit jours d'une navigation difficile, sur une mer couverte de vaisseaux ennemis, l'escadrille vint mou. dans le port de Fréjus (9 octobre).

Tandis que Bonaparte confiait sa destinée au hasard des vents ou d'une rencontre, Masséna gagnait la célèbre bataille de Zurich, et Brune forçait en Hollande l'armée anglo-russe à capituler. Cette double victoire sauva la France de l'invasion dont elle était menacée au nord et à l'est, mais la frontière du midi n'était pas moins exposée qu'auparavant. Du reste, le plus grand mal n'était pas encore là ; il était à l'intérieur même de la France, livrée plus que jamais à de funestes dissensions et à une désorganisation qui paralysait ses ressources et ses forces. Un gouvernement désorganisé, de l'agitation sans passion, un état révolutionnaire sans enthousiasme, des factions dont aucune n'était assez forte pour s'emparer du pouvoir, semblaient les symptômes de la dissolution sociale. On était las du régime républicain ; on sentait que cette forme de gouvernement, dont on avait essayé toutes les variétés, ne pouvait convenir ni au caractère, ni aux mœurs, ni aux habitudes de la France. Aussi, on se moquait de la République, et de ses fêtes, et de ses costumes ridicules ; un grand nombre même de ceux qui s'étaient le plus compromis dans la révolution, les auteurs de tant de chimériques conceptions et de folles utopies si tristement avortées, avaient enfin compris qu'il n'y a point de gouvernement possible sans l'unité et la fixité du pouvoir. Longtemps persécuteurs des princes et des rois, ils cherchaient maintenant un homme qui voulût bien l'être.

Telle était la situation des esprits en France, quand Bonaparte arriva sur les côtes de Provence. Tous les habitants de Fréjus accoururent, et en un instant la mer fut couverte d'embarcations. Une multitude, ivre d'enthousiasme et de curiosité, envahit les vaisseaux, et, violant toutes les lois sanitaires, communique avec les équipages arrivés. Tous demandaient le général, tous voulaient le voir. L'administration dispensa le général de la quarantaine, et le soir même il monta en voiture pour se rendre à Paris. La nouvelle de son débarquement, apportée par le télégraphe, y arriva en même temps que celle de la victoire d'Aboukir, et excita la joie la plus folle ; on s'embrassait, on se félicitait, on croyait tout sauvé ; les conseils et le directoire lui-même firent éclater la plus grande allégresse. La route du héros fut une marche triomphale continuelle. A Aix, à Avignon, à Valence, à Lyon, l'enthousiasme fut immodéré. On sonnait les cloches dans les villages, on allumait des feux de joie, tout se portait à sa rencontre. Pour se soustraire à cette ovation fatigante, en partant de Lyon il prit une autre route que celle qu'il avait indiquée à ses courriers, et arriva incognito à Paris le 16 octobre. Deux heures après, il se rendit au directoire ; la garde qui le reconnut, poussa en le voyant le cri de *vive Bonaparte!* et ce cri fut bientôt répété dans tout Paris. La nouvelle annoncée sur tous les théâtres y produisit des élans de joie extraordinaires. Personne, pas même le directoire, ne songea à lui reprocher la violation des lois sanitaires, et ce qui était plus grave, l'abandon de ses soldats. « Ce dégoût des hommes et des choses, cette apathie désespérante, cette incrédulité universelle, qui étaient la plaie du pays depuis le 9 thermidor, tout cela disparut : un homme fut mis à la place de la patrie, de la liberté, de la religion [1].

Bonaparte, en voyant l'enthousiasme qu'il excitait, et le mépris où était tombé le gouvernement, fut confirmé dans sa résolution de s'emparer du pouvoir. Il sentait mieux son génie, depuis qu'il avait fait en Egypte son apprentissage de roi et commencé sa carrière d'indépendance et d'autorité. Il fut froid et réservé avec tous et ne montra de répugnance pour personne. Les représentants, les ministres, les directeurs, le flattèrent, l'entourèrent, le consultèrent : il se refusa aux fêtes comme aux affaires, et vécut obscurément dans sa petite maison de la rue Chantereine. Les militaires vinrent le presser d'en finir avec les avocats et les fournisseurs ; il les reçut avec une familiarité digne, mais sans s'ouvrir à aucun d'eux. Tout le monde s'attendait à ce qu'il tenterait une révolution, et il laissait penser qu'il était disposé à faire quelque chose. On lui proposa de l'introduire au directoire, quoiqu'il n'eût pas l'âge fixé par la constitution. Mais il rejeta bien loin cette idée ;

---

[1] Lavallée, histoire des Français, t. iv.

il ne voulait point d'un pouvoir partagé avec quatre collégues, pouvoir d'ailleurs réduit à l'impuissance par la constitution même, et discrédité par l'usage qu'en avaient fait ceux qui en avaient été revêtus jusqu'alors. Ce qu'il voulait, c'était la dictature la plus absolue, seul moyen à ses yeux de reconstruire la société, et de donner à la France une force et une vie nouvelles. Pour réussir dans ses projets, il s'attacha à la partie modérée des conseils et du directoire. La majorité du conseil des anciens et des deux directeurs Syeyès et Roger-Ducos appartenaient à ce parti des modérés ou des *politiques*, comme on les appelait; le parti qui leur était opposé était les *républicains* de toutes les nuances, depuis les partisans de bonne foi de la constitution de l'an III, jusqu'aux jacobins et démagogues de 93, tous également ennemis du pouvoir absolu, sous quelque forme qu'il se présentât. Ce parti était dominant dans le conseil des Cinq-Cents, et comptait aussi dans ses rangs deux directeurs, Moulins et Gohier. Il y avait encore dans le gouvernement un troisième parti, ou plutôt une coterie nombreuse, composée de tous les intrigants, de tous les fripons, de tous les hommes corrompus, qui avaient fait fortune ou qui cherchaient à la faire à tout prix. Ces hommes, sans conviction politique, sans conscience, sans honneur, n'appartenaient à aucun parti, ou plutôt appartenaient à tous; selon leurs intérêts, ils étaient toujours prêts à se vendre au plus offrant ou au plus puissant; on les désignait sous l'ignoble nom de *pourris*, qui caractérisait parfaitement leur corruption honteuse. Le directeur Barras, qui s'était maintenu au directoire depuis sa formation, était regardé comme le chef des *pourris*.

Bonaparte et les deux directeurs Syeyès et Roger-Ducos ne tardèrent pas à s'entendre. Syeyès avait beaucoup d'amis dans les deux conseils, surtout dans celui des anciens ; il les initia dans les projets ou du moins dans une partie des projets de Bonaparte ; celui-ci, de son côté, en fit autant à un grand nombre de généraux qui lui étaient dévoués. Les ministres Fouché, Talleyrand et Bruix firent aussi partie du complot. Enfin, quand on fut assuré de la majorité du conseil des anciens, et même d'une grande partie de celui des cinq-cents, dont le président était Lucien Bonaparte, frère du général, on convint du mode d'exécution. Les directeurs Syeyès et Roger-Ducos devaient donner leur démission ; on espérait facilement obtenir celle de Barras, quoiqu'il ne fût pas du complot. Alors la majorité directoriale étant détruite, il n'y aurait plus de directoire. A sa place, les conseils nommeraient trois consuls provisoires, Bonaparte, Syeyès et Roger-Ducos, qui, d'accord avec une commission législative, prépareraient une nouvelle constitution pour remplacer celle de l'an III, reconnue vicieuse et impraticable, et qui déjà avait été tant de fois violée.

Pour opérer ce coup d'état plus facilement, et ne pas avoir à craindre quelque soulèvement dans Paris, ou pour maîtriser l'opposition qu'on pouvait craindre des républicains exagérés du conseil des cinq-cents, on résolut de transférer le corps législatif à Saint-Cloud, mesure que le conseil des anciens avait droit de prendre, d'après un article de la constitution. On espérait ainsi opérer cette révolution sans violence, et avec les apparences légales.

Le 18 brumaire (10 novembre) fut choisi pour l'exécution de ce coup d'état. Le conseil des anciens, convoqué en séance extraordinaire, dès sept heures du matin, rendit un décret qui ordonnait la translation immédiate des deux conseils à Saint-Cloud, nommait le général commandant de toutes les troupes, le chargeait de l'exécution du décret, lui donnait tous les pouvoirs nécessaires pour assurer la tranquillité publique et la sûreté des conseils. Cette seconde partie du décret était plus illégale que la première.

Bonaparte attendait le décret dans sa maison, où il avait réuni, dès le matin, ses amis et ses généraux. Quand il eut reçu le décret des anciens, il le lut à haute voix à ses compagnons d'armes, et leur demanda leur appui. Tous le lui promirent, excepté Bernadotte, qui s'engagea seulement à rester neutre. Aussitôt, il monte à cheval, et, avec son cortége de généraux, il va au conseil des anciens pour y prêter serment. Puis il se rend à la commission des inspecteurs des anciens qui siégeait aux Tuileries, et qui était toute du complot : il y donne des ordres pour l'exécution du décret ; il distribue des commandements à ses généraux, il fait une proclamation à la garde nationale ; enfin il passe en revue les troupes de la garnison.

Le conseil des cinq-cents s'était assemblé sur les onze heures. Son président, Lucien Bonaparte, donna aussitôt lecture du décret de translation ; la plupart des députés parurent frappés de stupeur ; mais la constitution interdisait toute délibération, on se sépara sur-le-champ en s'ajournant au lendemain à Saint-Cloud.

Alors Syeyès et Roger-Ducos donnèrent leur démission. Talleyrand alla trouver Barras, qui ignorait tout ce qui se passait, et le décida à suivre cet exemple. Moulins et Gohier refusèrent courageusement de se démettre ; ils reprochèrent à Bonaparte son ambition, et furent mis en surveillance au Luxembourg, sous la garde de Moreau.

Le lendemain les conseils s'assemblèrent à Saint-Cloud, au milieu d'un grand appareil militaire. Cependant la majorité des cinq cents, revenue de sa stupeur, était résolue de s'opposer de toutes ses forces à la révolution qui se préparait. Dès l'ouverture de la séance, un grand nombre de députés demandèrent avec énergie le renouvellement du serment à la Constitution de l'an III. Cette motion fut accueillie avec enthousiasme, au milieu des cris de « A bas les dictateurs! vive la Constitution! » La minorité fut forcée de céder à l'entraînement général, et Lucien lui-même prêta le serment demandé. Ce début n'était pas de bon augure pour le succès de la conjuration. Il fallait se hâter d'agir, ou le complot était avorté. Bonaparte résolut de se présenter aux deux Conseils pour leur en imposer par sa présence; il alla d'abord aux Anciens, dont les dispositions lui étaient plus favorables. En traversant la cour il rencontra Augereau qui lui dit d'un ton railleur : « Te voilà dans une belle position! — C'était bien pis à Arcole, » répondit Bonaparte, et il entra dans la salle. Son émotion était grande, et il n'avait point l'habitude des assemblées politiques. Il prit la parole d'une voix émue, entrecoupée, essayant de faire le tableau des dangers qui menaçaient la patrie, se plaignant des calomnies dont il était déjà l'objet, des noms de Cromwell et du nouveau César, qu'on voulait lui donner, protestant enfin de son dévouement à la république. « Prévenons, dit-il en terminant, les maux qui nous menacent; sauvons les deux choses pour lesquelles nous avons fait tant de sacrifices, la liberté et l'égalité...... — Vous oubliez la Constitution, » lui dit un député. Troublé par cette interruption, il garda un instant le silence, et reprit d'une voix entrecoupée. « La constitution! vous n'en avez plus. C'est vous-même qui l'avez anéantie au 18 fructidor, au 22 floréal, au 30 prairial. Cette constitution dont vous parlez, personne n'en veut plus. Qu'on ne croie pas que je tiens ce langage pour m'emparer du pouvoir; le pouvoir, on me l'a offert depuis mon retour à Paris; les différentes factions sont venues sonner à ma porte; je ne les ai point écoutées, parce que je ne suis d'aucune coterie, parce que je ne suis que du grand parti du peuple français.... Je ne vous le cache pas, en prenant le commandement, je n'ai compté que sur le conseil des Anciens; je n'ai point compté sur le conseil des Cinq-Cents qui est divisé, où se trouvent des hommes qui veulent nous rendre la Convention et les échafauds, d'où viennent de partir des émissaires chargés d'organiser un mouvement à Paris. Que ces projets ne vous effraient pas; environné de mes frères d'armes, je saurai vous en préserver. J'en atteste votre courage, vous mes braves camarades, vous dont j'aperçois les baïonnettes que j'ai fait si souvent tourner à l'humiliation des rois. Et si quelque orateur payé par l'étranger parlait de me mettre hors la loi, j'en appellerai à vous, braves soldats, que j'ai tant de fois menés à la victoire; je m'en remettrai au courage de vous tous et à ma fortune ! »

Après ces paroles étranges, Bonaparte quitta le conseil des Anciens pour se rendre à celui des Cinq-Cents. A la vue du général, à la vue de quelques grenadiers qu'il laisse à la porte, un tumulte effroyable éclate. « Quoi! s'écrient une foule de voix, des soldats ici! des armes! que veut-on?... à bas le dictateur! hors la loi le tyran! » Un grand nombre de députés s'élancent au milieu de la salle, l'entourent, lui adressent de vives interpellations, lui prescrivent de sortir. Bonaparte pâlit, perd la tête, recule; les grenadiers qu'il avait laissés à la porte, accourent, repoussent les députés et emportent leur général. On a dit que dans cette lutte des poignards furent tirés et dirigés sur

Bonaparte, qu'un de ses grenadiers se jeta au-devant du coup qui lui était destiné. Ce fait ne paraît guère prouvé, quoiqu'il se trouve consigné dans le moniteur du lendemain. Ce qu'il y a de vrai, c'est que l'habit du grenadier Thoré fut légèrement déchiré, et cela suffit pour motiver l'histoire des poignards.

Dès que Bonaparte eut été entraîné hors de la salle, il monta à cheval, se rendit auprès des troupes, leur dit qu'on avait voulu l'assassiner, et les soldats l'accueillirent aux cris de *vive Bonaparte!* Pendant ce temps-là, l'orage continuait dans le conseil avec plus de violence. On demande de toutes parts que Bonaparte soit mis hors la loi; on demande la permanence du conseil, le retour à Paris; on somme Lucien de mettre aux voix ces propositions. Lucien veut essayer de justifier son frère; on refuse de l'écouter, et les cris de *hors la loi!* recommencent avec fureur. Lucien, déposant alors les insignes de la présidence, s'écrie : « Misérables! vous voulez que je mette hors la loi mon propre frère! je renonce au fauteuil, et je vais me rendre à la barre pour défendre celui qu'on accuse. »

Le bruit qui se faisait au-dedans de la salle retentissait au-dehors. Bonaparte, craignant pour son frère, envoie dix grenadiers pour l'enlever; ceux-ci, pénétrant dans la salle, parviennent jusqu'auprès de Lucien, le dégagent de la foule et le ramènent auprès du général. La crise était au plus haut degré, et il fallait sur-le-champ prendre un parti décisif; tout moyen de persuasion était impossible, il n'y avait plus que ceux de la force.... Les deux frères l'ont compris; ils montent à cheval, ils haranguent les troupes : « Le conseil des Cinq-Cents est dissous, leur dit Lucien; c'est moi, le président de ce conseil, qui vous le déclare. Des assassins ont envahi la salle des séances et ont fait violence à la majorité; je vous somme de marcher pour la délivrer. — Président, répond Bonaparte, cela sera fait, » et il donne l'ordre à Murat et à Leclerc de se mettre à la tête d'un bataillon de grenadiers et de faire évacuer la salle; Murat et Leclerc obéissent. A la vue des baïonnettes, les clameurs des députés rodoublent; le bruit des tambours les couvre bientôt : « Grenadiers, en avant! » dit Leclerc. Les grenadiers entrent au pas de charge, les baïonnettes au bout du fusil. Alors ces députés, qui juraient un instant auparavant de mourir, comme les sénateurs romains, sur leurs chaises curules, se dispersent et s'enfuient par toutes les issues; quelques-uns même sautent par les fenêtres, et abandonnent en fuyant leurs toques, leurs toges et leurs écharpes. Dans un instant la salle est vide, et Bonaparte est maître de ce nouveau champ de bataille, où du moins pas une goutte de sang n'a coulé.

La victoire était décisive, et Bonaparte, selon sa coutume, se hâta de la mettre à profit. Lucien réunit à la hâte une cinquantaine de députés des Cinq-Cents, les seuls qui eussent voulu entrer dans la conjuration, et avec cette faible minorité on rend enfin le décret, objet de la révolution qu'on venait de faire. Ce décret est aussitôt porté aux Anciens, qui étaient restés en séance et qui l'adoptent au milieu de la nuit. Cet acte, dénouement de ce qui s'était accompli pendant ces deux journées, prononçait l'abolition du Directoire, l'expulsion de soixante-un députés signalés comme démagogues, l'ajournement de la législature à trois mois, la formation de deux commissions temporaires, prises dans les deux conseils, pour travailler sans délai, l'une aux changements à apporter dans les principes organiques de la constitution, l'autre au code civil, et enfin la remise du pouvoir exécutif aux mains de trois consuls provisoires, Syeyès, Roger-Ducos et le général Bonaparte. A deux heures du matin, les nouveaux consuls se rendirent dans la salle de l'orangerie, où les deux conseils étaient réunis, et prêtèrent serment de *fidélité à la souveraineté du peuple, à la république française, une et indivisible, à la liberté, à l'égalité et au système représentatif.*

CHAPITRE VI.

LE CONSULAT.

Bienfaits du gouvernement consulaire.— Constitution de l'an VIII.
— Bonaparte Ier consul. — Administration et institutions fondées par le Ier consul. — Expédition d'Italie. — Bataille de Marengo. — Traité de paix de Lunéville. — Concordat. — Paix d'Amiens. — Prospérité intérieure de la France. — Code civil. — Création de la légion d'honneur. — Fondation de l'université. — Le consulat à vie. — Rupture de la paix d'Amiens. — Conspiration de Pichegru, Cadoudal, etc.— Assassinat du duc d'Enghien.— Bonaparte se fait proclamer empereur.

La révolution du 18 brumaire ne rencontra pas la moindre opposition. Le nom de Bonaparte était si populaire, qu'il couvrit tout ce qu'avait eu d'illégal, d'inconstitutionnel, le coup d'état qui lui donnait le pouvoir. L'attentat contre la représentation nationale fut tourné en plaisanterie, et l'on rit de ces braves députés qui sautaient par les fenêtres et abandonnaient leurs insignes pour courir plus vite. Paris surtout était dans la joie; on était tellement accoutumé aux coups d'état depuis dix ans, soit du peuple, soit du gouvernement, qu'on ne s'effraya pas d'en subir un de la part de l'armée, et de voir remplacer le pouvoir des avocats, des *bavards*, comme on les appelait, par une dictature toute militaire.

Dès la première séance des consuls, le 20 brumaire, Bonaparte se révéla à ses collègues. Syeyès, homme fin et habile, avait pensé que Bonaparte ne se mêlerait que des affaires militaires, et lui laisserait la conduite des affaires civiles. Il aurait eu ainsi le gouvernement de la république; mais lorsqu'il entendit parler le général, il fut très-étonné de reconnaître qu'avec une logique pressante et serrée, une conviction souvent opiniâtre, il avait des opinions arrêtées sur la politique, sur les finances, sur la justice, et même sur la jurisprudence; en voyant se développer cette force de volonté et d'action, qui allait tout embrasser et tout diriger, aussi bien les affaires d'administrations, que les opérations de la guerre, il demeura confondu. Le soir il dit, en rentrant chez lui, aux personnes qui s'y trouvaient réunies : « Maintenant, messieurs, nous avons un maître; il veut tout faire, il sait tout faire, il peut tout faire. »

A partir de ce moment, ses deux collègues furent complètement annulés, et Bonaparte fut de fait le seul chef du gouvernement, et c'est à lui seul que l'on doit rapporter tous les actes du consulat provisoire.

Il commença par proclamer le 18 brumaire comme la réparation de tous les malheurs et des injustices de la révolution; oubli du passé, fusion des partis, conciliation universelle, tel fut le but auquel il travailla avec une activité qui acheva de lui concilier l'opinion publique. « Qu'il n'y ait plus, disait-il, de jacobins, ni de modérés, ni de royalistes, mais partout des Français. » Et pour commencer ce grand œuvre de réconciliation, il fit révoquer la mesure prise la veille par le corps législatif contre soixante députés des Cinq-

Cents; les proscrits de fructidor furent rappelés, à l'exception du petit nombre de ceux qui avaient ouvertement embrassé la cause des Bourbons, tels que Pichegru, Willot, Delarue, Larivière, etc. L'odieuse loi des otages, celle de l'emprunt forcé, celle qui excluait les nobles et parents d'émigrés des fonctions publiques, furent rapportées; les prêtres emprisonnés pour refus de serment furent délivrés; ceux qui avaient été déportés et la plupart des émigrés furent autorisés à rentrer; on rendit même leurs biens à quelques-uns, et ceux que le naufrage avait jetés sur la côte de Calais sortirent de la prison où le directoire les retenait depuis trois ans; on abolit le serment de haine à la royauté; on supprima les fêtes révolutionnaires, excepté celle du 14 juillet (anniversaire de la prise de la Bastille) et celle du 1er vendémiaire (anniversaire de la fondation de la république); on rendit au culte les édifices qui lui étaient destinés. Le gouvernement consulaire se fit par ce début beaucoup de partisans; et il s'en fit encore davantage quand on le vit choisir indistinctement, pour tous les emplois, parmi les hommes de la révolution et parmi ses adversaires. Le talent, l'expérience et la probité parurent alors réellement des titres à la faveur. Peu lui importait que l'on eût servi ou combattu la cause de la révolution, pourvu que l'on montrât du dévouement pour la sienne.

Cependant les commissions législatives et les consuls travaillaient à la nouvelle constitution. Syeyès en avait proposé une, qu'il avait depuis longtemps préparée; c'était une utopie qu'il caressait avec amour, et il n'était entré dans la conjuration du 18 brumaire que par espoir de la voir se réaliser. Bonaparte en adopta, à quelque modification près, tout ce qui concernait le pouvoir législatif et judiciaire; mais il rejeta complètement tout ce qui concernait le pouvoir exécutif. Voici quelles étaient les idées de Syeyès sur la forme de son gouvernement. le chef de son utopie, le chapiteau de son œuvre sociale, c'était un grand électeur à vie, doté de six millions de revenu, ayant une garde de trois mille hommes et habitant Versailles. Les ambassadeurs étrangers auraient été accrédités auprès de lui, et il aurait accrédité les ambassadeurs de la république auprès des cours étrangères. Les actes du gouvernement, les lois, la justice devaient être rendues en son nom. Il devait être le seul représentant de la gloire, de la puissance et de la dignité nationale. Enfin, il avait le droit de nommer deux consuls, l'un de la paix, l'autre de la guerre, et celui de les changer au besoin; mais là se bornaient ses attributions. Il n'avait qu'une autorité nominale et par conséquent nulle responsabilité. L'action réelle du pouvoir était aux mains de deux consuls. Syeyès, comme on le pense bien, se réservait *in petto* le rôle du premier grand électeur, et ses deux collègues auraient été les deux consuls choisis les premiers par lui. Une telle combinaison ne pouvait convenir à Bonaparte ; elle était d'ailleurs radicalement vicieuse, et il n'eut pas de peine à démontrer combien il était absurde de scinder l'administration publique en deux consulats indépendants l'un de l'autre, comme si l'administration de l'intérieur ne devait pas influer sur la paix ou la guerre, et comme si les opérations des armées, leurs succès ou leurs revers, étaient étrangers au régime intérieur d'un état. Et quant à ce grand électeur, sans autorité et sans forces disponibles, chargé de régler et de destituer un consul qui disposerait de cinq cent mille baïonnettes, et de gouverner sans embarras, sans fatigues, et sans responsabilité, Bonaparte tua d'un mot le projet d'une telle institution, en la couvrant de ridicule. « Quel est, dit-il, l'homme de cœur qui voudrait jouer ainsi le rôle d'un cochon à l'engrais de six millions? » Ce sarcasme déconcerta Syeyès; il rougit, et il ne fut plus question du grand électeur.

Bonaparte proposa alors son mode de gouvernement, qui fut adopté par les deux commissions législatives, et devint la constitution dite de l'an VIII. D'après cette constitution, le gouvernement était confié à trois consuls élus pour dix ans, et ayant des pouvoirs très-inégaux; le premier était seul chef de l'état; il promulguait les lois, nommait les ministres, les ambassadeurs, les officiers de l'armée de terre et de mer, les juges, etc.; les deux autres n'avaient que voix consultative. Les projets de loi étaient préparés par un *Conseil d'état* dont le premier consul nommait les membres, et présentés à un *Tribunat* composé de cent personnes. Le Tribunat, après les avoir discutés, envoyait trois orateurs pour en débattre, contradictoirement avec trois orateurs du gouvernement, pris parmi les conseillers d'état, l'adoption ou le rejet devant le *Corps législatif.* Le Corps législatif ne délibérait pas, ne discutait pas; il statuait seulement par scrutin secret sur l'adoption ou le rejet de la loi. Enfin, au-dessus du Tribunat et du Corps législatif, était un *Sénat conservateur*, composé de quatre-vingts membres inamovibles et à vie, chargés d'annuler ou de maintenir tous les actes qui lui étaient déférés comme inconstitutionnels par le Tribunat ou le gouvernement. C'était ce corps suprême qui élisait les consuls, les tribuns, les législateurs, sur une *liste nationale,* renfermant cinq mille noms, et formée par les votes de cinquante mille individus, eux-mêmes désignés par cinq cent mille autres, lesquels étaient nommés eux-mêmes par tous les citoyens *actifs* et jouissant de leurs droits civils. Quant aux sénateurs, ils étaient élus par le Sénat lui-même sur une liste de trois candidats présentés par le Corps législatif, le Tribunat et le premier Consul. Ce simulacre de gouvernement représentatif, ce mode d'élection à trois degrés avait été emprunté à la constitution proposée par Syéyès.

Bonaparte, que tout le monde désignait pour premier consul, ne voulut pas même s'exposer aux chances d'une élection ; un article spécial de la constitution le nomma à cette dignité. Syeyès, piqué de voir rejeté son projet, ne voulut pas accepter la place de second consul, et Roger-Ducos refusa également celle de troisième. Tous deux reçurent pour dédommagement une assez forte somme que Bonaparte n'hésita pas à leur donner ; il choisit pour les remplacer Cambacérès et Lebrun, à qui le premier consul permit de représenter, en quelque façon, auprès de lui, l'un le parti révolutionnaire, l'autre celui de l'ancienne monarchie, à condition toutefois qu'ils ne feraient rien en leur faveur, et qu'ils seraient les muets et impassibles témoins de tout ce qu'il allait opérer, pour assurer et augmenter encore son pouvoir, déjà plus fort, plus absolu que celui de nos anciens rois.

Le consulat provisoire dura quarante-trois jours. La constitution de l'an VIII fut publiée et soumise, pour la forme, à l'acceptation du peuple. Le résultat de cette épreuve ne pouvait être douteux. Elle fut adoptée par *trois millions onze mille sept* votes approbatifs, contre *quinze cent soixante* votes négatifs. Le premier consul la promulgua le 24 décembre 1799.

Bonaparte, désormais véritable souverain de la France, composa d'abord son ministère. Il plaça son frère Lucien à l'intérieur, Gaudin aux finances, Abrial à la marine, Berthier à la guerre, Talleyrand aux affaires étrangères, Fouché à la police ; Maret, sous le titre de secrétaire d'état, exerçait auprès du premier consul une sorte de ministère intime. Le premier consul fixa sa résidence aux Tuileries; le sénat siégea au Luxembourg; le corps législatif, au Palais-Bourbon (où siége aujourd'hui la chambre des députés); le tribunat, au Palais-royal.

L'administration, les finances, les armées à rétablir, les factions à fondre dans la nation, la société nouvelle à fonder, telle était la tâche du nouveau gouvernement, et le génie de Bonaparte ne parut pas au-dessous d'elle. La première cause de la confusion anarchique qui désolait la France, était le défaut d'action du gouvernement central sur les autorités secondaires : en effet, ces administrations de départements et de districts, créées par l'assemblée constituante, et conservées par le directoire, avaient détruit l'unité administrative qui avait donné tant de force à la France depuis Richelieu, et l'avaient remplacé par un esprit étroit de liberté locale, qui entravait la marche du gouvernement, et ouvrait un asile à tous les désordres, à toutes les passions révolutionnaires. Bonaparte résolut de renouveler, sous un autre nom, l'institution des intendants; il confia l'administration des départements à des *préfets* et celle des arrondissements à des *sous-préfets*, hommes du gouvernement et non pas des localités, qui eurent la nomination des *maires*, chargés de l'administration des communes. Il ne resta aux conseils de département, d'arrondissement et de commune, nommés aussi par le pouvoir central, que l'assiette et la répartition de l'impôt. Enfin, le jugement des contentieux administratifs fut remis à un conseil de préfecture, dont les décisions venaient par appel au conseil d'état. Cette organisation, « créa, dit le mémorial de Sainte-Hélène, le gouvernement le plus compact, doué de la circulation la plus rapide, et des efforts les plus nerveux qui eût jamais existé. La même impulsion se trouva donnée au même instant à plus de trente millions d'hommes ; à l'aide de ces centres d'activité locale, le mouvement était aussi rapide à toutes les extrémités, qu'au cœur même. » Et cette administration régulière, monarchique, est encore, après tant de variations et de vicissitudes, la plus solide de nos institutions.

L'organisation des tribunaux et des finances fut modelée sur l'organisation départementale ; il y eut un tribunal civil par arrondissement, un tribunal criminel par département, et vingt-neuf tribunaux d'appel. Les finances étaient dans l'état le plus déplorable ; le trésor était complètement vide, et l'état accablé de dettes. Une loi prorogea pour l'an IX les contributions de l'an VIII ; elle ordonna que dorénavant les paiements des contributions auraient lieu par douzième et par mois ; elle assura leur perception en créant un receveur général par département, et un receveur particulier par arrondissement, lesquels, et moyennant une forte remise sur toutes leurs transactions, souscrivaient au trésor pour le montant des sommes à percevoir, des obligations payables par mois à jour fixe. Cette loi fut la source de l'ordre qui régna dès-lors dans les finances : les contributions rentrèrent au trésor avant le commencement de l'exercice et en masse ; les services furent assurés par toute la France ; enfin un vaste système d'inspecteurs et de contrôleurs, et plus encore l'œil sévère du premier consul, mit fin à beaucoup de dilapidations. Le crédit se releva, et la rente 5 p. °/₀, sur l'état, qui était le 18 brumaire à 11 francs, monta quatre mois plus tard à 35.

Avec cette organisation départementale, judiciaire, financière, que tous les gouvernements qui se sont succédés ont conservée, sauf quelques legères modifications, les magistrats salariés remplacèrent les magistrats indépendants, les hommes du pouvoir, les hommes du peuple; des existences innombrables se rattachèrent au gouvernement. La vie passa de la nation au gouvernement; la France entière fut centralisée dans la main du premier consul; un seul coup de télégraphe mit en mouvement cinquante mille communes et trois cent mille fonctionnaires. Aucun gouvernement, depuis la chute de l'empire romain, n'avait possédé une telle force administrative.

La religion, si longtemps persécutée, reçut du nouveau gouvernement des marques d'intérêt qui firent concevoir les plus heureuses espérances pour l'avenir. Les prêtres déportés ou détenus à Oleron rentrèrent en foule dans leurs familles; la statue de saint Vincent de Paul fut solennellement placée à l'hospice de la maternité; l'ancien archevêque de Paris, le vénérable Juigné, prélat octogénaire, reparut dans son diocèse; des obsèques solennelles honorèrent les cendres de Pie VI, que le directoire avait détrôné, persécuté, et exilé à Valence où il était mort le 29 août 1799; enfin, le permier consul se montra favorable à l'élection de son successeur, l'évêque d'Imola, qu'il avait connu pendant la campagne d'Italie, et qui monta dans la chaire de Saint-Pierre, le 9 mars 1800, sous le nom de Pie VII. Les relations qui s'établirent dès-lors entre le saint-siége et le gouvernement consulaire, purent faire présager la fin des troubles qui agitaient depuis si longtemps l'Eglise de France.

Vers cette époque, fut établie la banque de France, monument d'une haute conception financière, et qui garantissait la fortune publique et particulière.

La guerre de la Vendée s'était rallumée dans les

derniers temps du directoire ; elle se termina en un mois, par la mort de quelques chefs, par la capitulation de quelques autres, et par la soumission volontaire de plusieurs, tels que MM. d'Autichamp, de Châtillon et de Bourmont. Un armistice général acheva la pacification de ce pays.

Les travaux pour l'organisation de l'intérieur ne firent pas perdre de vue à Bonaparte la politique extérieure. Son premier soin, en saisissant les rênes de l'état, avait été d'écrire au roi d'Angleterre, pour mettre un terme à une guerre déjà si longue et si sanglante. Il savait que la constitution anglaise défend au monarque de correspondre avec les étrangers autrement que par ses ministres ; mais il voulait témoigner à l'Europe et surtout à la France ses intentions pacifiques par une démarche éclatante. Le ministre Greenville répondit, de la part de Georges III, que l'Angleterre ne traiterait qu'à condition que la France rentrerait dans ses anciennes limites. Le premier consul publia cette réponse, ainsi que toutes les démarches qu'il avait faites pour la paix, et rendit ainsi la guerre nationale. L'Autriche refusa aussi tout accommodement ; la Prusse resta neutre ; Paul Ier, sans rompre encore tout-à-fait avec la coalition, était mécontent de l'empereur ; il retira ses troupes, renvoya le corps de Condé et entra en relation pacifique avec la France. Ce changement subit et inattendu dans la conduite du tzar, était dû à la politique de Bonaparte, qui, connaissant le caractère bizarre et chevaleresque de Paul Ier, voulut le gagner par une démarche imprévue et pleine de générosité. Il existait en France une grande quantité de prisonniers russes, par suite des campagnes de Hollande et d'Helvétie ; Bonaparte les fit habiller à neuf, chacun avec l'uniforme de son régiment, et les renvoya en Russie à ses frais et sans aucune proposition d'échange. Un tel procédé toucha si vivement Paul, qu'il s'éprit d'une sorte d'admiration fanatique pour le premier consul, et qu'il chassa tous les Anglais de ses états.

Après ces tentatives pour obtenir la paix, Bonaparte ne songea plus qu'à reprendre les armes et à pousser la guerre avec vigueur. Une loi mit à sa disposition deux cent mille conscrits ; on rappela trente mille vieux soldats ; des corps de volontaires s'équipèrent à leurs frais ; la cavalerie, l'artillerie, le génie furent entièrement réorganisés ; on créa le corps des inspecteurs aux revues pour l'administration et la solde des troupes, et celui du train d'artillerie pour le transport du matériel ; enfin l'on eut sur pied, avec la rapidité et sans la violence de 93, deux cent cinquante mille hommes armés, équipés, pourvus de tout, pendant que cent mille conscrits s'exerçaient dans l'intérieur.

L'Autriche avait deux grandes armées, chacune de cent vingt mille hommes. La première, en Italie, était chargée de l'offensive, et commandée par Mélas ; elle devait, après avoir laissé quarante mille hommes pour garder la Lombardie et le Piémont, enlever Gênes, forcer le Var et pénétrer en Provence, où viendraient la joindre vingt mille Anglais rassemblés à Minorque. La seconde, sur le Rhin, commandée par Kray, devait se tenir sur la défensive, et couvrir ce fleuve de Mayence à ses sources, en laissant trente mille hommes sous le prince Reuss, pour garder le Vorarlberg et les Grisons, et donner la main à l'armée d'Italie.

L'armée française opposée à Mélas était réduite à trente mille hommes, dénuée de tout et réfugiée dans l'Apennin. Bonaparte donna le commandement de cette armée à Masséna, avec ordre de défendre, autant qu'il le pourrait, la rivière de Gênes et d'attirer Mélas à sa poursuite. Il porta l'armée du Rhin à cent mille hommes, sous le commandement de Moreau. Il lui ordonna de passer le fleuve, de prendre l'ennemi en flanc, en tournant la Forêt-Noire, et de le pousser en Bavière en lui coupant ses communications avec l'Italie. De cette façon, la masse des Alpes, entre le Danube et le Pô, se trouverait dégagée et sans aucune défense; alors il devait, avec une armée de réserve, fondre tout-à-coup par le centre des Alpes au cœur de l'Italie. Pour assurer l'exécution de ce plan, il fallait que l'ennemi ne pût ni le découvrir, ni le deviner. Bonaparte sut détourner l'attention de l'ennemi et tromper ses espions, en annonçant officiellement au corps législatif et au sénat, la formation d'une armée de réserve à Dijon. Il envoya effectivement sur ce point un nombreux état-major; il nomma Berthier général en chef de la nouvelle armée; mais il ne dirigea sur Dijon que cinq à six mille conscrits, qui n'étaient pas même habillés, et quelques vétérans estropiés, chargés de les former au maniement des armes. On prit facilement le change à l'étranger. En France même, on doutait de l'existence de cette armée. C'était ce que voulait Bonaparte.

Il n'y avait effectivement point d'armée à Dijon; la véritable armée se formait en route; les divisions s'organisaient séparément et sans bruit dans divers lieux de rendez-vous. Les troupes de la Vendée, que la pacification de ce pays rendait disponibles, la garnison de Paris et la garde consulaire en formaient le noyau. Les bataillons qui composaient son avant-garde étaient pour ainsi dire cachés dans les gorges du Jura et de la Savoie.

Pendant ce temps-là, Moreau avait battu l'ennemi à Engen, à Mœskirch, à Stokach, à Biberach. Le prince de Reuss, séparé de Kray, fut obligé de se rejeter sur le Haut-Inn, en abandonnant le Vorarlberg et les Grisons. La masse des Alpes était libre ; Bonaparte pouvait exécuter sa grande combinaison ; alors, et par son ordre, dix-huit mille hommes commandés par Moncey furent détachés de l'armée du Rhin pour servir d'aile gauche à l'armée de réserve, et descendre avec elle en Italie; en même temps l'ordre est donné aux divers corps épars de cette armée de se concentrer sur Genève. Bonaparte arriva dans cette ville le 10 mai, et y trouva trente-cinq mille hommes qui, partis de divers points, s'y étaient subitement rassemblés. Il les dirigea sur-le-champ sur le grand Saint-Bernard, tandis que Moncey, formant son aile gauche, passait le Saint-Gothard, et que sa droite, sous les ordres de Thureau, franchissait le Mont-Cenis et débouchait sur Suze; enfin, deux petits corps de trois à quatre mille hommes passaient à droite et à gauche par le Simplon et le petit Saint-Bernard ; de sorte que, depuis le Saint-Gothard jusqu'au Mont-Cenis, soixante mille hommes allaient déboucher en Italie entre Milan et Turin. Le passage du grand Saint-Bernard, le plus difficile de tous, dura quatre jours. Jamais armée moderne, avec son artillerie et ses bagages, n'avait tenté de franchir cette muraille de dix lieues de glace. Les canons et les caissons furent démontés ; les soldats s'y attelèrent, et, à travers les rocs et les neiges, les hissèrent jusqu'au sommet du col. La grandeur de l'entreprise, la présence du premier consul animait les troupes ; c'était une armée de jeunes gens : consul, généraux, soldats, tous avaient encore le feu, la gaieté et l'enthousiasme de la jeunesse. Cette escalade pénible était devenue une marche joyeuse ; la musique militaire jouait des airs nationaux, les soldats y répondaient par des chants guerriers. Dans les endroits difficiles et dangereux, on battait la charge, et, comme un ennemi, le péril disparaissait devant eux.

Après quatre jours d'efforts inouis, l'armée descendit dans la vallée d'Aoste le 20 mai; passa le 22 sous le canon du fort de Bard, et arriva à Ivrée le 26. Le même jour Thureau entrait à Suze, et Moncey, après avoir franchi le Saint-Gothard avec les mêmes difficultés et la même ardeur qui avaient été déployées au Saint-Bernard, entrait à Bellinzona.

Mélas était sur le Var, qu'il s'efforçait de passer depuis dix jours, quand il apprit que l'armée française avait débouché dans les plaines de la Lombardie. A peine pouvait-il croire à la réalité d'une telle nouvelle; mais elle lui fut bientôt confirmée par la défaite d'un de ses lieutenants, Haddick, qui avait été battu par Lannes, sur la Chinsella, et rejeté sur Turin.

Le mouvement de Lannes dans cette direction était encore une ruse pour tromper l'ennemi. Il crut que Bonaparte voulait se porter sur Turin; mais son but véritable était de manœuvrer sur Milan. L'occupation de cette ville était une action d'éclat, qui devait agir sur l'opinion des peuples d'Italie, répandre la terreur dans l'armée ennemie, et accélérer la réunion de l'armée de réserve avec le corps détaché de l'armée du Rhin, que conduisait Moncey.

En conséquence, et pendant que le général Mélas faisait ses dispositions pour défendre le passage du Pô, Bonaparte se dirigea à marches forcées sur le Tésin, en força le passage le 31 mai, et arriva à Milan le 2 juin. On se peindrait difficilement l'étonnement et l'enthousiasme des Milanais en voyant arriver les Français; ils venaient à peine d'apprendre le passage du Saint-Bernard. On avait répandu le bruit que Bonaparte était mort en Egypte, et que l'armée était commandée par un de ses frères. Le premier consul marchait avec l'avant-garde, de sorte qu'il fut une des premières personnes qui s'offrirent aux regards des habitants, que la curiosité ou l'affection avaient attirés au-devant de nos troupes. L'ivresse causée par sa présence se manifesta aussitôt avec cette vivacité que les Italiens mettent dans l'expression de tous leurs sentiments. On fit jonction avec le corps de Moncey ; les troupes de Wukassowich se retirèrent sur le Mincio ; Crémone et Lodi furent pris, et on se prépara à fermer à Mélas l'issue qui lui restait sur la rive droite du Pô.

Ce général, en voyant Bonaparte à Milan, fut frappé de stupeur ; il rappela les troupes qu'il avait sur le Var et devant Gênes ; mais le corps d'armée du Var, poursuivi dans sa retraite par Suchet, fut battu complètement au col de Tenda, et perdit plus de dix mille hommes. Suchet, après sa victoire, voulut courir à la délivrance de Gênes ; mais il était trop tard, Masséna venait de capituler, après avoir soutenu un des siéges les plus mémorables, dont les annales de la guerre fassent mention. Après soixante jours de blocus par terre et par mer, quand la moitié de sa garnison était dans les hôpitaux, quand le reste pouvait à peine tenir ses armes, il ne consentit à livrer Gênes qu'à condition qu'il se retirerait avec toutes ses troupes, ses canons, ses bagages (5 juin). Il est vrai que le général autrichien Ott, qui signa ces conditions, venait de recevoir de Mélas l'ordre d'abandonner le siége, et de se porter en toute hâte sur le Pô, pour empêcher les Français de passer ce fleuve. Mais déjà Lannes était sur la rive droite quand Ott arriva ; celui-ci voulut rouvrir la route ; il fut battu complètement à Montebello, perdit huit à neuf mille hommes, et fut rejeté sur la Bormida (10 juin). Bonaparte, en apprenant l'attaque de l'ennemi, était accouru sur le champ de bataille; mais quand il arriva tout était terminé et la victoire était complète. Elle était due surtout au courage et au sang-froid de Lannes, qui se couvrit de gloire dans cette journée; ce qui lui valut plus tard le titre de duc de Montebello.

Après la bataille de Montebello, Mélas se trouva dans la position la plus critique. Il était en quelque sorte bloqué dans les environs d'Alexandrie par les divers corps de l'armée française, qui lui coupaient toute communication avec l'Autriche, Mantoue et les autres places occupées par les Autrichiens. Il n'avait d'autre ressource, pour éviter une capitulation, que de s'ouvrir un passage les armes à la main. Toutes les troupes autrichiennes réunies montaient de cinquante à soixante mille hommes; l'armée française était au moins aussi forte, mais les nombreux détachements qu'elle avait disséminés sur plusieurs points, ne lui permettaient guère de pouvoir mettre en ligne plus de trente mille hommes. Bonaparte, incertain du parti que prendraient les Autrichiens, avait encore envoyé Desaix sur Novi, pour leur fermer la route de Gênes; et Victor, sur Alexandrie, pour les empêcher de passer le Pô. Lannes resta en arrière de Victor, et la réserve sur la Sorivia.

Victor, en s'avançant sur Alexandrie, chassa les Autrichiens de Marengo, et les repoussa au-delà de la Bormida. Mais le lendemain, 14 juin, à la pointe du jour, toute l'armée autrichienne repassa la Bormida sur trois points, et se déploya dans la plaine de Marengo. Bonaparte ne s'attendait point à une bataille ce jour-là; à peine avait-il vingt mille hommes à opposer à l'ennemi; il se hâta de rappeler Desaix, qui était à une demi-marche du champ de bataille, et de prendre d'autres dispositions. Cependant l'armée autrichienne attaqua avec vigueur la droite des Français formée de la division Victor. Après quatre heures de combat, où elle eut à soutenir tout le choc de l'armée ennemie, cette division fut écrasée et mise en déroute. Lannes se déploya pour la rallier, attira à lui le centre des impériaux, et recula lentement pendant trois heures. Bonaparte soutint lui-même cette retraite avec le bataillon de la garde consulaire. On se battait dès le matin, et jusqu'à trois heures après-midi les Français avaient eu un désavantage marqué ; tous les généraux regardaient la bataille comme perdue. Mélas, voyant la droite des Français en pleine déroute, le centre en retraite, la route de Tortone à moitié libre, regarda sa victoire comme décidée ; accablé de fatigues et d'une chute qu'il avait faite, il quitta le champ de bataille pour rentrer à Alexandrie, laissant à son chef d'état major Zach, le soin d'achever la victoire.

En ce moment Desaix arriva avec six mille hommes de troupes fraîches, et prit position en avant de San-Giuliano. C'était le moment critique ; Bonaparte avait combattu jusque-là pour n'être pas vaincu ; il allait maintenant combattre pour avoir la victoire. Victor avait rallié ses bataillons ; toute l'armée française était reformée en ligne, et une nouvelle bataille allait commencer. Au moment de donner le signal, Bonaparte en parcourant les rangs s'écria : « Soldats ! c'est avoir fait trop de pas en arrière, le moment est venu de faire un pas décisif en avant ; souvenez-vous que mon habitude est de coucher sur le champ de bataille. »

Zach, persuadé qu'il n'avait qu'à poursuivre des fuyards, avait formé une colonne de six mille grenadiers qu'il lança par la route de Tortone, pour couper la retraite des Français. L'arrivée de cette colonne à la hauteur de San-Giuliano fut le signal du nouveau combat. La division Desaix accueillit avec un feu terrible les grenadiers autrichiens ; le brave Desaix tomba mortellement blessé ; ses soldats, pleins de fureur, se précipitent sur l'ennemi, enfoncent la tête de cette colonne, tandis que Kellermann, avec huit cents chevaux, tombe sur son flanc, et achève de la mettre en désordre ; en un instant, les six mille grenadiers sont brisés, dispersés, forcés de se rendre avec leur général. Alors la charge bat sur toute la ligne ; Lannes et Victor se reportent en avant ; les cavaliers de Kellermann, électrisés, culbutent tout devant eux ; en une heure la plaine, qui avait coûté aux Autrichiens huit heures d'efforts, est reconquise ; l'ennemi enfoncé de toutes parts s'enfuit à la débandade, et repasse la Bormida en laissant trois mille prisonniers, sept mille morts ou blessés, quarante canons. La perte des Français était presque égale, et ils avaient à regretter Desaix, de qui Napoléon a dit avec tant de tristesse : « Il eût été mon lieutenant ! »

Mélas était désespéré ; il ne lui restait plus de retraite ; il demanda à traiter. Quelques heures après fut signé l'armistice d'Alexandrie, par lequel les Autrichiens se retiraient derrière le Mincio, en livrant aux Français tous le pays compris entre les Alpes et cette rivière, avec Alexandrie, Turin, Gênes, Savone, Coni, Tortone, Pizzighitone. Dans les campagnes précédentes, il y avait eu des batailles plus glorieuses que celle de Marengo, mais aucune n'avait produit un si grand résultat ; les Autrichiens perdaient en un jour ce qu'ils avaient mis dix-huit mois à conquérir par vingt victoires ; la France se retrouvait placée d'un coup dans la position où elle était en 1797. « J'espère que le peuple français sera content de son armée, » écrivit-il aux consuls. En effet, l'exaltation fut au comble ; la confiance de la nation dans le guerrier auquel elle s'était si éperdument donnée se trouvait pleinement justifiée. Bonaparte put maintenant tout faire et tout oser. Marengo avait légitimé le 18 brumaire. Il était, selon l'expression de Mélas, *l'homme du destin*.

Le premier consul rentra à Milan, le 17 juin, pendant la nuit; il trouva la ville illuminée et livrée à l'allégresse. Pendant son séjour à Milan, le premier consul rétablit la république cisalpine, dont il fut nommé président; la république ligurienne fut réorganisée; le Piémont reçut un gouvernement provisoire.

Le 2 juillet, le premier consul était de retour à Paris. Aussitôt que la nouvelle de son arrivée fut répandue dans la capitale, les ateliers et les boutiques se fermèrent, toute la population accourut dans la cour et le jardin des Tuileries, avide et empressée d'apercevoir aux fenêtres le vainqueur d'Italie. C'était partout d'unanimes cris de joie.

Du champ de bataille de Marengo, le premier consul avait offert à l'Autriche de traiter sur les bases de Campo-Formio; des négociations furent entamées; mais l'Angleterre parvint à les rompre, et fournit à l'empereur des subsides qui lui permirent de rétablir entièrement ses armées. Moreau eut tout l'honneur de cette nouvelle campagne; déjà, cinq jours après le triomphe de Marengo, il avait remporté à Hochstett, une victoire éclatante. Ses succès furent interrompus par l'armistice de Parsdoff et les premières négociations de Lunéville; mais à la reprise des hostilités, au mois de novembre, Moreau reprit tous ses avantages. Bientôt la victoire d'Hohenlinden, qui conduisit son armée à vingt lieues de Vienne, le succès de l'armée gallo-batave, commandée par Augereau, les victoires de Brune en Italie, ne laissèrent plus à l'empereur d'Allemagne d'autres ressources qu'une prompte paix. Les négociations, entamées à Lunéville entre Joseph Bonaparte et le comte de Cobentzel, amenèrent la paix entre la France et l'Autriche sur les bases du traité de Campo-Formio. La rive gauche du Rhin et les provinces belgiques furent de nouveau assurées à la France; les républiques cisalpine, ligurienne, helvétique et batave reconnues indépendantes; le pape rétabli dans ses états, tels qu'ils étaient limités dans le traité de Campo-Formio; enfin la Toscane enlevée au Grand-duc et cédée à la France, qui dut en faire un royaume d'Etrurie pour le fils du duc de Parme (9 février 1801). Il ne fut pas question du roi de Sardaigne, qui avait été dépossédé du Piémont et de la Savoie. Quant au roi de Naples, il fit sa paix particulière avec la France par le traité de Florence, qui confirma simplement l'armistice de Foligno (28 mars 1801).

Ces divers traités, qui réconciliaient la France avec l'Europe continentale, furent suivis d'une négociation plus importante encore, puisqu'elle devait donner au pays la paix religieuse. Bonaparte avait compris qu'une société sans religion était un édifice sans bases; et comme il voulait sérieusement reconstruire l'ordre social sur les ruines que depuis douze ans la révolution avait enfantées, il songea d'abord à rétablir la religion, comme le plus solide appui de l'édifice qu'il voulait fonder. Sans doute il était porté à ces mesures salutaires plutôt par des motifs politiques que par un sentiment religieux; cependant il faut reconnaître que Bonaparte était loin d'avoir pour la religion catholique cette antipathie si commune aux hommes de la révolution; que les principes qu'il avait reçus dans son enfance, et qu'il manifesta solennellement à l'heure de sa mort, ne s'effacèrent jamais entièrement en lui; d'ailleurs, sachons lui gré d'avoir compris le besoin qu'avait la nation du rétablissement de la religion, et de n'avoir pas reculé devant les immenses difficultés de cette entreprise.

Le pape Pie VII adhéra avec empressement aux propositions de Bonaparte, et envoya à Paris le cardinal Gonsalvi, qui conclut, avec Joseph Bonaparte, assisté du conseiller d'état Crétet et de l'abbé Bernier, le célèbre concordat de 1801, qui fut signé le 15 août, jour de l'Assomption de la sainte Vierge et anniversaire de la naissance de Bonaparte. Par ce concordat, la religion catholique était reconnue comme la religion du gouvernement et de la majorité des Français; la publicité de son culte était rétablie; la circonscription des siéges archiépiscopaux et épiscopaux était mise en rapport avec les nouvelles divisions du territoire français; le premier consul devait nommer les titulaires des différents siéges, et le pape leur donnerait l'institution apostolique.

Le concordat fut présenté au Tribunat et au Corps législatif, le 8 avril 1802; malheureusement il y fut joint des lois organiques, sans l'aveu du saint Père et contre lesquelles il dut réclamer; tout fut adopté sans discussion. Le lendemain, 9 avril, jour de Pâques, les consuls se rendirent à Notre-Dame, avec toutes les autorités et les corps constitués, et assistèrent à la messe et au *Te Deum*. Cette démarche solennelle du premier consul fut violemment critiquée par une foule d'hommes qui avaient pris une part active à la révolution; ils la traitaient d'abjuration et de *capucinade;* du reste, ils manifestaient tout bas leur opposition, car ils savaient que le premier consul eût sévèrement réprimé le blâme public d'une mesure si salutaire; mais la plus grande partie de la nation bénit avec reconnaissance cet acte qui répondait si bien à ses sentiments, à ses mœurs, à ses habitudes. Malgré les efforts de l'impiété, le christianisme, qu'elle croyait avoir tué, était prêt à ressusciter avec éclat ; il n'y avait pas en France une idée, un sentiment qui ne fussent d'origine chrétienne ; il était dans les mœurs, la civilisation, la vie intime des hommes mêmes qui s'en disaient les plus grands ennemis ; tous les habitants des campagnes professaient encore le culte de leurs pères ; les esprits sincères le regrettaient en confessant le vide de la vie matérielle que le philosophisme leur avait donnée ; un grand écrivain venait de révéler, avec une magnificence de pensées qui saisissait les imaginations, que tout ce qu'il y avait de bon, de social, de poétique en nous était chrétien [1] ; Bonaparte était donc sûr de l'approbation et de la reconnaissance de l'immense majorité des Français.

L'Angleterre seule, dans l'Europe pacifiée, continuait la lutte qu'elle avait excitée contre la France. Bonaparte, n'ayant plus que ce seul ennemi à combattre, résolut d'aller le chercher dans son île et de se prendre corps à corps avec lui. Toutes les côtes de France furent armées de batteries et de redoutes ; on construisit une multitude de bâtiments légers, de chaloupes canonnières, de bateaux plats ; on épuisa les arsenaux ; on exerça les troupes aux manœuvres maritimes ; une immense flotte se rassembla du Hâvre à Anvers, ayant son centre à Boulogne. L'Angleterre prit l'alarme ; tout l'or qu'elle avait prodigué sur le continent n'avait produit que des défaites ; au milieu des richesses qui encombraient ses magasins et ses ports, sa population ouvrière mourait de faim ; les corsaires français ruinaient son commerce, que ne pouvaient pas même protéger

---

[1] Le *Génie du Christianisme* parut dans les premiers mois de 1801, et l'auteur le dédia au premier consul.

ses nombreuses croisières; maîtresse de la mer, partant de victoires, elle était pourtant réduite à défendre ses côtes; enfin, Nelson, le vainqueur d'Aboukir, avait échoué dans toutes ses tentatives pour détruire « *ces coquilles de noix*, » qui se rassemblaient à Boulogne, et il avait éprouvé des pertes graves en attaquant nos frêles chaloupes canonnières. Il fallait la paix. Des négociations s'ouvrirent à Londres le 14 avril 1801, et le 1er octobre suivant, les préliminaires de la paix furent signés. Un congrès s'ouvrit à Amiens ; et, après cinq mois de négociations, pendant lesquels le premier consul assura sa position par des traités particuliers avec la Russie [1], la Porte-Ottomane et le Portugal, les seuls alliés qu'eut l'Angleterre, le traité définitif fut conclu le 25 mars 1802. L'Angleterre rendit à la France et à ses alliés toutes leurs colonies, excepté la Trinité et Ceylan. L'Egypte, que l'armée française avait été forcée d'évacuer un an après la mort de Kléber [2], fut restituée à la Porte-Ottomane; l'île de Malte, dont l'Angleterre s'était emparée après un siége de deux ans, fut rendue à l'ordre de Saint-Jean, sous la garantie de la Russie, de la Prusse et de l'Autriche, avec invitation au roi de Naples d'y mettre garnison jusqu'à ce que l'ordre fût reconstitué. Les îles Ioniennes furent reconnues indépendantes, sous la protection de la Russie. Il n'y eut pas un mot en faveur du roi de Sardaigne, du stathouder de Hollande et des Bourbons.

Des deux côtés du détroit, la paix d'Amiens fut accueillie par les démonstrations de la joie la plus vive;

---

[1] La Russie était retournée à l'alliance de l'Angleterre, après la mort de Paul 1er, assassiné le 25 mars 1801.

[2] Assassiné par un fanatique musulman le 14 juin 1800, le jour même où son camarade Desaix était frappé mortellement à Marengo.

mais en Angleterre le peuple seul se réjouit; l'aristocratie était consternée; c'était, disait-on, la paix la plus humiliante que la Grande-Bretagne eût faite depuis deux siècles. Aussi les ministres anglais ne défendirent ce traité qu'en disant que « la nécessité les avait forcés à choisir la paix comme le moindre des maux. »

Pendant que la France atteignait, par les traités de Lunéville et d'Amiens, la plus haute position politique, elle prenait à l'intérieur un aspect tout nouveau. Il y avait dans son sein une magnifique émulation pour réparer les malheurs d'une longue et sanglante anarchie. Tout était à créer dans cette société qui sortait d'un affreux chaos.

Le plus grand des travaux de Bonaparte, sous ce rapport, est la réforme des lois qui régissent la propriété et la famille, le Code civil. L'ancienne monarchie avait souvent projeté l'établissement d'une législation unique à la place des coutumes provinciales, si nombreuses et si confuses; l'assemblée constituante en avait proclamé la nécessité; Bonaparte entreprit cette œuvre immense et la mit à fin. Il confia la rédaction du plan de cet important ouvrage aux hommes les plus capables, sans distinction d'opinion politique; ainsi Tronchet, l'un des défenseurs de Louis XVI, Portalis et Bigot de Préameneu furent d'abord chargés de ce travail; il fut ensuite soumis à tous les tribunaux, et modifié par les observations qui arrivèrent de toutes les parties de la France; enfin il fut examiné par une section du conseil d'état, qui posa les bases du travail définitif. La discussion s'ouvrit alors devant le conseil, sous la présidence de Bonaparte, qui traita avec une grande lucidité des matières auxquelles son éducation semblait le rendre complètement étranger. Les travaux du Code civil durèrent trois ans ; il fut promulgué le 21 mars 1803 [1].

Voulant rétablir les militaires dans les avantages dont la révolution les avait privés, il institua, en 1802, la Légion d'honneur, par laquelle fut remplacé l'ancien ordre de Saint-Louis ; mais il l'étendit aussi aux services civils. Les républicains furent mécontents de cette institution, qu'ils appelaient toute monarchique et contraire à l'esprit d'égalité, base de la république et essence même de la révolution. C'était là effectivement la pensée de Bonaparte ; le gouvernement était encore, de nom du moins, républicain ; mais il voulait que les idées devinssent monarchiques, et qu'il n'y eût bientôt qu'un nom à changer. Ce fut aussi vers ce temps qu'il organisa l'instruction publique. A la place du système d'instruction tout démocratique que la Convention avait établi, il créa une Université qui était tout entière dans la main du pouvoir, faite uniquement pour les classes riches, et destinée à fournir des fonctionnaires.

Dans cette même année, il fit rendre un sénatus-consulte (26 avril 1802), par lequel amnistie pleine et entière était accordée à tous les émigrés, sous condition qu'ils seraient rentrés en France avant le 1er vendémiaire an XI, et qu'ils prêteraient serment de n'entretenir aucune correspondance avec les Bourbons. Les émigrés rentrés furent rétablis dans la possession de leurs biens non vendus, à l'exception des forêts, des immeubles affectés à un service public et des créances sur le trésor.

La prospérité réelle du pays, l'état florissant du commerce, de l'industrie et de l'agriculture, l'éclat que jetaient sur le pays les progrès des sciences exactes, la

[1] Lavallée, histoire des Français

renaissance des lettres et des arts, les révolutionnaires réduits à l'impuissance, la religion restaurée, une amnistie générale couvrant tous les délits politiques, rouvrant la France à tous les exilés ; tant d'ordre, de repos et de bonheur succédant à tant de malheurs et d'anarchie, faisaient oublier quelques revers, tels que l'évacuation forcée de l'Egypte et la funeste issue de l'expédition de Saint-Domingue ; mais ils faisaient surtout oublier, ou plutôt ils masquaient la marche rapide et continuelle du premier consul vers l'autorité absolue.

En effet, Bonaparte saisissait toutes les occasions, se servait de tous les moyens, même des conspirations tramées contre lui ou son gouvernement, pour augmenter et affermir son pouvoir. C'est ainsi qu'après le complot d'Aréna, Ceracchi, Topino et consors, et après l'attentat connu sous le nom de la *machine infernale* (décembre 1800), il obtint une loi pour la création de tribunaux criminels spéciaux, véritables cours prévôtales, avec lesquelles il n'y eut plus de liberté individuelle. Tous les corps constitués, à l'exception du Tribunat, se montrèrent les dociles instruments de la volonté du maître ; mais, pour punir le Tribunat de son opposition, il fit *éliminer* par le sénat tous les orateurs de ce corps qui avaient parlé contre les mesures proposées par le premier consul, et les fit remplacer par des hommes tout dévoués au pouvoir.

Sûr désormais de ne rencontrer aucune opposition à ses projets, il ne songea plus qu'aux moyens de perpétuer le pouvoir entre ses mains. Après le traité d'Amiens, le Tribunat émit le vœu qu'il fût donné au premier Consul « un gage éclatant de la reconnaissance nationale. » Le sénat délibéra sur ce vœu, et rendit un sénatus-consulte qui prolongeait de dix ans le consulat de Bonaparte. Celui-ci attendait mieux et il dissimula mal son mécontentement. Il déclara que, dans une question de cette importance, il fallait consulter la nation, et dans un arrêté des consuls il fit poser ainsi la question au peuple : « Napoléon Bonaparte sera-t-il consul à vie ? » On ouvrit dans toutes les municipalités des registres où chaque citoyen fut appelé à consigner son vote, et trois millions cinq cent soixante-huit mille voix se prononcèrent pour le consulat à vie, contre huit mille trois cent soixante-quatorze opposants. Un sénatus-consulte publia ce résultat le 2 août suivant ; c'était proclamer la monarchie élective ; il ne restait plus qu'un pas à faire pour la rendre héréditaire.

La constitution de l'an VIII se trouvait ainsi détruite ; Bonaparte en fit lui-même une nouvelle, que le sénat adopta sans discussion, sous le nom de *sénatus-consulte organique de la constitution de l'an* VIII (4 août 1802). D'après cette constitution, les assemblées de canton élisaient, sur une liste de six cents citoyens les plus imposés, les membres des colléges électoraux d'arrondissement et de département. Ces membres étaient nommés à vie ; ils présentaient pour chaque place au tribunat, au corps législatif et au sénat, deux candidats. Les consuls étaient élus à vie, ils présidaient le sénat. *Le premier consul pouvait choisir son successeur ; il avait droit de faire grâce.* Le sénat réglait, par des sénatus-consultes, proposés par le gouvernement, tout ce qui n'avait pas été prévu par la constitution. Le tribunat était réduit à cinquante membres et partagé en trois sections. Il n'y avait plus, comme on le voit, qu'une ombre de gouvernement représentatif ; la monarchie élective devenait déjà absolue.

Ces envahissements rapides de Bonaparte n'éprouvèrent aucun obstacle ; le peuple voyait dans Bonaparte un héros qui avait assuré l'indépendance et la gloire de la patrie; qui faisait régner l'ordre et la paix au dedans, et rendait le nom français redoutable au dehors; c'en était assez pour qu'à ce prix il fît bon marché de cette liberté tumultueuse, qui lui avait été plus funeste qu'utile sous les divers gouvernements enfantés par la révolution. Les royalistes étaient pleins d'espérance; ils croyaient que Bonaparte marchait droit à la contre-révolution, et qu'il jouerait bientôt le rôle glorieux d'un nouveau Monk. Cette pensée fut même partagée par Louis XVIII, qui se trouvait alors à Mittau. Des ouvertures furent faites au premier consul; mais Bonaparte avait entrevu la domination suprême, et son ambition ne pouvait plus se contenter d'un rôle secondaire. Bientôt après, le meurtre du duc d'Enghien fit voir à quels excès peut porter cette insatiable passion.

L'influence et le pouvoir de Bonaparte se faisaient également sentir sur tous les pays voisins de la France; ainsi il donna une nouvelle constitution à la Hollande; à la Suisse, dont il fut nommé *médiateur*; à la république cisalpine, qui prit le nom de république italienne, et l'élut pour son président; à la république ligurienne, etc. Le Piémont fut réuni à la France (13 septembre) et forma les six nouveaux départements du Pô, de la Doire, de la Sesia, de la Stura, du Tanaro et de Marengo; ces noms rappelaient les triomphes du vainqueur de Montenotte et de Millesimo. L'île d'Elbe fut également incorporée à la France; les états de Parme furent envahis, et une armée de trente mille Français soutenait en Suisse la médiation du pacte fédéral.

Ces agrandissements de la France firent jeter les hauts cris au cabinet anglais. Bonaparte prétendit que tout ce qu'il avait fait en Suisse et en Italie n'était nullement contraire au traité d'Amiens; qu'il avait scrupuleusement exécuté ce traité en évacuant le Portugal et le royaume de Naples, tandis que l'Angleterre gardait encore, contre les stipulations de ce même traité, Malte, le Cap et Gorée. On négocia, mais de part et d'autre sans intention sincère de maintenir la paix; enfin l'ambassadeur anglais, lord Withworth demanda ses passeports et partit le 13 mai 1803. Aussitôt, et avant toute déclaration de guerre, l'amirauté anglaise lança ses escadres à la poursuite des bâtiments français et hollandais qui naviguaient sur la foi des traités; douze cents furent pris avec leurs équipages et leurs passagers. Bonaparte réclama contre cette violation du droit des gens. On lui répondit que c'était l'usage de l'Angleterre; et en effet dans les guerres de 1748, de 1778 et de 1792, elle s'était arrogé cet odieux privilége. Le premier consul voulut aussitôt user de représailles; il fit arrêter tous les Anglais qui se trouvaient en France ou qui voyageaient dans les pays soumis à la domination française, et les retint comme otages jusqu'à ce que les Français pris avant la déclaration de guerre eussent été mis en liberté. Ainsi cette guerre qui devait être si meurtrière, si longue, qui ne devait finir que par la chute du grand empire, commença de part et d'autre par d'injustes rigueurs.

Les Anglais, qui de plus en plus voyaient à quel redoutable ennemi ils avaient à faire, eurent recours à tous les moyens pour soutenir cette terrible lutte; et, tandis que le consul augmentait ses nombreuses légions, tandis qu'il faisait envahir le royaume de Naples et l'électorat de Hanovre, tandis que surtout il rassemblait, aux bords de l'océan, une armée formidable, et que, par de nombreuses constructions navales, il se préparait à jeter cette armée sur le sol britannique, la nation anglaise tout entière courait aux armes. A deux cent mille hommes de milice et de troupes réglées, devait se joindre une levée en masse d'au moins trois cent mille hommes ; puis cinq cents bâtiments de guerre couvrirent les mers, observant toutes les issues et tenant bloqués tous les ports, depuis le Texel jusqu'au golfe adriatique. On comprend que d'immenses impôts furent nécessaires à tant d'efforts. Le parlement n'en refusa aucun, et il accorda aussi toutes les lois d'exceptions qui lui furent demandées. Ce fut avec de tels moyens, avec les sommes considérables qu'on leur alloua, que les ministres anglais parvinrent à former une troisième coalition, et qu'ils purent soutenir une guerre, dont l'Angleterre fit longtemps tous les frais. Les puissances continentales n'étaient pas encore en mesure de se déclarer ; toutes tremblaient devant le redoutable consul, devenu le chef de la nation la plus belliqueuse. Les plus disposés à secouer le joug se bornaient à de stériles vœux, et elles attendaient en silence qu'un meilleur temps arrivât.

Dans ces circonstances, le général Pichegru et Georges Cadoudal formèrent un complot pour perdre le premier consul. Moreau, qui faisait une opposition cachée au nouveau gouvernement, parut s'associer à eux ; mais le projet avorta bientôt. La police, mise sur la trace des conjurés, en arrêta un assez grand nombre, auquel on fit aussitôt le procès. Sur ces entrefaites, Bonaparte apprend que le duc d'Enghien, petit-fils du prince de Condé, est à Ettenheim, dans le duché de Bade ; il s'effraie de la présence, près de la frontière, d'un prince si distingué par sa valeur et par les brillantes espérances qu'il faisait concevoir ; il voulut s'en défaire à tout prix ; et, sans respect pour le droit des gens, il ordonne d'enlever le duc d'Enghien sur le territoire badois. Le prince est surpris pendant la nuit par des dragons que commandait le général Ordener (16 mars 1804), arrêté, conduit à Strasbourg, et de là à Vincennes ; il est aussitôt livré à une commission militaire, interrogé, jugé, condamné en quatre heures, et fusillé à la pointe du jour (21 mars). Ce fait odieux, sous toutes ses faces, que rien ne peut excuser, est une des taches sanglantes qui souillent l'histoire de Napoléon. Le descendant des Condé, en qui devait s'éteindre cette race si chère à la gloire de la France, reçut la mort en héros chrétien. Quand on lui ordonna de se mettre à genoux pour être fusillé, il répondit avec une noble fierté : « Un Bourbon ne se met à genoux que devant Dieu. » Le duc d'Enghien était âgé de trente-deux ans.

Le 21 mars, au milieu de la violente agitation dont le procès de Moreau et de Pichegru enflammait les esprits, on apprend tout-à-coup que le duc d'Enghien a été fusillé à Vincennes. Une morne stupeur s'étend sur la capitale; et ce qui rend cette émotion si sombre, si sinistre, c'est le caractère mystérieux imprimé à l'effroi général, comme dans les grandes calamités dont la cause est inconnue. Toute l'Europe déplora cet évènement. L'empereur de Russie prit le deuil avec toute sa cour. Il protesta contre l'invasion du pays de Bade et notifia sa protestation aux états de l'empire germanique. Il était puissamment secondé dans cette haute démarche par le roi de Suède, gendre de l'électeur de Bade, et par le cabinet de Londres qui sut profiter adroitement de l'indignation qu'inspirait aux puissances la mort du duc d'Enghien, pour faire revivre ses projets de coalition.

Pendant l'accomplissement de ce terrible drame, on n'en poursuivait pas moins le procès de Pichegru, Georges, Moreau et leurs complices. Ils furent traduits devant le tribunal criminel de Paris. Pendant l'instruction, Pichegru fut trouvé mort étranglé dans sa prison. Le gouvernement fit faire une enquête, qui constata que cette mort était le résultat d'un suicide; cependant l'opinion publique accuse le premier consul de l'avoir fait assassiner. On pouvait tout croire de la part du meurtrier du duc d'Enghien, et aujourd'hui même des personnes graves partagent encore cette opinion. Malgré tout ce qui a pu être dit à cet égard, nous pensons qu'on ne doit pas charger légèrement la mémoire de Napoléon d'un crime de plus. Le devoir de l'historien est au moins de ne rien affirmer quand il ne peut rien prouver. Georges et dix-neuf autres furent condamnés à mort; dix furent exécutés; Moreau, condamné à la prison, demanda à échanger sa peine contre un exil, et il partit pour les Etats-Unis. Ce dénouement de la conjuration n'eut pas lieu sous le consulat, mais sous l'empire; car, pendant la durée du procès, Bonaparte s'était fait proclamer empereur.

La monarchie élective proclamée en 1803 n'avait été qu'une transition à la monarchie héréditaire. La conspiration de Georges fut l'occasion de ce grand changement. On voulait, par-dessus tout, de la fixité. Le consulat, même à vie, ne parut pas un gage suffisant de stabilité. D'ailleurs, ces idées avaient été répandues, propagées avec soin depuis longtemps, par les confidents intimes des pensées de Bonaparte, et on n'avait rien négligé pour leur concilier de nombreux partisans dans toutes les classes de la société.

Les grands corps de l'état se chargèrent bientôt de donner une couleur légale à ce changement, et ils le firent avec une servilité qui témoignait combien les passions ambitieuses trouvaient leur compte dans le rétablissement d'une monarchie. Le sénat, à l'occasion de la conspiration de Georges, fit une adresse au consul pour l'inviter à donner aux Français des institutions qui pussent survivre à leur auteur, et « prolonger, pour les enfants, ce qu'il avait fait pour les pères. » Le signal étant donné, toutes les autorités départementales, les tribunaux, l'armée firent des adresses pour l'établissement du gouvernement héréditaire. Enfin, le 2 mai, le tribunat, sur la proposition de Curée, émit le vœu que le gouvernement de la république fût confié à un empereur héréditaire. Ce vœu fut répété par le corps législatif, et le 18 mai le sénat déclara Napoléon Bonaparte *empereur des Français*, par un sénatus-consulte qui fut en réalité une constitution nouvelle.

D'après cet acte, la dignité impériale était héréditaire de mâle en mâle, par ordre de primogéniture. A défaut d'héritiers directs, Joseph et Louis Bonaparte étaient appelés à succéder à Napoléon. On s'étonna que Lucien, qui avait contribué si puissamment au succès de la journée de Saint-Cloud, le 19 brumaire, qui depuis avait été ministre et ambassadeur, ne fît pas plus que son frère Jérôme partie de la ligne d'hérédité. Suivant le bruit public, Lucien, franchement républicain, avait refusé pour lui-même ce qu'il ne consentait pas à reconnaître pour son frère; cette opinion, qui fut longtemps accueillie en France et à l'étranger, est dénuée de fondement. Lucien, non-seulement ne s'opposa point à l'hérédité, mais il en fut un des plus chauds partisans, et ce fut un de ceux qui, par ses écrits et ses discours, contribuèrent le plus à y préparer les esprits; mais il avait épousé une actrice, et il refusa de rompre son mariage; tel fut le motif qui le fit exclure de la succession impériale. Jérôme aussi s'était marié aux Etats-Unis, sans le consentement de Napoléon, ce qui fut cause de sa disgrâce; mais il laissa casser son mariage, se réconcilia avec son frère, qui l'éleva plus tard au trône de Westphalie.

Le même sénatus-consulte, qui créait un empereur,

créait aussi six grands dignitaires de l'empire, inamovibles : le grand électeur, l'archichancelier de l'empire, l'archichancelier d'état, l'architrésorier, le connétable, le grand-amiral ; c'étaient de grands mots, vides de tout pouvoir et même de toutes fonctions, dont furent parés Joseph Bonaparte, Cambacérès, Eugène Beauharnais, Lebrun, Louis Bonaparte, Murat. Le même jour, furent créés dix-huit maréchaux que Bonaparte choisit parmi les généraux qui s'étaient illustrés en commandant en chef les armées françaises : c'étaient Berthier, Murat, Moncey, Jourdan, Masséna, Augereau, Bernadotte, Soult, Brune, Lannes, Mortier, Ney, Davoust, Bessières, Kellermann, Lefebvre, Pérignon et Serrurier.

Le peuple fut consulté pour la forme sur l'hérédité de la dignité impériale dans la descendance de Napoléon Bonaparte, et de ses frères Joseph et Louis. Trois millions cinq cent soixante-quatorze mille huit cent quatre-vingt dix-huit votes furent recueillis. Dans ce nombre, deux mille cinq cent soixante-neuf seulement furent négatifs ; tout le reste fut affirmatif, c'est-à-dire trois millions cinq cent soixante-douze mille trois cent vingt-neuf.

Le gouvernement consulaire avait duré quatre ans et cinq mois. Cette période serait sans contredit la plus belle de la vie de Bonaparte, si elle n'était entachée à la fin par le meurtre du duc d'Enghien.

CHAPITRE VII.

L'EMPIRE.

Le sacre. — L'empereur Napoléon est proclamé roi d'Italie. — Projets de descente en Angleterre. — Arrêté par la déclaration de guerre de l'Autriche. — Campagne de 1805. — Prise d'Ulm. — Bataille d'Austerlitz. — Traité de paix de Presbourg. — Conquête du royaume de Naples. — Joseph Bonaparte *nommé* roi de Naples; Louis Bonaparte roi de Hollande. — Grands fiefs de l'empire. — Confédération du Rhin. — Campagne de Prusse. — Bataille d'Iéna. — Blocus continental. — Campagne de Pologne. — Bataille d'Eylau. — Bataille de Friedland. — Entrevue et traité de Tilsitt.

L'AVÈNEMENT au trône impérial fut proclamé dans toute la France et annoncé à toutes les autorités, aux puissances étrangères, avec une grande solennité. Tous les souverains, à l'exception de ceux de Russie, de Suède et d'Angleterre, s'empressèrent de saluer la majesté si nouvelle et si étrange qui se présentait dans leur famille. Le roi d'Espagne donna l'exemple; le roi de Prusse le suivit; quant à la cour de Vienne, quoiqu'elle fût déjà liée au cabinet britannique, par des promesses, elle en fit autant dès que François II eut érigé lui-même ses Etats héréditaires en *empire d'Au-*

triche, « pour garder, disait-il, la parité avec la nouvelle maison de France, et se mettre au niveau des principaux monarques de l'Europe pour ce qui regarde les titres. » Louis XVIII, retiré alors à Varsovie, fit contre la nouvelle dignité de Bonaparte une protestation, qui ne fut accueillie, du moins ouvertement, par aucune cour. Cette protestation fut publiée dans le *Moniteur*, avec des réflexions pour en atténuer l'effet.

Napoléon, depuis son avènement au trône, continuait avec activité ses apprêts menaçants contre l'Angleterre ; sept camps furent formés sur les côtes de la Manche, et il y réunit les différentes armées de la république, pour y prendre cette unité d'esprit et de manœuvres qui leur fit faire tant de prodiges. Dix-huit cents bâtiments de la flottille étaient déjà construits, sur lesquels cent vingt mille hommes pouvaient être embarqués en trente heures ; tous les efforts des Anglais pour empêcher leur réunion, bombardement, brûlots, combats, avaient échoué. L'empereur voulut inaugurer sa dignité nouvelle au milieu de ses soldats. Il arriva à Boulogne le 31 juillet, et consacra les premiers jours à visiter les camps, les rades, les divisions de la flottille, et à faire répéter aux troupes les manœuvres d'embarquement et de débarquement. Le 15 août 1804, jour anniversaire de sa naissance, il fit la première distribution des croix de la légion d'honneur dans une cérémonie imposante, qui excita un vif enthousiasme.

En quittant Boulogne, Bonaparte alla visiter les nouveaux départements de la rive gauche du Rhin. Il s'arrêta quelques jours à Aix-la-Chapelle, cette antique cité de Charlemagne, dont il s'annonçait dès-lors comme le successeur, et que sous quelques rapports il avait pris pour modèle. Ce fut sans doute dans l'histoire de ce premier empereur de notre occident, qu'il puisa l'idée de faire consacrer son pouvoir par le souverain pontife, soit qu'il ne regardât pas l'élection populaire comme suffisante, soit qu'il voulût y ajouter toute la force d'une consécration religieuse. Mais, voulant toujours surpasser ses devanciers, il pensa que pour lui le saint Père devait plus faire encore que pour Charlemagne. Ce prince était allé à Rome recevoir la couronne des mains du pape Léon III; Napoléon voulut que Pie VII vînt lui-même le couronner à Paris.

Le premier mouvement du saint Père fut de s'excuser sur son âge avancé, sur la longueur du voyage et la rigueur de la saison [1]. Mais il était alors difficile, et même dangereux, de faire un refus à Napoléon; d'ailleurs, l'intérêt de la religion qui avait un si grand besoin de son appui, la crainte de nouvelles dissensions, d'un schisme, tous ces motifs décidèrent le souverain pontife. Il partit de Rome le 5 novembre, et rencontra à Fontainebleau, le 25 du même mois, le nouvel empereur qui venait au-devant de lui, et qui le ramena

---

[1] Voici la lettre que Napoléon écrivit au pape, en date du 15 septembre 1804. — « Très-saint Père, l'heureux effet qu'éprouvent la morale et le caractère de *mon* peuple, par le rétablissement de la religion chrétienne, me porte à prier votre sainteté de me donner une nouvelle preuve de l'intérêt qu'elle prend à ma destinée et à celle de cette grande nation, dans une des circonstances les plus importantes qu'offrent les annales du monde. Je la prie de venir donner, au plus éminent degré, le caractère de la religion à la cérémonie du sacre et du couronnement du premier empereur des Français. Cette cérémonie acquerra un nouveau lustre, lorsqu'elle sera faite par votre sainteté elle-même. Elle attirera sur nous et nos peuples les bénédictions de Dieu, dont les décrets règlent à sa volonté le sort des empires et des familles.... Sur ce, nous prions Dieu qu'il vous conserve, très-saint Père, longues années au régime et gouvernement de notre mère la sainte Église.

Votre dévot fils, NAPOLÉON.

aux Tuileries, où il lui avait fait préparer un magnifique appartement. Pendant les jours qui précédèrent le couronnement, le pape reçut les hommages de toutes les autorités de la capitale, et des hommes les plus distingués du pays. Tout Paris admirait ses vertus chrétiennes; on accueillait avec respect ses plus simples paroles. Chacun répétait avec empressement cette réponse noble et touchante, qui suffit pour donner une haute idée du caractère personnel de ce digne pontife. Il traversait une salle du palais, distribuant ses bénédictions aux personnes que la piété ou la curiosité avait appelées sur son passage; la foule était à genoux; un jeune homme seul, resté debout, affectait en se détournant de mépriser la bénédiction du pape; Pie VII l'aperçoit, s'avance et, étendant son bras vers lui, il lui dit avec bonté : « Recevez-la toujours, monsieur, la bénédiction d'un vieillard ne fait jamais de mal. »

La cérémonie du sacre eut lieu le 2 décembre, dans l'antique cathédrale de Paris, avec une pompe et une magnificence qui surpassèrent tout ce que rappelait l'histoire moderne. La nouvelle cour impériale y parut dans tout son éclat. Lorsqu'il eut prononcé le serment prescrit, la main posée sur les saintes Ecritures, il saisit la couronne sur l'autel, dès que le pontife l'eut bénie, et la posa sur son front. Il prit ensuite la couronne de l'impératrice, et la plaça sur le front de Joséphine.

Ce n'était pas assez, pour l'ancien lieutenant d'artillerie, d'être devenu le plus puissant empereur de l'occident, il voulut encore y joindre le titre de roi d'Italie, ce qui était bien plus que roi des Lombards, et ce qui dut donner à penser pour ses vues ultérieures sur la Péninsule. Depuis l'invasion de 1796, l'Italie septentrionale avait suivi toutes les phases, subi toutes les vicissitudes de la république mère, et son gouvernement, alors directorial, avait ensuite reconnu Bonaparte pour président, après le 18 brumaire. Dès que l'empire fut proclamé, une *consulte* extraordinaire changea la république en royaume, et appela au trône Napoléon, mais sous la condition que la couronne d'Italie ne pourrait être réunie à celle de France que sur sa tête, à l'exclusion de tous ses successeurs. L'empereur accepta; et, pour exciter l'esprit national des Italiens, effrayer l'Autriche, et inspirer à l'Angleterre une sécurité trompeuse sur ses projets maritimes, il alla se faire couronner à Milan (mai 1805). Ayant visité la plaine de Marengo, qui lui offrait de si précieux souvenirs, il y répéta, avec toutes les troupes qu'il put réunir, la scène d'intronisation donnée à Boulogne, six mois auparavant; puis il se rendit à Milan, pour prendre possession de sa nouvelle royauté.

La cérémonie de ce nouveau sacre eut lieu le 26 mai, par le ministère du cardinal Caprara, archevêque de Milan, et légat *à latere* du saint-siége en France. Comme à Paris, ce fut Napoléon qui plaça lui-même la couronne sur sa tête, en prononçant l'orgueilleuse devise des rois lombards : *Dieu me la donne, gare à qui la touche.* Les décorations de l'ordre de la couronne de fer, qu'il institua à cette occasion, furent empreintes des mêmes paroles, et l'empereur et roi en distribua un grand nombre. Il reçut le serment de son fils adoptif, Eugène Beauharnais, qu'il nomma vice-roi d'Italie, et le lendemain il partit pour Gênes, qui venait de demander, par une députation de son sénat, d'être réuni à l'empire français. L'empereur alla prendre solennellement possession de la république ligurienne. La cathédrale de Gênes le vit, dans toute la pompe d'un troisième couronnement, recevoir des serments et distribuer des décorations. La république ligurienne forma trois départements, et la vingt-huitième division militaire.

Napoléon, en paraissant occupé uniquement de l'Italie, avait détourné de l'Océan les regards de l'Europe, et laissé croire, même à la France, que ses apprêts d'invasion en Angleterre n'étaient qu'un épouvantail; mais pendant ce temps il ne pensait qu'à sa « grande affaire, » il avait avec le ministre de la marine Decrès, qui seul possédait son secret, une correspondance de tous les instants ; il combinait son plan de campagne, calculait toutes les chances, prévoyait tous les obstacles, se croyait assuré du succès.

Napoléon ne songeait pas à livrer une bataille navale avec deux mille *coquilles de noix* contre deux cents bâtiments de haut-bord, qui couvraient la Manche; c'était avec des vaisseaux qu'il voulait ouvrir le passage à sa flottille; mais il fallait éloigner les flottes anglaises de nos côtes, et réunir dans la Manche un nombre de vaisseaux français suffisants, pour être maître de cette mer pendant un jour ou deux seulement. « Que nous soyons maîtres du détroit pendant six heures, écrivait-il à Latouche-Tréville, marin aussi habile qu'audacieux, à qui il réservait le commandement de sa flotte, et nous serons les maîtres du monde. » Pendant que du Texel à Boulogne la flottille était disposée pour transporter la grande armée, trois flottes se rassemblaient à Toulon, à Rochefort, à Brest; enfin, trente vaisseaux espagnols étaient au Ferrol et à Cadix. Les trois flottes françaises eurent ordre de mettre à la voile, de courir sur les Antilles et d'y jeter des renforts; là, elles devaient recevoir des instructions pour se réunir et revenir en Europe, pendant que les Anglais alarmés pour leurs diverses possessions, par la sortie de ces trois flottes, lanceraient de toutes parts des escadres à leur poursuite, et laisseraient ainsi la Manche libre, ou du moins dégarnie d'une partie des forces qui y étaient concentrées. De retour en Europe, les escadres réunies devaient débloquer les flottes franco-espagnoles de Cadix, de la Corogne, du Ferrol, et s'avancer toutes ensemble dans la Manche, où les forces anglaises se seraient trouvées fort inférieures, et n'auraient pu résister. Ce plan déroutait toutes les combinaisons des Anglais; mais il fut malheureusement exécuté, Latouche-Tréville était mort. L'amiral Villeneuve le remplaça, et à son retour des Antilles il fut battu au cap Finistère, puis bloqué dans Cadix, d'où la flotte ne sortit que pour être détruite dans le désastreux combat de Trafalgar.

Pendant ce temps, la flottille achevait de se concentrer; l'aile gauche, formée en Hollande et commandée par l'amiral Verhuell, atteignit Boulogne, en livrant depuis Flessingue des combats continuels à la flotte anglaise.

Tous ces mouvements maritimes avaient lieu pendant que Napoléon était en Italie, où il prolongea son séjour tout le temps qu'il crut nécessaire pour endormir les soupçons du cabinet britannique; mais quand il pensa que le moment où la flotte de l'amiral Villeneuve devait se rapprocher des parages de la Manche était venu, il partit au milieu d'une revue pour retourner à Paris, où il arriva en trois jours, dans le plus grand incognito. Sans perdre de temps, il continua sa route vers Boulogne, où tout se disposait pour l'embarquement.

En arrivant à Boulogne, Napoléon apprit en même temps la défaite de l'amiral Villeneuve, et la formation d'une troisième coalition dans laquelle l'Angleterre avait réussi à faire entrer la Russie, la Suède et l'Autriche.

La perte des espérances qu'il nourrissait depuis si longtemps d'abattre la puissance anglaise, le péril qui menaçait l'empire, jetèrent Napoléon dans un trouble, dans une agitation extrême; mais bientôt il reprit le dessus, et encore tout ému de la perte de ses espérances, il improvisa en quelque sorte le plan des opérations militaires qui, après avoir conduit l'armée française à Vienne, se terminèrent par la victoire d'Austerlitz. Il faut laisser raconter ce fait extraordinaire par un témoin dont la véracité n'a jamais été soupçonnée.

« M. Daru, étant à Boulogne, remplissait les fonctions d'intendant général de l'armée. Un matin l'empereur le fait appeler dans son cabinet: Daru le trouve transporté de colère, parcourant à grands pas son appartement, et ne rompant un morne silence que par des exclamations brusques et courtes...... « Quelle marine ! quel amiral !... quels sacrifices perdus !..... mon espoir est déçu. Ce Villeneuve, au lieu d'être dans la Manche, il vient d'entrer au Ferrol ! C'en est fait, il y sera bloqué..... Daru, mettez-vous là, écoutez et écrivez. » L'empereur avait reçu de grand matin la nouvelle de l'arrivée de Villeneuve dans un port d'Espagne; il avait vu sur-le-champ l'expédition d'Angleterre avortée, les immenses dépenses de la flotte et de la flottille perdues pour longtemps, pour toujours peut-être ! Alors, dans l'emportement d'une fureur qui ne permet pas même aux autres hommes de conserver leur jugement, il avait pris l'une des résolutions les plus hardies, et tracé l'un des plans de campagne les plus admirables, qu'aucun conquérant ait pu concevoir à loisir et de sang-froid. Sans hésiter, sans s'arrêter, il dicta en entier le plan de la campagne d'Austerlitz, le départ de tous les corps de l'armée, depuis le Hanovre et la Hollande, jusqu'aux confins de l'ouest et du sud de la

France ; l'ordre des marches, leur durée, les lieux de convergence et de réunion des colonnes, les surprises et les attaques de vive force, les mouvements divers de l'ennemi, tout fut prévu, la victoire assurée dans toutes les hypothèses. Telles étaient la justesse et la vaste prévoyance de ce plan, que, sur une ligne de départ de deux cents lieues, des lignes d'opérations de trois cents lieues de longueur furent suivies d'après les indications primitives, jour par jour et lieu par lieu, jusqu'à Munich. Au-delà de cette capitale, les époques seules éprouvèrent quelques altérations, mais les lieux furent atteints, et l'ensemble du plan fut couronné d'un plein succès. »

Voici quel était le plan de campagne des puissances coalisées : l'Autriche devait porter ses armées en Italie, dans le Tyrol, sur l'Inn ; une première armée russe devait se joindre à l'armée de l'Inn, pour envahir la France ; une deuxième devait se joindre aux Anglais et débarquer à Naples ; une troisième devait se joindre aux Suédois et débarquer en Poméranie ; une quatrième se rassemblait en Pologne pour menacer et entraîner la Prusse. Toutes ces troupes se mirent en mouvement. Déjà cent mille hommes, commandés par le prince Charles, menaçaient l'Italie ; quarante mille occupaient le Tyrol, sous l'archiduc Jean ; et quatre-vingt-dix mille, sous les ordres de l'archiduc Ferdinand, dirigés par le maréchal Mack, passaient l'Inn et entraient en Bavière, tandis que Napoléon était encore devant Boulogne. L'électeur de Bavière, fidèle à la France, avait abandonné sa capitale, s'était refugié à Wurtzbourg, et avait appelé le secours de Napoléon.

L'empereur, qui de Boulogne surveillait tous les mouvements de ses ennemis, donna aussitôt l'ordre de lever les camps qui formaient la grande armée. En vingt-quatre heures tout fut en marche, et les sept corps d'armée se précipitèrent comme sept torrents sur l'Allemagne. Tandis qu'ils opéraient ce premier mouvement, Napoléon revint à Paris, envoya Masséna prendre le commandement de l'armée d'Italie, qui devait se borner à se tenir sur la défensive, fit décréter par le sénat une levée de quatre-vingt mille hommes, réorganisa la garde nationale, laissa le gouvernement à son frère Joseph et enfin rejoignit son armée, qui avait déjà passé le Rhin (24 septembre).

Le général Mack, après avoir passé l'Inn, avait continué sa marche en Bavière, s'était emparé d'Ulm, et s'était porté dans le défilé du Haut-Danube, où il s'était fortifié, en attendant tranquillement l'arrivée des Russes, qui étaient encore en Moravie. Il croyait encore l'armée française sur les côtes de la Manche, quand il apprit qu'elle avait passé le Rhin, et s'avançait à marche forcée sur le Danube. Le projet de Napoléon était d'envelopper Mack dans le défilé où il s'était si imprudemment engagé, et de l'isoler de l'armée russe qu'il attendait et de tout autre secours. Ce projet fut exécuté avec un ensemble parfait, et Mack ne comprit la triste position où il se trouvait réduit, que quand il lui fut impossible d'en sortir. En vain il tenta tous les moyens possibles de rompre le cercle de fer qui se formait et se resserrait sans cesse autour de lui; après plusieurs combats meurtriers, où il perdit cinq mille hommes et un grand nombre de pièces d'artillerie, le malheureux maréchal capitula, sous condition qu'il ne rendrait la place que sous huit jours (17 octobre). Bientôt on apprit que les divisions échappées d'Ulm, avec l'archiduc Ferdinand, après plusieurs combats d'arrière-garde, avaient capitulé à Trochtellingen (19 octobre). Sur vingt-cinq mille hommes, que ramenait Ferdinand, vingt-deux mille avaient été pris ou tués ; cent trente canons et tous les bagages avaient été enlevés par les Français ; l'archiduc s'était échappé avec trois mille hommes seulement. Napoléon fit connaître ce résultat à Mack, qui perdit tout-à-fait la tête, et se rendit sur-le-champ avec trente-trois mille hommes, dix-neuf généraux, trois mille chevaux, quarante drapeaux, quatre-vingt pièces de canon attelées, des caissons et des bagages en proportion (20 octobre). Le lendemain, cette armée défila et déposa ses armes devant l'empereur.

Ainsi, en quinze jours, comme le dit Napoléon à ses soldats dans la proclamation qu'il leur adressa à cette occasion, l'armée française avait fait une campagne, délivré la Bavière, et anéanti une armée de quatre-vingt-cinq mille hommes, et cela, chose inouie dans les fastes de la guerre, sans avoir pour ainsi dire combattu. Il n'y avait eu que des combats d'avant-garde et des engagements partiels, auxquels un cinquième de notre armée, tout au plus, avait pris part. Jamais la guerre ne s'était faite avec tant d'art et moins de sacrifices : aussi les soldats qui avaient exécuté cette grande manœuvre disaient : « L'empereur a battu l'ennemi avec nos jambes, et non avec nos baïonnettes. »

Dans le même temps, les corps d'Augereau et de Ney, appuyés par la division bavaraise du général Deroi, marchaient sur le Tyrol pour y détruire les divisions autrichiennes qui y étaient restées.

Napoléon entra à Munich en triomphateur. L'empereur ne s'arrêta que trois jours dans cette ville ; il venait d'apprendre que la Prusse était entrée dans la coalition, parce que l'armée française (les corps de Bernadotte et de Marmont), avait violé le territoire prussien. L'empereur Alexandre était accouru lui-même à Berlin, et avait juré avec le roi de Prusse une amitié éternelle sur le tombeau du grand Frédéric. En même temps, la cour de Vienne, pleine de terreur, hâtait la marche des Russes et appelait à son secours son armée d'Italie. Napoléon vit qu'il fallait frapper un grand coup pour faire rentrer les Prussiens dans leur neutralité, et il précipita la marche de tous ses corps sur l'Inn, malgré les rigueurs de l'hiver et la neige qui couvrait tous les chemins.

Le général russe Kutusof, avec quarante mille hommes, s'était avancé jusqu'à Braunau. Ils n'obtinrent pas contre les troupes françaises plus de succès que n'en avaient obtenus, les Autrichiens. En quinze jours encore, le passage de l'Inn fut forcé, les magasins immenses de Braunau et cette forte ville tombèrent au pouvoir des Français; la Traun fut franchie à Lambach; Ebersberg et Lintz furent occupées; Murat atteignit et vainquit Bagration à Amstetten; Inspruck fut pris; le Tyrol balayé; Kutusof, rejeté sur la rive gauche du Danube, fut battu à Diernstein; la grande armée descendant rapidement la vallée arriva dans Vienne, s'empara du pont qui lui ouvrait le chemin de la Moravie, et enfin l'empereur établit son quartier général dans le château impérial de Schœnbrun. Le prince Murat, les maréchaux Mortier et Lannes passèrent le Danube et s'avancèrent dans la Moravie. Le prince Bagration fut battu à Hollabrün, et Kutusof n'échappa à la honte de poser les armes qu'à la faveur d'une suspension d'armes, qu'il eut l'adresse d'obtenir de Murat, en lui persuadant que l'armée russe allait se retirer en Pologne.

Bientôt l'empereur Napoléon, apprenant que la seconde armée russe et les débris de celle de Kutusof et des armées autrichiennes avaient opéré leur jonction, passa lui-même le Danube et transporta son quartier général à Brünn, près du lieu où il prévoyait qu'une bataille décisive allait être livrée.

Ce fut en effet, non loin de là que, le 2 décembre, premier anniversaire du couronnement de Napoléon, fut livrée la mémorable bataille d'Austerlitz ou des trois empereurs, si brillante par la valeur et l'habileté des combattants, si importante par ses résultats. Comme le grand Frédéric à Friedberg, Napoléon avait reconnu d'avance la position où il voulait combattre, et il y avait attiré ses ennemis avec beaucoup de prévoyance et d'adresse. Pleins de confiance dans la supériorité de leur nombre, ils avaient près de cent mille hommes contre soixante-dix mille), et persuadés que Bonaparte s'était engagé témérairement, ils ne voulaient rien moins que couper sa retraite sur Vienne, et, dans ce but, leur première manœuvre fut de tourner la droite des Français. Pour cela, après s'être déployés sur une ligne immense et parallèle à celle de Napoléon, ils exécutèrent à leur gauche un changement de front qui les compromit d'autant plus qu'ils firent en même temps, à leur droite, un mouvement à peu près semblable, et qu'ainsi ils dégarnissaient beaucoup trop leur centre. Ce fut une grande faute, et leur ennemi en profita merveilleusement. Tous les corps des alliés se trouvèrent ainsi divisés, et ils combattirent séparement, avec une grande valeur sans doute, mais sans ensemble et d'une manière incohérente; partout ils furent culbutés les uns après les autres, et sans pouvoir se porter le moindre secours. A leur aile gauche, plusieurs bataillons, n'ayant de retraite que sur un étang à demi gelé, périrent dans la glace qui s'entr'ouvrit sous leurs pas.

Sous tous les rapports, cette bataille d'Austerlitz est celle qui fait le plus d'honneur à Napoléon. Il s'était beaucoup avancé, et se trouvait gravement compromis. S'il eût essuyé le moindre revers, l'armée prussienne tout entière se jetait sur ses flancs et sur ses derrières;

la troisième des Russes allait arriver, et celle des Autrichiens, accourue d'Italie, venait occuper la position de Vienne qui lui eût fermé toute retraite. Ce fut au milieu de ces dangers que, conservant toute sa présence d'esprit, il livra la bataille la mieux préparée, la plus habilement combinée de notre siècle. Dans une position admirablement choisie, où il a su attirer son ennemi, toutes ses dispositions, tous ses mouvements sont réguliers, méthodiques; il ne fait pas une faute; et celles de l'ennemi sont, à l'instant même, reconnues, châtiées; aucun des avantages qu'il est possible d'en tirer n'est omis. Vingt mille tués ou blessés, vingt mille prisonniers, deux cent soixante-dix canons, quatre cents caissons furent les trophées de cette journée.

Les suites de la défaite devaient être plus désastreuses que la défaite elle-même. Les vaincus, coupés de la route d'Olmutz se retiraient dans un affreux désordre par la route de Presbourg, poursuivis par la cavalerie de Murat, et par Davoust, qui, par une marche de flancs, allait les devancer à Goeding. L'empereur d'Autriche, épouvanté, voulut sauver les débris de sa monarchie; il demanda une entrevue à Napoléon, qui accéda à cette ouverture de paix (4 décembre). L'entrevue eut lieu dans le bivouac des Français, près de Scharwitz. Au moment où François II se présenta, Napoléon lui dit : « Je vous reçois dans le seul palais que j'habite depuis deux mois. — Vous tirez si bien partie de cette habitation, répondit François, qu'elle doit vous plaire. » Dans cette entrevue les deux empereurs convinrent d'un armistice et des principales conditions de la paix. François sollicita un armistice pour l'armée russe : « Elle est cernée, dit Napoléon, mais je la laisserai passer si votre majesté me promet que cette armée retournera en Russie. » Il ordonna aussitôt à Davoust, qui allait s'emparer du pont de Goeding, de suspendre son mouvement, laissa les Russes se diriger sur la Pologne par journées d'étapes, et renvoya même au tzar les prisonniers de sa garde.

Le lendemain de la bataille d'Austerlitz, le comte d'Haugwitz, envoyé du roi de Prusse, qui avait été chargé de signifier à Napoléon *l'ultimatum* de sa cour, mais qui devait toutefois attendre les circonstances pour le présenter, vint féliciter Napoléon de sa victoire et l'assurer de l'amitié de son maître. « Voilà un compliment, répondit l'empereur, dont la fortune a changé l'adresse. » Puis il témoigna son indignation contre la cour de Prusse, qui était entrée dans la coalition contre lui, mais qui attendait pour se déclarer qu'il éprouvât des revers. Cependant, comme il ne voulait pas avoir un ennemi de plus sur les bras, il finit par se radoucir; il déclara qu'il pardonnait à un entraînement passager, mais qu'il voulait des garanties pour l'avenir; enfin il proposa à Haugwitz un traité d'alliance, dans lequel la Prusse acceptait la possession du Hanovre, que Napoléon avait enlevé à la maison régnante d'Angleterre, et cédait à la France le territoire d'Anspach, une partie du duché de Clèves, la principauté de Neufchâtel en Suisse. Haugwitz, tout effrayé encore du désastre d'Austerlitz, signa un traité sur cette base, et se rendit en toute hâte à Berlin pour chercher une ratification qu'on n'oserait pas refuser.

Dix jours après (26 décembre), la paix fut signée à Presbourg entre l'Autriche et la France. François céda les états vénitiens, qui furent réunis au royaume d'Italie; l'Istrie et la Dalmatie, que Napoléon garda sous sa domination directe; le Tyrol et le Vorarlberg, qui furent donnés à la Bavière; les possessions de la Souabe, qui furent partagées entre les princes de Wurtemberg et de Bade. Les électeurs de Wurtemberg et de Bavière furent déclarés rois, et l'électeur de Bade grand-duc. En donnant des marques de sa satisfaction aux princes qui étaient restés ses alliés, l'empereur n'oublia pas les généraux qui avaient combattu sous ses ordres. Berthier reçut la principauté de Neufchâtel, et Murat le grand-duché de Berg; le prince Eugène épousa la fille du roi de Bavière et fut déclaré héritier présomptif de la couronne d'Italie, dans le cas où Napoléon mourrait sans postérité.

En Italie, les résultats de la bataille d'Austerlitz ne furent pas moins profitables à Napoléon. Au moment de se mettre en campagne, il avait ordonné aux troupes qui occupaient quelques points du royaume de Naples, sous les ordres de Gouvion Saint-Cyr, de revenir dans la Haute-Italie, pour couvrir les derrières de Masséna, menacé par l'armée du prince Charles. Gouvion, avant d'exécuter ses ordres, avait dû conclure avec la cour de Naples un traité par lequel cette cour promettait de se maintenir dans la plus stricte neutralité. Ce traité fut signé le 21 septembre 1805; mais quand les Français eurent évacué le royaume de Naples, le gouvernement napolitain appela les Anglo-Russes, mit à leur disposition vingt-cinq mille hommes et menaça le territoire romain. Dès le lendemain de la paix de Presbourg, Napoléon voulut venger d'une manière éclatante cette infraction au traité du 21 septembre. Gouvion Saint-Cyr eut ordre d'envahir le royaume de Naples, et le trente-septième bulletin de la grande-armée annonça hautement que « la dynastie de Naples avait cessé de régner. » Quarante-cinq mille Français entrèrent dans le royaume de Naples et s'emparèrent de la capitale sans résistance (8 février 1806). La cour s'était retirée en Sicile. Aussitôt, Napoléon déclara que « voulant assurer le sort des peuples de Naples et de Sicile, tombés en son pouvoir par droit de conquête, il reconnaissait pour roi de Naples son *bien-aimé frère Joseph;* » de plus, il instituait dans ces deux royaumes six *duchés grands fiefs de l'empire*, pour être à perpétuité à sa nomination et à celle de ses successeurs (30 mars).

Dans son discours d'ouverture du Corps législatif, Napoléon déclara solennellement que *l'Italie tout entière faisait partie du grand empire.* Déjà, en effet, cette belle contrée obéissait dans toute son étendue à la famille impériale. Eugène, fils adoptif de Napoléon, commandait à la Lombardie, augmentée des états de Venise. La sœur aînée de Napoléon, déjà princesse de Lucques, obtint encore à cette époque Massa-Carrara ; et la veuve de Leclerc, devenue princesse Borghèse, fut créée princesse de Guastalla.

Dans la même année, Napoléon créa son frère Louis roi de Hollande, et son beau-frère Murat souverain héréditaire de Berg et de Clèves ; il donna à Talleyrand et à Bernadotte les principautés de Bénévent et de Ponte-Corvo ; enfin, il se réserva, dans les anciens états vénitiens, les douze provinces de Dalmatie, d'Istrie, de Trévise, de Conegliano, de Bellune, de Feltre, de Frioul, de Bassano, de Vienne, de Cadore, de Rovigo, de Padoue, avec trente millions de domaines nationaux, et il les concéda plus tard à ses généraux ou ministres, comme *grands fiefs* immédiats de l'empire, pour être transmis à leur descendance mâle, par ordre de primogéniture.

Ces fiefs de l'empire concédés à des Français dans des pays étrangers, ces lieutenants de l'empereur mis sur des trônes vassaux, ce système d'états fédératifs, tout cela n'était accepté qu'avec une profonde répugnance par les peuples qui se voyaient donnés, partagés, distribués, comme butin, à des souverains étrangers et inconnus. Leur agrégation au grand empire ne leur apparaissait plus que comme la perte de leur existence nationale ; les réformes administratives, l'égalité civile, l'introduction de nos lois que comme des importations de mœurs étrangères. De là vint que Napoléon eut à combattre non-seulement les rois, mais les peuples, et il devait succomber dans cette lutte contre nature.

Ces changements ne furent pas mieux goûtés par la France, qui, en se donnant éperdument à un homme de génie, ne croyait rien devoir à sa famille. Elle regretta son sang versé pour ces princes improvisés, à qui leur frère concédait, comme son bien, les pays conquis par les armées françaises. C'était Austerlitz qui conduisait là Napoléon; Austerlitz qui, en consolidant son régime impérial, lui valut tant d'adulations, qu'il ne tint qu'à lui de se croire plus qu'un homme. Sa gloire, qu'il avait toujours confondue avec celle de la France, lui devint dès-lors personnelle ; sa marche fut plus franchement despotique. Ecoutons son langage au Corps législatif (séance du 2 mars) : « Mes ennemis ont été humiliés et confondus, dit-il; la Russie ne doit le retour des débris de son armée qu'au bienfait de la capitulation que je lui ai accordée. Maître de renverser le trône impérial d'Autriche, je l'ai raffermi; j'ai cru aux protestations de son souverain. D'ailleurs, les hautes destinées de ma couronne ne dépendent pas des cours étrangères.... Les tempêtes nous ont fait perdre quelques vaisseaux, après un combat imprudemment engagé.... » Ce fut par ces dernières paroles seulement qu'il indiqua la bataille de Trafalgar, le plus grand échec qu'ait éprouvé notre marine et celle d'Espagne. De trente-trois vaisseaux de haut-bord, qui composaient les escadres alliées, vingt étaient d'abord tombés aux mains des Anglais ; et, deux jours après, la plupart des autres avaient eu le même sort. Une grande partie fut engloutie par une horrible tempête ; les équipages seuls furent conduits prisonniers en Angleterre sur des vaisseaux britanniques. Napoléon avait reçu la nouvelle de ce désastre au milieu de ses triomphes de l'année précédente. C'était une dure compensation de tant de succès ; il se garda bien de la faire connaître et tint soigneusement cachée cette fâcheuse dépêche. Dans l'oppression où il avait mis la presse et tous les genres de publicité, on fut longtemps en France sans en rien savoir.

Tous les actes du gouvernement étaient empreints de despotisme et d'une tendance aux abus qu'on avait tant reprochés à l'ancien régime. C'est ainsi que les *substitutions et les majorats* firent revivre le droit d'aînesse, et détruisirent l'égalité établie par le Code civil (sénatus-consulte du 14 août 1806); la taxe somptuaire sur les chevaux de luxe, les équipages, les domestiques, fut abolie, et l'on augmenta l'impôt sur le sel, les droits sur le sucre et les octrois. L'autorité des préfets devint si tyrannique, que Napoléon, qui les appelait des empereurs au *petit pied*, fut obligé d'en réprimer les écarts ; les emprisonnements arbitraires se multiplièrent, et les accusés d'attentat à la sûreté de l'état furent détenus sans jugement public ; le secret des lettres fut violé. L'antique église de Saint-Denis, cette sépulture vénérée de nos rois, détruite par le vandalisme révolutionnaire, fut restaurée, embellie et consacrée aux sépultures de la *quatrième dynastie*. Le palais impérial eut un règlement d'étiquette en huit cent dix-neuf articles, que Louis XIV n'aurait pas désavoué. Néanmoins, tout cela passa presque inaperçu, parce que tout cela fut fait avec habileté, dissimulé par la gloire, mêlé à d'immenses améliorations. On peut même dire que cette époque fut celle où Napoléon fit le plus de progrès dans l'opinion publique, et que par les récompenses magnifiques qu'il accordait à tous les services, à tous les dévouements, il augmenta chaque jour le nombre de ses partisans et de ses admirateurs. Ce fut alors qu'il réorganisa la banque de France, qui avait subi une grande crise en 1805; qu'il créa le corps des ingénieurs des ponts et chaussées, des maisons d'éducation pour les filles des membres de la Légion d'honneur, des conseils de prud'hommes pour régler les différends entre les fabricants et les ouvriers; il construisit les routes du Mont-Cenis et de la Corniche; il améliora la navigation de dix-huit rivières; enfin, il embellit Paris, dont il voulait faire la capitale de l'Europe, « quelque chose de fabuleux, disait-il, de colossal, d'inconnu jusqu'à nos jours. »

Jusqu'à cette époque, la fortune avait si bien servi Napoléon, qu'il ne pouvait pas croire à un revers. Une circonstance imprévue sembla encore alors le favoriser plus spécialement : ce fut la mort du célèbre Pitt, son adversaire le plus redoutable, le plus acharné, qui avait déclaré en plein parlement qu'il faisait une *guerre viagère* à la France. Ce ministre, l'un des plus habiles qu'ait eus l'Angleterre, fut remplacé par son antagoniste, le célèbre Fox, qui, dès le commencement de la guerre, s'était montré favorable à la France; qui, à l'époque de la paix d'Amiens, avait fait un voyage à Paris pour y voir Napoléon, et qui en avait été parfaitement accueilli. Des négociations pacifiques furent aussitôt entamées avec la France (mars 1806), négociations pleines de confiance et de bonne foi, mais qui marchèrent avec lenteur, et furent enfin rompues par la mort de Fox (septembre).

Pendant cette espèce d'armistice, Napoléon avait travaillé à créer une barrière contre les puissances du Nord, par le renouvellement de la *ligue du Rhin*, conçue par Mazarin en 1658. Après des négociations longtemps tenues secrètes à ce sujet, un traité fut signé le 12 juillet 1806, par lequel les rois de Bavière et de Wurtemberg, l'électeur de Ratisbonne, les grands-ducs de Bade et de Berg, le landgrave de Hesse-Darmstadt et dix autres petits princes se séparèrent à perpétuité de l'empire germanique, se déclarèrent indépendants de toute puissance étrangère, et s'unirent entre eux par une confédération, sous la protection de l'empereur des Français. Une alliance était signée entre la confédération du Rhin et la France, en vertu de laquelle toute guerre continentale devenait commune aux deux parties; et dans ce cas la France apportait pour contingent deux cent mille hommes, et la confédération soixante-trois mille.

Les confédérés notifièrent à la diète de Ratisbonne leur séparation de l'empire (1 août). En même temps Napoléon déclara qu'il ne reconnaissait plus d'empire d'Allemagne, et qu'il traiterait dorénavant tous les princes allemands comme souverains absolus. La cour d'Autriche fut stupéfaite; mais, comme à cette époque les négociations pacifiques entre l'Angleterre, la Russie et la France subsistaient encore, elle se décida à se dépouiller sans résistance d'une vaine dignité (6 août). François II renonça à son titre d'empereur d'Allemagne et de roi des Romains; il déclara dissous les liens qui l'avaient attaché à l'empire germanique, délia les électeurs, princes et états de leurs devoirs envers lui; incorpora ses provinces allemandes à ses états autrichiens, et commença, sous le nom de François Ier, la série des empereurs d'Autriche. L'empire créé par Charlemagne, après mille six ans de durée, cessa d'exister [1].

La Prusse fut consternée de l'établissement de la confédération du Rhin; elle accusa les princes confédérés de trahison envers la patrie allemande; elle réveilla l'orgueil germanique contre la domination de la France; elle essaya vainement de former une sorte de contre-poids, en créant une ligue du Nord, dont elle aurait le protectorat. Mais ce qui acheva d'aigrir la Prusse, et de porter au plus haut point son exaspération contre la France, ce fut d'apprendre que, dans les négociations qui avaient eu lieu récemment entre la France et l'Angleterre, Napoléon avait offert de restituer à cette puissance le Hanovre qu'il avait donné à la Prusse quelque temps auparavant. Il y eut alors dans toute la Prusse une explosion contre l'allié perfide qui disposait insolemment du territoire des autres, et l'on ne vit que la guerre pour venger cet outrage. Les jeunes officiers brisèrent les vitres du ministre Haugwitz, qui avait signé le traité avec la France, et aiguisèrent leurs épées à la porte de l'ambassadeur de Napoléon. La reine, belle, ardente, romanesque, aimée de ses sujets, passait des revues, en uniforme de dragon; le roi, entraîné par les passions de sa famille et les clameurs des vieux généraux de la guerre de sept ans, se prépara à la guerre. Aussitôt que l'on apprit la mort de Fox et la rupture des négociations, dès que la Russie eut promis deux armées et l'Angleterre des subsides, on se précipita dans la guerre comme dans une fête, sans attendre personne.

La Saxe fut envahie comme la Bavière l'avait été précédemment par les Autrichiens, et l'électeur, qui protestait vainement de sa neutralité, fut contraint de livrer

---

[1] Lavallée, histoire des Français, t. IV.

son armée de vingt mille hommes. L'électeur de Hesse, l'un des plus ardents instigateurs de la guerre et allié intime de l'Angleterre, mit douze mille hommes sur pied; le prince de Fulde-Orange accourut dans les rangs prussiens; le duc de Brunswick, connu par sa campagne sur les bords du Rhin et en Champagne en 1792, eut le commandement de toute l'armée, où le roi vint prendre place. Cette armée, forte de deux cent mille hommes, était d'une magnifique apparence; mais elle avait encore les méthodes et la raideur du siècle dernier; elle était commandée par des généraux contemporains du grand Frédéric, qui ne se doutaient pas que l'art eût fait des progrès.

Ce qui est assez remarquable, c'est que le duc de Brunswick débuta par une sommation qui signifiait, du ton le plus impérieux, à *Buonaparte,* qu'il eût à se retirer derrière le Rhin et à évacuer l'Allemagne tout entière; mais, après s'être mis en campagne avec une apparence de vigueur et d'activité, il s'arrêta tout-à-coup, montra de l'hésitation au moment où il devait agir, et donna aux Français, dispersés dans la Bavière et la Franconie, à Napoléon lui-même et à sa garde qui étaient encore à Paris, le temps d'accourir et de se réunir en sa présence. Dès les premiers jours d'octobre, cent cinquante mille hommes se déployaient sur les deux rives de la Saale, remontant vers l'Elbe, au grand étonnement des lieutenants de Frédéric II, qui ne comprirent rien à la rapidité de ce mouvement, et qui ne pensèrent à se retirer derrière l'Elbe, que lorsque déjà leur armée était attaquée sur tous les points, qu'elle allait être tournée, et que l'avant-garde, aux ordres du prince Louis, était vaincue, et ce prince lui-même tué en se défendant glorieusement.

Ce premier échec imprima une grande terreur à cette

armée prussienne, qui, si longtemps, avait passé pour la plus brave, la mieux disciplinée de l'Europe. Voyant les Français tourner son aile gauche et se diriger sur l'Elbe, le vieux duc s'abusa encore sur leur intention, et fit tout-à-coup volte-face pour se porter vers l'Elbe et en défendre le passage avec l'élite de ses troupes et le roi lui-même. Ce fut en marchant dans cette direction qu'il rencontra le corps du maréchal Davoust, lequel, après un grand circuit, venait audacieusement, avec trente mille Français, attaquer sur ses derrières l'armée prussienne tout entière. Trouvant cette armée sur son chemin, Davoust ne se déconcerta pas, soutint bravement le choc de quatre-vingt mille hommes, et obtint sur eux une des victoires les plus brillantes qu'aient remportées les armées françaises (bataille d'Auerstaedt, 14 juin). Le même jour, Napoléon, resté sur le plateau d'Iéna en face de l'aile gauche de l'armée prussienne, commandée par le prince Hohenlohe, obtenait un succès plus éclatant, plus décisif encore, mais que le nombre et la position rendaient plus facile. On sait que, plus d'une fois, il a laissé percer quelque dépit d'avoir été surpassé, ce jour-là, par un de ses lieutenants, et que, dans son premier mouvement de jalousie, il donna à la bataille le nom d'Iéna, où il se trouvait, au lieu de celui d'Auerstaedt, où Davoust avait triomphé et où avaient eu lieu les plus grands efforts. C'est une faiblesse de grand homme à laquelle il était fort sujet, et dont ses généraux eurent souvent à se plaindre.

Cette double défaite, où rien n'avait été prévu, fut, pour l'armée prussienne, une des plus désastreuses dont l'histoire fasse mention; aucune disposition, aucun préparatif n'existaient dans les places, qui cependant étaient nombreuses et très-fortes, non plus que sur des fleuves qui, coulant dans une direction parallèle, offraient d'excellentes positions et des moyens de défense bien supérieurs à ceux des Etats autrichiens. On n'avait pas même assigné aux différents corps leurs points de retraite, et, dès le premier moment, on les vit errer à l'aventure, connaissant à peine leurs chefs. La cavalerie française ramassait les bataillons prussiens à la course. C'était un désastre fabuleux ; tous les corps furent l'un après l'autre obligés de capituler et mirent bas les armes ; Mollendorff à Erfurt, avec dix mille hommes ; Hohenlohe à Prentzlow avec dix-sept mille. Blücher fut le seul qui, à la tête d'une faible division, se défendit à Lübeck avec quelque vigueur. Dans le même temps, on vit se rendre sans défense les plus fortes places, les boulevards de la monarchie, Magdebourg, Stettin, etc. Quinze jours s'étaient à peine écoulés depuis les premières hostilités, et déjà le malheureux Frédéric-Guillaume était relégué à Kœnisberg dans sa vieille Prusse, avec les faibles débris de son armée (environ dix mille hommes), auxquels cependant vinrent se réunir une foule de fuyards. Déjà Napoléon avait pris possession de tous ses Etats jusqu'à l'Oder, et il avait fait une entrée solennelle dans la capitale. (27 octobre).

La conquête de la Prusse était terminée ; mais cent mille Russes arrivaient sur la Vistule, et la guerre allait prendre un autre aspect et se compliquer de nouveaux intérêts. L'Angleterre redoublait ses efforts, et cherchait sur les mers un dédommagement aux désastres que venait d'éprouver la coalition sur le continent. Maîtresse de l'Océan, elle visitait, elle confisquait les neutres, elle faisait la *presse* des matelots sur leurs navires ; elle leur interdisait tout commerce avec les colonies françaises ; enfin, elle déclara que tous les ports entre Brest et Hambourg étaient bloqués, et que les neutres ne pourraient plus porter leurs chargements que dans les ports anglais.

Dès que Napoléon fut arrivé à Berlin, il répondit à ces mesures par son fameux décret du 21 novembre, qui établissait son *système continental*. En voici les principaux *considérants*. « Considérant que l'Angleterre n'admet pas le droit des gens, suivi universellement par les peuples civilisés ; qu'il est naturel d'opposer à l'ennemi les armes dont il se sert, lorsqu'il méconnaît toutes les idées de justice, et tous les sentiments libéraux, nous avons résolu d'appliquer à l'Angleterre les usages qu'elle a consacrés dans sa législation maritime, et d'en faire un principe fondamental de l'empire jusqu'à ce que l'Angleterre ait reconnu que le droit des gens sur la mer est un, et le même sur terre et sur mer ; qu'il ne peut s'étendre ni aux propriétés privées ni à la personne des individus étrangers à la profession des armes, et que le droit de blocus doit être restreint aux places fortes réellement investies par des forces suffisantes..... Après ce préambule, viennent les articles du décret qui déclare les îles Britanniques en état de blocus, et applique la saisie à toute marchandise anglaise, à tout Anglais trouvé sur le territoire de la France, sur celui des pays qu'elle a conquis, et de ceux qui reconnaissent la domination de ses alliés.

Cependant les Russes, qui n'avaient pu penser que la Prusse serait conquise en six semaines, arrivaient au secours des Prussiens, après leurs désastres. Ils envahirent la Pologne prussienne dans le mois de novembre, et le général Benigsen entra dans Varsovie.

Napoléon, jugeant qu'une nouvelle campagne était inévitable, quitta Berlin le 25 novembre, et porta le quartier général de la grande armée à Posen, où les divers corps se réunissaient. Murat, Davoust, Lannes et Augereau, chassèrent les Russes de Varsovie. Les Français furent accueillis dans cette grande ville comme des libérateurs, comme des frères. Les plus riches polonais sortaient de leurs châteaux pour venir à grands cris demander le rétablissement de leur nation, si indignement partagée sur la fin du dernier siècle.

Napoléon vit la question polonaise tellement chargée de périls et pleine d'incertitudes, que, pour la première fois de sa vie, et lorsqu'il était dans toute la force de son génie et à l'apogée de sa puissance, il hésita. Il se contenta de donner des armes à la Pologne prussienne; il ne fit peser sur elle ni réquisitions ni contributions; il lui donna un gouvernement provisoire; mais il évita de prendre des engagements avec les Polonais russes et autrichiens; enfin il fit écrire dans son bulletin : « Le trône de Pologne se rétablira-t-il, et cette nation reprendra-t-elle son existence et son indépendance ? Dieu seul, qui tient dans ses mains les combinaisons de tous les évènements, est l'arbitre de ce grand problème politique. »

Pendant que les corps d'armée française passaient successivement la Vistule, et qu'on mettait Varsovie dans un formidable état de défense, Napoléon signait à Posen la paix avec l'électeur de Saxe, qu'il créait roi, et avec le duc de Saxe-Weimar; tous les princes de Saxe étaient admis dans la confédération du Rhin, et la grande armée se recrutait des contingents de troupes de tous ces princes; des renforts arrivaient aussi de France et portaient l'armée à cent quatre-vingt mille hommes, mais près de la moitié était en arrière. Mortier gardait les côtes depuis le Wéser jusqu'à l'Oder, et devait agir dans la Poméranie contre les Suédois; un nouveau corps commandé par le maréchal Lefebvre, et composé de trente mille Allemands, Italiens et Polonais, était destiné à assiéger Dantzig, Colberg et Graudentz; Jérôme, qui s'était réconcilié avec son frère, en rompant son mariage, assiégeait les places de la Silésie; Napoléon, qui lui destinait un trône, avait voulu qu'il se montrât digne d'y être appelé; les troupes de la confédération gardaient la Prusse.

L'empereur étant arrivé à Varsovie voulut, malgré la saison, en finir sur-le-champ avec les Russes, par un coup d'éclat. Toute l'armée fut mise en mouvement; mais la marche des troupes, dans des terrains marécageux où on enfonçait jusqu'à mi-corps, fut retardée, et au lieu d'une bataille on n'eut qu'une série de combats isolés, où les Russes firent une résistance acharnée, surtout à Pultusk (26 décembre 1806). Enfin, ils se retirèrent sur Ostrolenka, ayant perdu dix mille hommes et quatre-vingts canons. Il était impossible de les poursuivre; les routes étaient des fondrières; l'armée, épuisée par des marches continuelles, murmurait de ce pays pauvre, de cette terre de boue, de ce ciel éternellement pluvieux. Napoléon se décida à mettre son armée en quartier d'hiver.

Les Russes, accoutumés au climat de la Pologne, ne laissèrent pas les Français tranquilles dans leur quartier d'hiver, et Benigsen, qui avait reçu des renforts, reprit l'offensive dès le mois de janvier (1807). Il avait le projet de pénétrer entre Bernadotte et Ney, de passer la Vistule, de dégager Dantzig, et en portant la guerre dans le Brandebourg, de forcer les Français à abandonner la Pologne. Mais Bernadotte, prévenu à temps, se concentra à Mohrungen, y battit les Russes, et se retira sur Osterode (24 janvier). Napoléon fut vivement contrarié de ce mouvement offensif au milieu de l'hiver; il leva en toute hâte son quartier, donna ordre à Bernadotte de reculer jusqu'à Thorn, en entraînant l'ennemi à sa poursuite, et il l'avertit qu'il allait se porter sur les derrières des Russes. Mais Benigsen fut instruit du projet de l'empereur, par la dépêche même qu'il écrivait à Bernadotte; l'officier qui en était porteur étant tombé au pouvoir des Russes. Benigsen se hâta de revenir sur ses pas, dans la crainte de voir ses communications coupées; il fut vivement poursuivi pendant plusieurs jours, et ne s'arrêta qu'à Eylau, résolu à livrer bataille pour sauver Kœnigsberg.

Le 7 février, en effet, les Russes commencèrent cette sanglante bataille, où le carnage fut affreux et égal de part et d'autre, et où les Français s'attribuèrent la victoire, parce que les Russes leur laissèrent le champ de bataille; mais Benigsen avait rempli le but qu'il s'était proposé en livrant le combat; il avait arrêté la marche de nos troupes, et il se retirait en bon ordre sur Kœnigsberg.

L'armée française fut attristée de cette bataille si meurtrière, de ce climat rigoureux, de cette campagne si peu décisive; elle n'avait pas bon marché des Russes comme des Autrichiens et des Prussiens; elle reconnaissait la justesse de ce mot de Frédéric II, qu'il était plus facile de les tuer que de les vaincre. Après huit jours de repos près du champ de bataille, l'armée reprit ses quartiers d'hiver. Napoléon profita de ce repos pour rétablir son armée, amasser des approvisionnements, refaire son artillerie, inférieure à celle des Russes, enfin s'assurer de Dantzig. En même temps, et quoique à cinq cents lieues de la capitale, il administrait son empire, s'occupait de finances, de travaux publics et de littérature. Il donnait du secours aux fabricants qui souffraient de la stagnation du commerce : « Je m'afflige, leur écrivait-il, de ma manière de vivre, qui, m'entraînant dans les camps, dans les expéditions lointaines, détourne mes regards de ce premier objet de mes soins, de ce premier besoin de mon cœur, une bonne et solide organisation de ce qui tient aux banques, aux manufactures, au commerce. » Enfin il renforçait son armée; il appelait d'avance la conscription de 1808, qui forma réserve dans l'intérieur; enfin il préparait, avec une activité qui harassait tous les administrateurs, des masses énormes de vivres et de munitions.

Les hostilités n'avaient pas cessé sur tous les points : En Silésie, Vandamme prenait Breslaw, Brieg, Schweidnitz, etc, c'est-à-dire en huit mois six places. En Poméranie, Mortier resserrait Stralsund, battait les Suédois à Anklam (8 avril), et forçait Gustave à un armistice, que Napoléon s'empressa d'approuver; enfin, Dantzig, dont Mortier était venu compléter l'investissement, se rendit le 24 mai au maréchal Lefebvre. Huit cents pièces de canon, cinq cent mille quintaux de grains, furent les fruits de cette conquête, qui avec Thorn et Praga, assurait la ligne de la Vistule. Napoléon récompensa le maréchal Lefebvre par le titre de duc de Dantzig.

Le 4 juin, les hostilités recommencèrent. Plusieurs affaires, telles que celles de Spandau, de Lomitten, d'Altkirchen, de Wolfesdorff, de Deppen, le combat de Gudstadt, la journée meurtrière d'Heilsberg, dans lesquelles l'armée des alliés perdit une trentaine de mille hommes et de fortes positions retranchées, furent les glorieux préludes de la bataille de Friedland, livrée le 14 juin, anniversaire de la bataille de Marengo. Après des escarmouches qui avaient duré presque toute la journée, la grande action ne commença qu'à cinq heures du soir. Le maréchal Ney commandait la droite ; le maréchal Lannes le centre ; le maréchal Mortier la gauche. Les généraux Grouchy, Latour-Maubourg, Lahoussaye, commandaient la cavalerie de ces trois corps, et contribuèrent activement au gain de la bataille. Dans cette journée, Napoléon déploya toute la puissance de son génie militaire; tranquille au milieu de vingt mille hommes de sa garde, qu'il condamne, ainsi que deux divisions de la réserve, à être témoins immobiles de son succès, il fit détruire la valeureuse garde, la grande armée de l'empereur Alexandre et les derniers débris de l'armée du roi de Prusse, par les bataillons de la ligne, soutenus de la cavalerie française et saxonne, sous les yeux d'Alexandre et de Frédéric-Guillaume, dont l'un comptait se venger d'Austerlitz et l'autre d'Iéna. Les Russes perdirent dans cette journée plus de trente mille hommes tués, blessés ou prisonniers, presque tous leurs canons et leurs bagages, et la déroute leur coûta encore dix mille hommes. Les Français avaient eu deux mille hommes tués et quatre mille blessés.

A la nouvelle de cette victoire, Kœnigsberg, le dernier asile de la monarchie prussienne, fut abandonné; Soult y entra le 16, y trouva des richesses extraordinaires, plusieurs centaines de milliers de quintaux de blé, trois cents bâtiments chargés, venant de Russie, plus de vingt mille blessés russes et prussiens; tout ce que l'Angleterre avait envoyé de subsides à la Russie, en argent et en munitions de guerre, et entre autres cent soixante mille fusils, non encore débarqués. Murat se jeta à la poursuite des Prussiens et atteignit Tilsitt en même temps que Napoléon y arrivait par la route de Weihlau.

Le Niémen était maintenant la seule barrière qui séparât les Français de la Pologne russe. Alexandre se décida alors à demander la paix, « afin, dit l'historien

Butturlin, de gagner le temps nécessaire pour se préparer à soutenir convenablement la lutte qu'on savait bien devoir se renouveler un jour. »

Le 25 juin, une première entrevue entre les deux empereurs eut lieu sur le Niémen. Le lendemain, la ville de Tilsitt ayant été déclarée neutre, l'empereur Alexandre vint s'y loger. Le roi et la reine de Prusse s'y rendirent également. Pendant vingt jours les deux empereurs se traitèrent avec toutes les marques de la plus vive amitié, et conclurent le fameux traité de Tilsitt, si important dans l'histoire, et si remarquable par ses conséquences. Par ce traité, que les deux empereurs signèrent le 7 juillet, Alexandre reconnut Napoléon dans toute sa puissance et dans tous ses titres, même dans celui de protecteur de la confédération du Rhin, et il reconnut aussi ses frères comme rois de Naples, de Hollande et de Westphalie. Ce dernier royaume fut formé des dépouilles de la monarchie prussienne, c'est-à-dire de ses provinces entre le Rhin et l'Elbe ; on y joignit la Hesse, le Brunswick et une partie du Hanovre ; Jérôme Bonaparte fut créé roi de ce royaume improvisé. Les provinces de la Pologne prussienne furent érigées en grand-duché de Varsovie, et données au roi de Saxe ; Dantzig fut déclaré ville libre. Les duchés d'Oldenbourg et de Mecklembourg furent restitués à leurs possesseurs, avec la condition que les ports auraient garnison française jusqu'à la paix générale. Les états prussiens ne devaient être évacués par les troupes françaises qu'après l'entier acquittement des contributions du pays. Le roi de Prusse reconnut le système continental. Alexandre promit sa médiation entre la France et l'Angleterre, et il s'engagea, si cette médiation était refusée par cette dernière puissance, de faire cause commune contre elle avec la France, d'entraîner les cours de Lisbonne, de Stockolm et de Copenhague; enfin, le roi de Prusse, fut encore obligé de céder à l'empereur de Russie le district de Bialistoch, pour le dédommager des frais de la guerre.

Voilà quelles furent les stipulations ostensibles de Tilsitt. Mais, pour les observateurs éclairés, il resta démontré que des conditions secrètes et bien autrement importantes avaient été arrêtées entre les deux souverains. Quelques auteurs ont donné le texte de ces conventions secrètes; nous le reproduisons ici, sans toutefois en garantir l'authenticité [1]. Du reste, ce qui paraît prouvé, c'est que dans les conférences de Tilsitt les deux empereurs convinrent réellement de se partager le monde. Les alliés et les rivaux, les amis et les ennemis, tous dûrent être sacrifiés; il ne dut plus y avoir que deux puissances, celle de l'Orient et celle de l'Occident. Mais il ne faut pas croire que, même dans ces engagements secrets, la bonne foi des deux souverains ait été bien sincère. Dans la pensée de Napoléon, toutes les promesses, tous les engagements de

---

[1] « 1 La Russie prendra possession de la Turquie européenne et étendra ses conquêtes en Asie autant qu'elle le jugera convenable. — 2 La dynastie des Bourbons en Espagne et la maison de Bragance en Portugal cesseront de régner. Un prince de la maison de Bonaparte succèdera à chacune de ces couronnes. — 3 L'autorité temporelle du pape cessera; Rome et ses dépendances seront réunies au royaume d'Italie. — 4 La Russie s'engage à aider la France de sa marine pour la conquête de Gibraltar. — 5 Les Français prendront possession des villes situées en Afrique, telles que Tunis, Alger, etc, et, à la paix générale, toutes les conquêtes que les Français pourront avoir faites en Afrique seront données en indemnités aux rois de Sardaigne et de Sicile. — 6 L'île de Malte sera possédée par les Français, et il ne sera fait aucune paix avec l'Angleterre tant qu'elle n'aura pas cédé cette île. — 7 Les Français occuperont l'Egypte. — 8 La navigation de la Méditerranée ne sera permise qu'aux navires et vaisseaux français, russes, espagnols et italiens, etc, etc.

Tilsitt n'étaient que temporaires. Il ne voulait pas laisser la Russie si puissante; il ne voulait pas surtout lui sacrifier la Turquie, et les secrets de sa politique à cette époque s'expliquent très-bien par ce peu de mots qu'un officier de son état-major (le général Jomini), écrivit alors du théâtre des évènements. « Nous venons de faire avaler un verre d'opium à l'empereur Alexandre, et pendant qu'il dormira, nous allons nous occuper ailleurs. » Et qu'on ne croie pas que de son côté l'empereur Alexandre fût plus sincère. Il s'était tiré le moins mal qu'il avait pu d'une position fâcheuse, et il se promettait bien aussi de gagner du temps, d'endormir son rival et d'attendre des circonstances plus favorables.

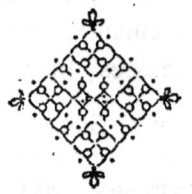

CHAPITRE VIII.

Suppression du Tribunat. — Création d'une nouvelle noblesse. — Invasion des États du pape. — Affaires d'Espagne.— Entrevue de Bayonne. — Joseph appelé au trône d'Espagne et Murat à celui de Naples. — Révolte de l'Espagne. — Entrevue d'Erfurth. — Campagne de Napoléon en Espagne. — Campagne de 1809 en Autriche. — Bataille d'Essling et de Wagram. — Traité de Vienne.

Le traité de Tilsitt porta la puissance de Napoléon à son apogée. Il se hâta de revenir jouir de si grands succès au sein de sa capitale, où depuis près d'un an il n'avait point paru. Toutes les formes de l'adulation furent épuisées pour accueillir le vainqueur d'Iéna et de Friedland, le pacificateur de l'Europe. Ce fut alors que le nom de *grand* lui fut décerné, par les mêmes hommes qui, pour la plupart, devaient, quelques années après, le charger d'outrages et d'imprécations.

Peu de temps après son retour, Napoléon supprima le tribunat (19 août), « comme n'offrant plus, dans l'édifice public, qu'une pièce inutile, déplacée et discordante, » et il fut remplacé, pour la discussion des lois, par trois commissions du corps législatif. C'était le dernier vestige des institutions populaires, né de la révolution, et il voulait l'effacer au moment où il allait créer une nouvelle noblesse, et rétablir les titres féodaux. En effet, par un décret du 1ᵉʳ mars 1808, il organisa cette nouvelle noblesse de la manière suivante. Les grands dignitaires de l'empire eurent le titre de *princes*; les ministres, sénateurs, conseillers d'état, présidents du corps législatif, archevêques, eurent celui de *comtes*; les présidents des colléges électoraux, les présidents des cours de cassation, des comptes, d'appel, les évêques, les maires des trente-sept *bonnes villes*, eurent celui de *barons*; les membres de la légion d'honneur eurent celui de *chevaliers*. Ces titres étaient transmissibles à la descendance, de mâle en mâle et par ordre de primogéniture de ceux qui en étaient revêtus, à la condition d'instituer des majorats, dont le chiffre fut déterminé. L'empereur se réserva d'accorder les titres qu'il jugerait convenables aux officiers civils et militaires qui auraient rendu des services à l'état. Alors il commença sa distribution de dignités, d'armoiries, de dotations prises sur les pays conquis; non-seulement ses maréchaux furent décorés des noms glorieux de leurs victoires, mais un grand nombre d'anciens jacobins furent affublés des titres féodaux qu'ils avaient tant foulés aux pieds; on ne reconnut plus Fouché, devenu duc d'Otrante; Cambacérès, duc de Parme; Monge, comte de Péluse, etc. Mais il faut le dire, tout le monde voulait avoir part aux richesses, aux honneurs que le souverain prodiguait à ceux qui se montraient disposés à le servir.

Du reste, toutes ces questions sur l'établissement de la noblesse occupaient moins les pensées de Napoléon que les conséquences du traité de Tilsitt et de son système continental. Une des plus immédiates de ces conséquences dans le nord fut l'invasion de la Finlande par la Russie, au moment où Gustave IV venait de se sacrifier pour ses alliés, au moment où ce prince perdait la Poméranie et Stralsund, dont s'emparait le maréchal Brune au nom de Napoléon, sans que les Anglais vinssent à son secours. Ceux-ci employaient, pendant ce temps-là, à une expédition qu'ils jugeaient plus utile à leur politique, les troupes qu'ils lui avaient d'abord envoyées et qu'ils s'étaient hâtées de rappeler; ils les chargeaient de bombarder Copenhague et de s'emparer de toute la marine, de toutes les richesses du Danemarck, sous prétexte que la flotte danoise devait être mise à la disposition de Napoléon, suivant les conventions secrètes de Tilsitt.

Il ne se trouvait plus alors, dans la péninsule italienne, que le pontife romain qui fût encore debout, ou qui jouît de quelque apparence de pouvoir. Pie VII n'avait, il est vrai, ni armée, ni trésor; mais il était impassible, résigné, capable de souffrir toutes les tribulations, d'affronter tous les périls pour la défense de l'Eglise et le triomphe de la religion. A la honte des princes et des rois, qui tremblaient devant l'empereur des Français, l'histoire dira qu'un vieillard désarmé résista avec plus de fermeté, de courage, que ceux qui avaient à leurs ordres des armées nombreuses, et qu'il fut pour Napoléon le plus embarrassant des obstacles.

Depuis longtemps l'accord entre le pape et l'empereur n'existait plus. Napoléon avait, sans l'assentiment du souverain pontife, changé en Italie des circonscriptions diocésaines, supprimé des couvents, introduit le concordat. Pendant la campagne de 1805, l'empereur demanda au pape qu'il fermât ses ports aux Russes et aux Anglais, et il fit occuper Ancône. Pie VII se plaignit vivement de cet attentat à son indépendance; Napoléon lui répondit (13 février 1806) : « Je me suis considéré comme le protecteur du Saint-Siége, et j'ai occupé

Ancône à ce titre.... Votre sainteté est souveraine de Rome, mais j'en suis l'empereur.... » — Le souverain pontife, répondit le pape, n'a jamais reconnu et ne reconnaît point de puissance supérieure à la sienne, aucun empereur n'a le moindre droit sur Rome; l'empereur de Rome n'existe point. » — Et il persista dans sa neutralité, en disant que le vicaire de Jésus-Christ devait conserver la paix avec tous, sans distinction de catholiques et d'hérétiques. » — Napoléon irrité intima cet *ultimatum* au souverain pontife : Une alliance offensive et défensive sera conclue entre le pape et les rois d'Italie et de Naples contre les Anglais et les Turcs ; le pape adhèrera complétement au blocus continental; les forteresses romaines seront occupées par les troupes françaises, dès qu'une armée anglaise aura menacé de débarquer en Italie ; le pape reconnaîtra Joseph comme roi de Naples; le tiers des cardinaux sera français ; le concordat sera admis dans les provinces italiennes. » Pie VII ne voulut s'engager qu'à fermer ses ports aux Anglais ; il demanda à négocier sur le reste. Napoléon aurait dû se contenter de cette concession; il y avait sagesse à ne pas s'engager dans des difficultés spirituelles, et la reconnaissance exigeait au moins des ménagements pour le pontife qui l'avait sacré ; mais, emporté par les rêves de son ambition, il fit occuper Rome par une petite armée (2 février 1808), et déclara les trois provinces d'Urbin, d'Ancône et de Camérino, réunies au royaume d'Italie. On incorpora les troupes pontificales dans l'armée française ; on désorganisa le gouvernement romain en enlevant les cardinaux et en les transportant dans leurs diocèses; on enchaîna l'autorité du pape, qui se considéra dès-lors comme prisonnier. Tout cela était petit, maladroit, odieux. L'opinion publique se prononça pour le pape, parce que c'était le faible qui résistait au fort, et que le vainqueur des rois avait trouvé un ennemi qu'il ne pouvait ni entamer ni abattre. Pie VII montra dans toute cette lutte une résignation chrétienne et une énergie d'autant plus inébranlable qu'il la puisait dans sa conscience, pendant que Napoléon montra tour-à-tour de la violence et de la modération, des accès de colère et des hésitations qui n'allaient pas à son caractère, et dévoilaient tout son embarras. Ce fut le commencement de sa décadence morale ; elle allait continuer par l'accomplissement de ses projets sur l'Espagne [1].

Le roi d'Espagne était alors Charles IV, prince faible, sans caractère, sans énergie ; il avait abandonné tout le gouvernement à Manuel Godoï, aventurier qui était devenu, par la faveur de la reine, premier ministre, généralissime, grand-amiral, prince de la paix. Nous avons vu que l'Espagne avait été l'une des premières puissances qui eût reconnu l'élévation de Napoléon au trône impérial, et depuis cette époque elle s'était montrée sa plus fidèle alliée. Cependant, en 1806, Godoï sollicité par les intrigues de l'Angleterre, alarmé de la déchéance des Bourbons de Naples, inquiet de la ruine des finances et des flottes espagnoles, se lia secrètement à la coalition, et, à l'époque de la guerre de Prusse il publia une proclamation où il appelait les Espagnols à se lever en masse contre un ennemi qu'il ne nommait pas. A la nouvelle de la bataille d'Iéna, il trembla, s'humilia et n'obtint son pardon de l'empereur, qu'à la condition d'envoyer dans la grande armée un contingent de quatorze mille hommes, qui fit partie du corps de Bernadotte.

Après la paix de Tilsitt, Napoléon résolut d'accom-

---

[1] Lavallée, histoire des Français, t. IV.

plir ses projets sur la Péninsule-ibérique. D'après les conventions de ce traité, il somma le Portugal d'alhérer entièrement au système continental. Le prince régent de Portugal feignit, pour gagner du temps, et par le conseil même du ministère britannique, de fermer ses ports aux Anglais; puis il resserra son alliance avec l'Angleterre, et s'apprêta à s'enfuir au Brésil. Alors Napoléon déclara que la *maison de Bragance avait cessé de régner*, et il s'apprêta à la détrôner. Il engagea la cour d'Espagne dans cette entreprise inique, et lui fit conclure un traité par lequel vingt-cinq mille Français devaient faire la conquête du Portugal, assistés de vingt-quatre mille Espagnols qui entreraient par le nord et le midi, et soutenus au besoin par quarante mille hommes qui s'assemblaient sur les Pyrénées. Le Portugal serait partagé en trois portions ; le nord devait être donné au jeune roi d'Etrurie, qui céderait la Toscane à la France; le midi serait érigé en souveraineté pour Godoï; le centre resterait sous le séquestre (27 octobre 1807).

Junot, chargé de l'expédition du Portugal, traversa rapidement l'Espagne, et arriva devant Lisbonne, avant que la cour de Portugal eût connaissance de sa marche. Toute la famille royale s'enfuit au Brésil. Junot entra sans résistance dans Lisbonne, s'empara du gouvernement, licencia les troupes portugaises, et occupa tout le centre du royaume, pendant que les divisions espagnoles se portaient sur le Douro et dans les Algarves.

Une autre armée française, forte de vingt-huit mille hommes, sous les ordres de Dupont, entra en Espagne, comme pour soutenir Junot; une troisième, à peu près de même force, et commandée par Moncey, suivit la deuxième et s'établit dans les provinces basques ; d'autres troupes se rassemblaient encore sur la frontière des

Pyrénées. Cette arrivée d'un si grand nombre de Français jeta l'alarme en Espagne ; mais Godoï n'osa demander des explications, et recommanda aux gouverneurs des villes et des provinces d'éviter toute collision « avec les alliés. » Les troupes françaises, profitant de tant de faiblesse et d'aveuglement, s'emparèrent, moitié par audace, moitié par ruse, de Barcelone, de Figuières, de Pampelune, de Saint-Sébastien, et s'avancèrent lentement dans la Péninsule : Murat fut nommé général en chef des armées françaises en Espagne.

Quand Napoléon se vit maître de tout le pays qui s'étend de la Bidassoa au Tage, il déclara à la cour de Madrid (1er mars 1808), « que l'état actuel de l'Europe exigeait la réunion à l'empire français des provinces situées entre les Pyrénées et l'Ebre, et qu'il offrait en compensation le Portugal. » C'était détruire tout le traité du 27 octobre, dont la principale clause avait été exécutée ; en effet, la reine d'Etrurie avait été dépossédée de son royaume qui allait être réuni à l'empire français ; enfin c'était se jouer de tout ce qu'il y a de sacré entre les peuples. La cour de Madrid fut stupéfaite ; Godoï engagea d'abord le roi à consentir à cette honteuse cession ; puis, comme il reçut de toutes parts l'avis que Napoléon voulait détrôner les Bourbons, il décida le roi et la reine à s'enfuir en Amérique. On fit à Aranjuez, où était la cour, tous les apprêts du départ. Cette nouvelle se répandit aussitôt dans la résidence royale et à Madrid. Un soulèvement général éclata contre Godoï, qui était détesté de toute la nation. Pour sauver la vie à son favori, Charles IV abdiqua en faveur de son fils Ferdinand, prince des Asturies (20 mars).

Le grand duc de Berg, Murat, en apprenant les évènements d'Aranjuez, se mit en marche sur Madrid, où il entra le 23 mars, à la tête de ses troupes. L'entrée des Français causa peu de sensation parmi les habitants de Madrid, exclusivement occupés du roi Ferdinand, qui était attendu le lendemain. Le vieux roi fit aussitôt parvenir au prince Murat une protestation contre l'abdication qu'il avait été forcé de signer, et accusa son fils de s'être mis à la tête de l'insurrection qui lui avait arraché la couronne. Ferdinand fit son entrée dans la capitale le 24, et fut accueilli par des transports d'enthousiasme qui témoignait tout ce qu'il y avait d'esprit national dans ce peuple qu'on croyait abâtardi. Murat rendit compte à Napoléon de tout ce qui s'était passé. La réponse de l'empereur est très-remarquable, et prouve qu'il ne s'abusait pas sur les difficultés qu'il allait se créer.

Ferdinand de son côté crut devoir chercher à pacifier le royaume. Il ne rejeta pas la proposition du général Savary, qui avait été envoyé en mission près de lui et il se décida à se rendre auprès de l'empereur, à Bayonne. Il arriva dans cette ville le 20 avril. Napoléon lui fit un accueil gracieux, et le traita d'abord avec beaucoup d'égards. Mais, dès le lendemain, Savary, par ordre de l'empereur, demanda à Ferdinand sa renonciation à la couronne d'Espagne, moyennant la Toscane en indemnité. Ferdinand refusa avec fermeté. L'empereur lui fit dire de se décider avant l'arrivée de son père; car il était sûr d'obtenir de celui-ci toutes les cessions qu'il voudrait, » et il fit publier la protestation de Charles IV. Ferdinand persista dans son refus. Bientôt le vieux roi, la reine, leur fille la reine d'Etrurie, et les autres membres de la famille royale arrivèrent à Bayonne, où ils trouvèrent Godoï que Murat avait fait sortir de prison pour l'envoyer en France; c'était l'instrument dont l'empereur voulait se servir pour obtenir les renonciations des Bourbons. Alors commencèrent une série d'intrigues, suivies de scènes scandaleuses. La reine surtout montra contre son fils une animosité, une haine implacable. Enfin, le 5 mai, Ferdinand signa son abdication. Charles IV, rentré dans la plénitude de ses droits, en fit la cession à l'empereur, par un traité, auquel Ferdinand, son frère et son oncle accédèrent. Ces princes firent une proclamation pour inviter les Espagnols à « attendre leur bonheur des sages dispositions et de la puissance de Napoléon, » et ils partirent, Charles, sa femme et Godoï pour Fontainebleau ; Ferdinand, son frère et son oncle, pour Valençay.

Napoléon fit aussitôt passer cette couronne sur la tête de son frère Joseph, l'obligeant à déposer celle de Naples, qui commençait à lui plaire, pour la transmettre à Murat, qui n'accepta qu'à regret le trône des Deux-Siciles, ayant convoité celui d'Espagne. Dans tout cela il fallait obéir, dès que le maître avait prononcé, et il semblait en vérité que ce fût alors un jeu pour lui de faire et de défaire les princes et les rois, de les placer et de les déplacer plus lestement que ses ministres n'eussent osé faire de leurs derniers commis.

Joseph eut ordre de se hâter, et dès le 7 juin il arriva à Bayonne. Napoléon convoqua à Bayonne une junte d'état de cent cinquante députés pris dans les différents ordres ecclésiastiques, militaires et administratifs de l'Espagne, pour faire ou plutôt pour accepter une constitution qu'il dicta et pour prêter serment à leur nouveau roi. « Espagnols, dit-il dans une proclamation, après une longue agonie, votre nation périssait ; j'ai vu vos maux, je vais y porter remède. Votre monarchie est vieille ; ma mission est de la rajeunir. J'améliorerai toutes vos institutions, et je vous ferai

jouir, si vous me secondez, des bienfaits d'une réforme sans froissement, sans désordres, sans convulsions.... »
Mais ces belles promesses ne séduisirent point la nation espagnole; elle repoussa le régénérateur qui s'imposait à elle par la trahison. Toute l'Europe regarda l'entrevue de Bayonne comme un guet-à-pens où les Bourbons avaient été amenés pour s'y dépouiller les uns les autres au profit de Napoléon; la France ne reconnut plus, dans ces intrigues odieuses, la politique, souvent hautaine et ambitieuse, mais qu'elle avait toujours cru nette et loyale de son empereur; elle se demanda de quel droit elle acceptait l'étrange donation de Charles IV, et de quelle utilité serait pour elle l'avènement de Joseph Bonaparte. Napoléon lui-même l'a reconnu : « Ma plus grande faute, dit-il, est d'avoir mis de l'importance à détrôner la dynastie des Bourbons....... J'embarquai fort mal toute cette affaire. L'immoralité dut se montrer par trop patente, l'injustice par trop cynique, et l'attentat ne se présenta plus que dans sa hideuse nudité, privé de tout le grandiose et des nombreux bienfaits qui remplissaient mon intention. La guerre d'Espagne a été une véritable plaie et la cause première des malheurs de la France..... C'est ce qui m'a perdu [1]. »

La junte assemblée à Bayonne prêta serment à Joseph, et le nouveau roi d'Espagne se mit en route pour Madrid, le 9 juillet. Son frère l'accompagna jusqu'à la première porte, et le quitta pour retourner à Paris. Napoléon pouvait déjà craindre que tout n'eût pas été terminé par les *négociations* de Bayonne, et que cette guerre, qu'il craignait tant de voir allumer, ne fût prête d'éclater. Déjà le 2 mai une violente insur-

---

[1] Las Cases, t. IV, p. 233. — O'Méara, t. II, p. 160.

rection en avait donné le signal à Madrid. Murat était parvenu à comprimer la révolte, mais en versant des torrents de sang, et en mitraillant les insurgés dans les rues de la capitale. Cependant Joseph, escorté par l'armée française, parvint sans beaucoup de difficultés à Madrid. Mais toutes les provinces étaient en feu et se soulevaient au nom de Ferdinand VII. Bessières remporta une victoire brillante sur les insurgés à Médina-del-Rio-Secco; avec quatorze mille hommes, il en battit complètement plus de quarante mille. Napoléon crut cette victoire bien plus importante qu'elle ne l'était en effet, et il s'écria : « C'est une nouvelle bataille de Villa-Viciosa ; Bessières a mis Joseph sur le trône. » Mais de fâcheuses nouvelles vinrent bientôt détruire ses espérances. Moncey fut repoussé à Valence, Duhesme à Barcelone, et Lefebvre à Saragosse; à Baylen, Dupont signa une honteuse capitulation, qui fut violée par les Espagnols, et tous les soldats de ce corps d'armée, dépouillés, outragés, mutilés, allèrent périr sur les pontons de Cadix ou sur les rochers de Cabrera.

Ce fut un immense évènement; il enivra de confiance les Espagnols, qui se crurent les vengeurs de l'Europe; il enleva aux drapeaux français leur prestige; il ranima tous les ennemis de la France et prépara la cinquième coalition. Ce fut une des causes éloignées de la chute de l'empire; ses résultats immédiats furent désastreux: tous les corps français se replièrent sur Madrid. Desnouettes abandonna Saragosse; Duhesme fut investi dans Barcelone; Joseph abandonna sa capitale (1er août) et se retira derrière l'Ebre; enfin, Junot se trouvant isolé en Portugal, fut forcé de capituler; mais du moins il ramena en France toute son armée, avec armes, bagages, artillerie, etc.

Ce fut à Bordeaux, en revenant à Paris, que Napoléon

apprit la funeste capitulation de Baylen. Il en vit sur-le-champ toutes les conséquences; cet évènement changeait sa position; il avait soulevé sur ses derrières le danger que la politique de Louis XIV avait si habilement conjuré, et que lui-même avait voulu anéantir; il l'avait même rendu cent fois plus redoutable que sous le gouvernement régulier des rois d'Espagne, et c'était à une époque où l'action extérieure de la France ne s'étendait pas seulement sur le Rhin, mais sur la Vistule. Il pensa un moment à revenir en arrière, et à retirer ses troupes d'Espagne; » mais c'eût été la donner aux Anglais, ruiner le système continental, et se fermer toute voie à la paix générale. Alors il résolut de s'y transporter lui-même avec sa grande armée pour en faire la conquête; mais, pour s'enfoncer ainsi dans la Péninsule, il fallait être sûr de l'Europe du Nord, et celle-ci était pleine de haines et de menaces [1]. Les alliés même de la France s'effrayaient de son système fédératif, et ne savaient où s'arrêteraient les envahissements du grand empire, qui venait encore de s'incorporer Flessingue, Wesel, Cassel, Kehl, Parme, Plaisance et la Toscane. Napoléon sut que Frédéric-Guillaume, après un voyage à Saint-Pétersbourg où il avait été parfaitement accueilli, négociait avec l'Autriche; que ces deux puissances étaient en rapport avec l'Angleterre pour former une nouvelle coalition, et que la Russie n'était pas étrangère à ces mouvements. Voulant alors savoir sur quoi il pouvait compter avec Alexandre, il provoqua une entrevue que les deux monarques, en se quittant à Tilsitt, s'étaient promis de réitérer. Le tzar montra de l'empressement pour cette réunion, et les deux empereurs se rendirent à Erfurth (17 septembre), où ils séjour-

[1] Lavallée, Hist. des Français, t. IV.

nèrent pendant dix-huit jours, se prodiguant encore une fois toutes les démonstrations de l'amitié.

Les plus grandes questions furent agitées dans ces conférences d'Erfurth ; mais rien n'en fut publié, et ce n'est que beaucoup plus tard que l'on en a su quelque chose. Une convention secrète fut conclue le 12 octobre, par laquelle Napoléon reconnaissait à Alexandre la possession de la Finlande, de la Moldavie, de la Valachie, et s'engageait à ne pas agrandir le duché de Varsovie : abandon fatal des trois véritables alliées de la France, la Suède, la Turquie, la Pologne, abandon qui conduisit Napoléon à Sainte-Hélène! En retour, Alexandre reconnut les changements survenus en Espagne et en Italie, et promit, si l'Autriche faisait la guerre à la France, de fournir contre elle cent cinquante mille hommes.

Napoléon partit satisfait, et ce fut dans cette confiance, qu'à l'ouverture de son corps législatif, le 25 octobre, il dit avec tant de hauteur, « qu'invariablement d'accord avec l'empereur Alexandre pour la paix comme pour la guerre, il irait dans peu de jours couronner son frère à Madrid, et, de là, planter ses aigles sur les forts de Lisbonne..... » Il partit en effet quatre jours après, et, le 7 novembre, il était à Vittoria auprès du roi Joseph. Sa présence eut bientôt rendu aux armes de la France, dans cette contrée, les avantages qu'elles semblaient y avoir perdus ; et, après les victoires de Burgos, d'Espinosa et de Tolède, il franchit les défilés de Somo-Sierra, et reçut, le 4 décembre, la capitulation de Madrid.

Dès le commencement de l'insurrection espagnole, l'Angleterre avait favorisé ces mouvements ; elle ne s'était pas contenté de donner des armes et des munitions aux insurgés, elle y avait envoyé une armée. Ainsi, un des effets désastreux de la politique de Napoléon envers l'Espagne, avait été de donner aux Anglais un champ de bataille sur le continent. Au moment où Napoléon s'avançait sur Madrid, une armée anglaise, commandée par Moore, était à Salamanque. Mais en apprenant les défaites des Espagnols, elle se mit en retraite. Vivement poursuivie par Soult, et bientôt par Napoléon lui-même qui rejoignit Soult à Astorga, elle abandonna ses blessés, brûla ses magasins, dévasta les villes sur son passage, sacrifia ses arrière-gardes. L'empereur ayant reçu des nouvelles fâcheuses de l'Autriche, retourna à Valladolid, laissa la poursuite des Anglais à Soult, et lui ordonna de « les jeter dans la mer, l'épée dans les reins » (3 janvier 1809), Moore arriva à la Corogne, et ne trouvant pas les vaisseaux qui devaient embarquer son armée, il se mit en bataille devant la ville, fit une résistance désespérée et fut tué (10 janvier). Alors les Anglais arrivèrent, et les Anglais profitèrent de la nuit pour s'embarquer. Trois jours après, la Corogne capitula ; le Ferrol suivit cet exemple, et, bientôt après, toute la Galice se soumit.

D'autres avantages remportés par les Français dans l'Estramadure et en Andalousie décidèrent Joseph à rentrer dans Madrid (13 janvier). En même temps, Saragosse, après s'être immortalisée par une résistance qui rappelle celle de Sagonte, capitulait sur des ruines fumantes (21 février). La Catalogne s'était aussi soumise, après avoir montré une résistance non moins héroïque.

Cependant, l'Autriche n'avait pas cessé ses armements, et cent millions de subsides anglais la décidèrent à saisir le moment où Napoléon était dans l'Espagne avec ses meilleures troupes, pour faire une campagne de « peuples contre l'oppresseur de l'Europe. »

Napoléon, en apprenant ces nouvelles à Astorga, le 3 janvier, était parti sur-le-champ, et vingt jours après il arrivait à Paris. Là, il trouva de nouveaux sujets d'inquiétude; au milieu des félicitations officielles de sa cour, le silence du peuple lui fit comprendre qu'il existait un sourd mécontentement. En effet, l'opinion publique s'était formellement prononcée contre cette guerre d'Espagne, inique et meurtrière, où l'on ne voyait pas une attaque contre l'Angleterre, mais une œuvre d'ambition. L'année 1808 avait enlevé deux cent soixante-dix mille conscrits, 1810 était déjà entamée, et les classes antérieures n'étaient pas encore libérées. La France, lasse de combats, pleurait ses enfants sacrifiés dans un intérêt personnel. Toutes les mères avaient la conscription en horreur; la gendarmerie n'était occupée qu'à poursuivre les réfractaires; les préfets, pour faire leur cour, grossissaient les contingents de leurs départements. On se demandait quand la guerre finirait : Austerlitz, Iéna, Friedland n'avaient rien décidé; il fallait sans cesse recommencer à vaincre; les hostilités étaient implacables; la paix était plus éloignée avec l'empire qu'avec la république. Les mécontents réveillaient les partis vaincus; on spéculait sur les chances de mort de l'empereur; des intrigues se formaient pour changer le gouvernement, si le poignard d'un assassin ou une balle ennemie venaient à le frapper; la réaction contre le régime impérial commençait. Fouché et Talleyrand paraissaient être le centre de cette opposition; le premier était toujours ministre de la police; le second avait quitté les affaires étrangères, qui étaient passées aux mains de Champagny. Fouché réunissait autour de lui les républicains; Talleyrand les partisans de l'ancienne dynastie [1]. Napoléon connut toutes ou du moins

[1] Lavallée, Hist. des Français.

une partie de ces intrigues. Il apostropha et menaça rudement Talleyrand ; il traita Fouché avec plus de ménagements ; mais d'autres soucis vinrent bientôt appeler ailleurs son attention.

Chaque jour, en effet, il recevait de nouveaux renseignements sur le peu de foi qu'il devait avoir aux promesses d'Alexandre, sur les obstacles, les impossibilités de son système continental, et enfin, sur les armements de l'Autriche, qui déjà ne comptait pas moins de quatre cent mille hommes sous les drapeaux. Ce fut le 13 avril 1809 qu'il apprit, par le télégraphe, que l'archiduc Charles avait envahi la Bavière, à la tête de cent cinquante mille hommes. On a dit que c'était la première fois que Napoléon avait été pris au dépourvu, et cependant depuis un mois il faisait marcher des troupes vers le Rhin, il avait envoyé Berthier pour réunir tout ce qui était disponible, pour exciter le zèle des princes de la confédération ; car c'était surtout avec leurs troupes qu'il comptait résister au premier choc. Lui-même partit aussitôt de Paris et se rendit à Stuttgard, puis à Carlsruhe, où il fit mettre en campagne les contingents de Wurtemberg et de Bade. Le roi de Bavière, qu'il trouva à Dillingen, lui montra aussi du zèle. Mais déjà le péril était extrême, et le corps de Davoust, sur lequel il comptait le plus, se trouvait gravement compromis. Berthier n'ayant pas compris ses instructions, n'avait pas prévenu ce maréchal de la marche des Autrichiens, et il était resté immobile au milieu de leur armée. Napoléon fut très-contrarié de cette faute ; il en témoigna son mécontentement d'une manière assez dure ; mais il fit mieux encore en songeant à la réparer. Au premier coup-d'œil, il a reconnu le terrain et compris les projets, les mouvements de l'ennemi ; toutes ses dispositions sont faites, et en cinq jours il dégage Davoust et triomphe dans cinq batailles, à Thann, à Abensberg, à Landshut, et surtout à Eckmühl, où Davoust, déjà duc d'Amrstaedt, mérite et obtient le titre de prince (22 avril), enfin à Ratisbonne, où l'empereur est blessé d'un coup de feu au pied, et parvient, malgré cet accident, qui ne lui fait pas quitter le champ de bataille, à chasser l'archiduc Charles de la ville, à le rejeter sur la rive gauche du Danube. Alors il n'a plus devant lui, sur le chemin de Vienne, que le corps de Hiller, l'un des plus habiles généraux de l'Autriche, qui défend le terrain pied à pied, coupant les ponts et brûlant les villages. Sa résistance à Ebersberg coûta la vie à une foule d'habitants et de blessés qui furent écrasés et brûlés sous les débris de la ville incendiée. Hiller, après avoir perdu sept mille hommes au combat d'Ebersberg (3 mai), se jeta sur l'autre rive du Danube, et rejoignit l'archiduc. L'armée française ne trouva plus d'obstacles sérieux jusqu'à Vienne, qui capitula après un bombardement de quelques heures (13 mai).

L'armée française était maîtresse de la rive droite du Danube et de Vienne ; mais la grande armée autrichienne commandée par le prince Charles, et à laquelle s'étaient réunis les restes des corps de Hiller, des archiducs Louis et Maximilien, était campée de l'autre côté du fleuve, en face de la capitale, dans la plaine de Marckfeld et sur les sommets du Bisamberg. Cette position permettait à l'ennemi, paisible possesseur encore de la Bohême, de la Moravie et de la Hongrie, de concentrer ses forces, de les augmenter de toutes les milices dont la formation était commencée, et de recommencer une lutte, qu'une insurrection qui venait d'éclater dans le Tyrol aurait pu rendre fatale à l'armée française. Cette considération décida l'empereur à continuer les opérations offensives, sans attendre l'armée d'Italie, qui était en marche pour le rejoindre, et à passer le Danube pour livrer à l'ennemi une bataille décisive. Comme le grand pont de Vienne était brûlé, on choisit un point à deux lieues de Vienne où le fleuve est partagé par plusieurs petites îles et par la grande île de Lobau. Un grand pont de cinquante-quatre bateaux fut jeté sur les divers bras formés par ces îles ; trente mille hommes passèrent dans la journée du 21 mai et s'établirent dans les villages d'Aspern et d'Essling. L'archiduc Charles vint les attaquer vers les quatre heures du soir avec quatre-vingt-dix mille hommes et deux cents pièces de canon. Malgré leur immense supériorité numérique et la vigueur de leur attaque, ils ne purent forcer Masséna, qui gardait Aspern, et Lannes, qui défendait Essling ; l'obscurité seule interrompit le combat. Pendant la nuit l'empereur fit passer sur la rive gauche de nouveaux renforts qui portèrent nos forces à plus de cinquante mille hommes, et la bataille recommença avec une nouvelle fureur. On vint annoncer à Napoléon que le corps de Davoust, qu'il attendait pour marcher en avant, commençait à passer le fleuve ; aussitôt il ordonne un mouvement en avant pour percer le centre de la ligne ennemie. Mais, au moment où ce mouvement s'exécutait, on apprend que tous les ponts du grand bras du Danube viennent d'être emportés par des bateaux chargés de pierres, de pesants radeaux et de nombreux brûlots, que le prince Charles avait fait lancer sur le fleuve, et qui, favorisés par le courant et une crue du Danube, brisèrent facilement les faibles communications établies entre l'île Lobau et la rive droite. Cette nouvelle, qui circula bientôt dans les rangs, y répandit l'épouvante, et quand on sut qu'il n'était pas possible d'avoir des cartouches, le désespoir se communique dans tous les rangs. Cependant la présence de Napoléon, son attitude calme et sévère soutient la confiance des soldats. Il ordonne la retraite; l'ennemi se ranime, Aspern et Essling sont encore le théâtre du plus terrible combat; les Français ne se servent plus que de la baïonnette; enfin, après avoir perdu et repris six fois les villages, ils en restent maîtres; les Autrichiens rebutés n'agissent plus que par une canonnade insignifiante; mais un de leurs derniers boulets emporte les deux cuisses du maréchal Lannes, qui succomba quelques jours après à cette horrible blessure. « C'était le brave des braves, dit Napoléon; son esprit avait grandi au niveau de son courage, il était devenu un géant ! » Tout le monde voulait qu'on repassât sur-le-champ à la rive droite; mais on ne pouvait le faire qu'en bateaux, en abandonnant les blessés et l'artillerie, et sous le feu de l'ennemi. « Il faut rester dans Lobau, dit Napoléon, ou rétrograder jusqu'au Rhin. Nous attendrons l'armée d'Italie; Masséna, Masséna, tu achèveras ce que tu as si glorieusement commencé; il n'y a que toi qui puisse imposer à l'archiduc. » Alors on fit passer dans Lobau les blessés, les canons, les débris de la bataille; ensuite les troupes évacuèrent les deux villages, sans que l'ennemi, contenu par Masséna, osât les inquiéter; on s'entassa dans l'île pendant trois jours, jusqu'à ce que les ponts fussent rétablis; enfin l'armée repassa à la rive droite, en gardant Lobau comme tête de pont pour un deuxième passage.

Napoléon avait reculé; les Autrichiens poussèrent des cris de victoire; le cabinet prussien leva cent mille hommes; enfin l'Angleterre se disposa à jeter une armée dans le nord de l'Allemagne. Il fallait à la France une grande victoire; l'empereur la prépara par un repos de six semaines, pendant lequel il fit élever dans l'île de Lobau des fortifications et d'immenses redoutes. La grande armée s'accrut en même temps par la jonction de l'armée d'Italie, et du corps du maréchal Marmont.

Napoléon, du palais de Schoenbrunn où il attendait le moment de rouvrir la campagne, ne craignit pas, alors qu'il était à quatre cents lieues de sa capitale et sous le poids d'un revers, de braver les ressentiments de l'Europe par un nouvel acte de violence. Il trouvait dans la fermeté digne et calme du souverain pontife une résistance à ses projets d'envahissement sur le pouvoir spirituel. Pie VII avait fait toutes les concessions qui pouvaient se concilier avec ses devoirs; mais ni les menaces, ni les promesses, ne purent le faire aller au-delà. Napoléon, qui s'était habitué à tout briser, décréta la réunion des états romains à l'empire français (17 mai), dans lequel il déclarait que « Charlemagne, son *auguste prédécesseur*, en concédant certains domaines aux évêques de Rome, ne les leur avait donnés qu'à titre de fiefs et sans que Rome cessât de faire partie de son empire. » Pie VII répondit à ce décret par une bulle d'excommunication, où il n'était pas nominativement désigné, mais où il était virtuellement compris, comme auteur ou fauteur de toutes les spoliations qu'avait éprouvées le saint-siége. Cette bulle fit une vive sensation en Italie, en Allemagne, en Espagne et même en France (20 juin). Miollis, gouverneur de Rome, en craignit l'effet, à cause de la bataille d'Essling, et, par l'ordre de Murat, il fit enlever le pape qui fut transféré à Grenoble (6 juillet). Napoléon fit conduire le pape à Savone et l'y retint prisonnier. Toute l'Europe fut indignée de sa captivité, de cette insulte au droit des gens et de cet outrage brutal au père commun des fidèles. La bataille de Wagram vint suspendre l'explosion des mécontentements.

D'immenses travaux avaient fait de Lobau une énorme citadelle, qui était unie à la rive droite par quatre ponts, et d'où pouvaient être jetés en une heure de temps cinq autres ponts sur la rive gauche; c'étaient les plus beaux ouvrages de campagne qu'on eût jamais construits. Le prince Charles n'avait fait aucune tentative pour empêcher ces travaux; il s'était tenu sur une défensive absolue, mais tout prêt à empêcher le passage, qu'il croyait devoir s'effectuer comme précédemment du côté d'Aspern et d'Essling. Pour l'entretenir dans cette erreur, Napoléon fit jeter deux ponts en face de ces deux villages, que l'ennemi avait couverts de redoutes armées de deux cent cinquante canons. Mais, pendant la nuit du 5 juillet, et au milieu d'un terrible orage, trois autres ponts furent construits sur un autre point de l'île; toute l'armée y défila dans le plus grand ordre, et aux premiers rayons du soleil, elle se trouva en bataille sur l'extrême gauche de l'ennemi, ayant tourné ses camps retranchés, rendu tous ses ouvrages inutiles, et obligé ainsi les Autrichiens à sortir de leurs positions pour combattre sur le terrain choisi par l'empereur. Charles, surpris de cette grande opération, se retira sur Wagram et reforma ses lignes derrière le Russbach. L'armée française le suivit et manœuvra pendant toute cette journée pour prendre ses positions.

Le lendemain, 6 juillet, fut livrée la célèbre bataille de Wagram, l'une des plus importantes victoires de Napoléon, ou du moins celle qui devait avoir le plus d'influence sur sa destinée. L'ennemi laissa vingt-cinq mille hommes sur le champ de bataille, et se mit en retraite par la route de la Bohême.

C'était une glorieuse victoire, mais ce n'était pas celle d'Austerlitz; la perte des vainqueurs était presque aussi grande que celle des vaincus; il restait à Charles une armée de cent cinquante mille hommes, et il allait être joint par son frère, l'archiduc Jean. On se mit à la poursuite des Autrichiens. Après plusieurs combats d'arrière-garde, on les atteignit à Znaïn (12 juillet), et une nouvelle bataille s'engageait quand le prince de Lichtenstein, envoyé par l'empereur François à Napoléon, vint solliciter un armistice qui fut aussitôt accordé. Les deux armées restèrent dans les positions où elles se trouvaient, et, ce qui est remarquable, c'est que ce furent précisément celles qui avaient été fixées après la bataille d'Austerlitz. On s'occupa ensuite d'un traité, et des négociations furent ouvertes par MM. de Metternich et de Champagny. Comme les deux puissances conservaient leurs forces à peu près entières, elles conservèrent aussi leurs prétentions, et les négociations dûrent être plus longues. Napoléon alla s'établir, pendant ce temps-là, dans le château de Schoenbrunn, où il réorganisa son armée, et lui distribua d'amples récompenses. Il éleva à la dignité de maréchal, les trois généraux Macdonald, Oudinot et Marmont; il nomma encore beaucoup de généraux, d'officiers de tous les grades, et pendant trois mois il se complut à faire parader ses légions.

De là il surveillait le mouvement politique de l'Europe, surtout celui de la France, où son ambition et la coupe réglée d'hommes, à laquelle il soumettait le pays, excitaient de sourds mécontentements et une grande désaffection. Peu satisfait de la Russie, qui lui avait promis cent mille hommes en cas de guerre, et qui, malgré ses réclamations réitérées, n'avait fait que de vaines démonstrations, il commença à se défier d'Alexandre. Mais le temps n'était pas venu de dire sa pensée, et tous les deux furent d'accord pour dissimuler.

A cette époque, le cabinet britannique fit une tentative pour détruire la flotte et les travaux d'Anvers. Mais cette expédition, mal conduite, n'aboutit qu'à un débarquement dans l'île de Walcheren et à la prise de Flessingue. Une armée improvisée accourut pour les repousser, et les Anglais, après avoir perdu dix mille hommes par les maladies, furent obligés de se retirer, n'ayant retiré d'autre fruit d'une expédition, qui leur avait coûté cinq cents millions, que la destruction des remparts de Flessingue.

Après trois mois de discussion, le traité de paix fut signé à Vienne le 14 octobre, et, d'après les articles patents, on trouve que Napoléon ne s'était pas montré trop exigeant, puisque cette fois l'Autriche ne perdit que la Carniole, l'Istrie, la Croatie, Salzbourg et Trieste avec le littoral; car c'était surtout aux rivages de la mer qu'alors Napoléon en voulait, afin de compléter son système continental. Il exigea encore une somme de quatre-vingt-cinq millions de contributions, puis la reconnaissance de toutes ses royautés, de toutes ses réunions au grand empire, en Allemagne, en Hollande, en Espagne, et en Italie.

Outre ce traité patent, il paraît certain qu'il y en eut un secret, qui ne présenta pas le moins de difficultés, et dont nous verrons l'effet dans le chapitre suivant.

Le 26 octobre, Napoléon arrivait à Fontainebleau.

CHAPITRE IX.

Divorce. — Mariage de Napoléon avec Marie-Louise — Naissance du roi de Rome. — Réunion de la Hollande à la France — Guerre avec la Russie. — Expédition de Moscou. — Bataille de la Moskova. — Incendie de Moscou. — Retraite des Français. — Retour de Napoléon à Paris. — Campagne de 1813. — Bataille de Lutzen, de Bautzen, de Dresde. — Bataille de Leipsick. — Retraite de l'armée française au-delà du Rhin.

Depuis longtemps Napoléon était convaincu que le moyen le plus sûr de consolider son trône et d'assurer son avenir, serait d'avoir un héritier direct de son sang. Il ne pouvait plus conserver l'espoir d'avoir des enfants de son mariage avec l'impératrice Joséphine, et depuis plusieurs années la nécessité d'un divorce avait été souvent mise en avant par les parents et par les intimes de Napoléon; lui-même, sans doute, y avait aussi pensé, mais il avait toujours éloigné ce projet, par attachement pour sa femme, qu'il aimait véritablement, et qui avait fait longtemps le charme de sa vie. Enfin, le moment lui parut arrivé d'y penser sérieusement; car il était persuadé que son œuvre, si péniblement élevée, s'évanouirait au jour de sa mort, s'il ne laissait pas un héritier pour la continuer et en assurer le succès. Ces pensées l'occupaient surtout à

Schoenbrunn. Ce fut aussi dans cette résidence qu'il forma, à ce qu'il paraît, le projet d'épouser une archiduchesse d'Autriche, et ce fut là l'objet de la convention secrète dont nous avons parlé. Cette convention n'a, il est vrai, jamais été publiée, mais il en existe plusieurs preuves, et la plus concluante se trouve dans le manifeste publié par l'empereur François en 1813, lorsqu'il se réunit à la coalition. En effet, il déclare dans cette pièce officielle, qu'en 1809, « pour satisfaire à toutes les exigences du vainqueur, et pour obtenir de lui une paix qui assurât des jours plus heureux à ses sujets, et par l'intérêt le plus sacré de l'humanité, il avait donné ce qui était le plus cher à son cœur......»

Ce qui prouve que son mariage était une chose formellement convenue, c'est que son premier soin, en arrivant à Paris, fut de faire annuler celui de Joséphine. On a dit que ce ne fut qu'après le divorce qu'il songea à fixer son choix, et qu'il demanda d'abord une sœur d'Alexandre ; mais cette demande est bien antérieure, et il en avait été question dans les deux entrevues de Tilsitt et d'Erfurth ; le tzar n'avait fait alors que des promesses évasives, se référant à la volonté de sa mère et à celle de la princesse elle-même, qui, pour se soustraire à cette union, épousa peu après un duc d'Oldenbourg. Il fut ensuite question de la grande duchesse Anna ; mais celle-ci était trop jeune, il fallait attendre, et rien n'était décidé quand vint le traité de Vienne. Alors Napoléon, qui avait encore d'autres sujets de mécontentements contre Alexandre, n'hésita plus ; il saisit avec toute l'ardeur de son caractère l'occasion de s'allier à la famille des Césars, à la plus ancienne dynastie de la chrétienté, sans penser aux conséquences qui devaient en résulter sur l'esprit des Français et sur ses rapports avec les autres puissances, surtout avec la Russie, que cet évènement allait placer dans une situation politique toute différente de celle qu'avaient dû faire les conventions de Tilsitt et d'Erfurth.

Ce qui dût étonner dans la dissolution du mariage de Joséphine, c'est que ce fut son propre fils, le prince Eugène, qui se chargea de lui annoncer ce terrible sacrifice, de l'y préparer et de faire ensuite accepter par le sénat la sentence du divorce. Cette sentence fut solennellement prononcée, en présence des deux époux, qui y donnèrent leur adhésion, selon les lois de cette époque, le 17 décembre 1809. La dissolution du mariage religieux fut prononcée par l'officialité de Paris, le 9 janvier suivant. Napoléon voulut que Joséphine conservât une très-belle existence, la possession de la Malmaison, celle du beau domaine de Navarre, avec trois millions de revenus, et les titres d'impératrice et reine.

Quelque temps après, Napoléon fit demander solennellement la main de l'archiduchesse Marie-Louise; l'empereur François l'accepta avec empressement. Le 11 mars, Berthier, prince de Neufchatel, épousait cette princesse au nom de l'empereur, et le 2 avril suivant le mariage était célébré à Paris au milieu des fêtes les plus pompeuses. Malgré l'éclat de cette union, le peuple regrettait Joséphine, femme spirituelle, gracieuse et dévouée, qui n'avait point été au-dessous de sa merveilleuse fortune, et qu'il appelait le bon ange de l'empereur; il regardait sa répudiation comme le signal des plus grands malheurs. Les aristocraties européennes furent indignées; marier l'héritier de la révolution, un soldat couronné avec la descendante des maisons de Hapsbourg et de Lorraine, faire asseoir Marie-Louise sur le trône sanglant de sa tante, leur semblait la consécration, ou l'attentat le plus odieux de la révolution.

Napoléon n'y voyait au contraire que la consécration de sa puissance au dedans et au dehors. A l'extérieur, se croyant assuré de l'Autriche, il méprisa les ressentiments de la Russie, ne regarda plus la paix avec l'Angleterre que comme une affaire de temps et de patience, enfin, laissa la conduite de la guerre d'Espagne à ses généraux. A l'intérieur, il rendit sa dictature plus franche et plus complète; il répéta ce mot de Louis XIV : « l'Etat, c'est moi »; il entacha d'arbitraire toutes ses œuvres, bonnes et mauvaises; il acheva de détruire la liberté de la presse, en réduisant le nombre des journaux, et en attribuant au gouvernement la propriété de ceux qu'il laissait vivre (5 février); il établit la censure, même sur les livres. Huit prisons d'état furent instituées (3 mars), où le gouvernement fit enfermer, sans jugement et à sa volonté, les prévenus d'attentat politique. En confinant le pape à Savone, Napoléon avait dit : « L'évêque de Rome continuera d'être le chef de l'Eglise, son pouvoir reste le même. » Mais il lui avait enlevé tous ses cardinaux; il lui avait interdit toute communication avec la France et l'Italie; il avait fait déclarer les articles de 1682 loi de l'empire. Pie VII, captif et persécuté, refusa de donner l'institution aux évêques nommés par l'empereur. Par le conseil du cardinal Maury, nommé archevêque de Paris, on voulut tourner la difficulté, en faisant élire par les chapitres, comme vicaires apostoliques, les évêques nommés. Mais le pape défendit à ces vicaires, et principalement à Maury, de prendre l'administration des diocèses. La fermeté apostolique du saint père embarrassait le gouvernement. Voulant arriver à ses fins, l'empereur convoqua un concile national (17 juin 1811). Cent prélats se réunirent à Paris; ils décrétèrent, mais sous la réserve de l'approbation du pape, et d'après une note que celui-ci leur avait envoyée, que « dorénavant le pontife devrait donner l'institution aux évêques dans les six semaines qui suivraient leur nomination, sinon les métropolitains étaient autorisés à donner cette institution. » C'était tout ce que l'empereur avait demandé ; mais il s'irrita des discussions des prélats sur le pouvoir des papes, fit fermer le concile, et ordonna l'arrestation de plusieurs évêques (10 juillet 1811). Cependant il se radoucit, et autorisa une députation à aller à Savone pour y conférer avec Pie VII. Celui-ci donna un bref par lequel il adhérait au décret du concile, mais en faisant comprendre à Napoléon combien sa conduite était peu digne d'un fils de l'Eglise. Napoléon, toujours conseillé par son orgueil rejeta ce bref, et, jusqu'à la fin de son règne, les affaires ecclésiastiques restèrent dans un provisoire qui le discrédita aux yeux du peuple [1].

Le 20 mars 1811, l'impératrice accoucha d'un fils qui reçut le titre de roi de Rome. Cette naissance parut à tous le gage prochain de la paix et de la stabilité. Napoléon fut enivré de son bonheur ; il était enfin maître de l'avenir ! il irait, chef de race, dormir dans les caveaux de Saint-Denis ; c'était maintenant sur lui-même que reposait son système dynastique, qu'il avait jusqu'alors appuyé sur des frères dont il avait quelquefois à se plaindre. En les élevant à la dignité de rois, Napoléon n'avait prétendu en faire que ses lieutenants; mais Louis, Jérôme, Murat, Joseph, avaient pris leur dignité au sérieux ; pour se nationaliser dans leurs nouvelles patries, ils épousaient les intérêts, les haines et les amitiés de leurs peuples.

Louis était un homme assez éclairé, qui dans des

---

[1] Lavallée, Hist. des Français, t. IV.

temps ordinaires aurait parfaitement gouverné la Hollande ; mais, pour plaire à ses sujets, qui souffraient du blocus continental, il favorisait la contrebande, et son royaume était devenu l'entrepôt des marchandises anglaises pour le continent. Napoléon lui en fit de vives réprimandes ; Louis voulut résister aux injonctions de son frère ; celui-ci irrité envoya des troupes pour occuper Amsterdam. Louis abdiqua en faveur de son fils (1er juillet 1810), et se retira en Autriche d'où il envoya une protestation violente contre la tyrannie de son frère et le système continental. Le 10 juillet, un décret impérial réunit la Hollande à l'empire ; elle fut partagée en sept départements, et on lui donna Lebrun pour gouverneur général. Amsterdam fut déclarée la troisième ville de l'empire (Rome avait été déclarée la seconde).

Napoléon était encore plus mécontent de Jérôme que de Louis. Le roi de Westphalie était un prince frivole, orgueilleux, prodigue ; il répondait aux réprimandes de l'empereur en menaçant d'abdiquer. Pour le punir, Napoléon se contenta d'abord de lui reprendre le Hanovre ; puis vint le sénatus-consulte pour confirmer la réunion de la Hollande (13 décembre 1810), lequel ajouta, comme accessoire, sans préambule et sans préparation, « la réunion de toutes les côtes depuis l'Ems jusqu'à l'Elbe, avec les villes anséatiques ; » ce qui enlevait cinq cents mille âmes à la Westphalie, une partie du duché de Berg, tout le duché d'Aremberg, la principauté de Salm, le duché d'Oldembourg, le duché de Lauenbourg, les villes de Brême, de Hambourg, de Lubeck. Davoust fut nommé gouverneur général. Toutes ces réunions justifièrent les murmures contre l'insatiable ambition de l'empereur ; elles le discréditèrent comme tyran de sa propre famille, et portèrent au plus haut point l'irritation des peuples de l'Allemagne contre les Français.

Jamais la domination française ne s'était étendue aussi loin qu'à cette époque. Les confins de l'empire s'étendaient des bouches de l'Elbe et des bords de la mer Baltique jusqu'aux rives du Tibre. Quarante-quatre millions d'hommes étaient soumis à la domination directe de Napoléon, son patronnage s'étendait sur cent millions d'Européens. La Suède, après avoir détrôné son roi, venait d'appeler un des maréchaux de l'empire à régner sur elle, dans l'espérance de conserver l'alliance de Napoléon. L'empereur consentit avec joie à cette élévation d'un de ses lieutenants, qui devait être bientôt un de ses plus grands ennemis.

Cependant le système continental, malgré la contrebande, malgré les murmures des peuples, malgré la guerre d'Espagne, paraissait réussir. L'Angleterre était aux abois; ses finances se trouvaient dans le plus triste état; sa dette s'était augmentée depuis dix ans de neuf milliards; ses dépenses dépassaient de beaucoup ses revenus; elle regorgeait de denrées coloniales et de produits de ses manufactures; les ouvriers, réduits aux extrémités de la famine, malgré un subside de cent quatre-vingt millions, donné par le gouvernement aux manufacturiers, brisaient les métiers et attaquaient les propriétés. Dans une telle situation, Napoléon témoignait toute confiance dans l'avenir, dans sa fortune, dans son génie; mais la Providence voulait donner au monde un nouvel et éclatant exemple de l'inanité de la gloire terrestre. Napoléon semble avoir réuni tout ce que peuvent comprendre les désirs les plus vastes du cœur humain. Tout tremble à son nom, à l'intérieur et à l'extérieur; il a mêlé son sang au sang d'une race antique de rois; ce fils, dont il souhaitait si ardemment la naissance grandit sous ses yeux et porte le nom dominateur de roi de Rome ; il se croit assis à jamais, lui et sa race, sur ce trône qu'il a relevé de ses propres mains ; mais ce moment de l'apogée de sa puissance va toucher à celui de sa ruine ; et le redoutable empereur, qui, dans l'ivresse de ses succès ne sut pas respecter même l'oint du Seigneur, ne tardera pas à présenter sur un rocher de l'océan une des leçons les plus profondes et les plus instructives qui aient été données au monde.

Depuis longtemps on pouvait prévoir une rupture entre les deux amis d'Erfurth ; le traité de Vienne, le mariage de Napoléon avec une princesse autrichienne, l'agrandissement du grand duché de Varsovie avaient mécouté Alexandre. Des négociations s'entamèrent, et furent sans résultat. Mais le tzar fut surtout irrité à la nouvelle de la réunion de la Hollande, des villes anséatiques, et surtout du duché d'Oldenbourg dont le souverain était son beau-frère. C'était non-seulement une violation des traités ; c'était un outrage à sa famille. L'occasion qu'il cherchait depuis le traité de Vienne était trouvée ; il ne pouvait souffrir que l'empire français, par les provinces illyriennes et les villes anséatiques, enlaçât l'Europe par les deux flancs, et touchât d'un côté à la Turquie et de l'autre à la Russie. Le système continental fatiguait ses peuples, et cédant aux sollicitations de sa noblesse et de l'Angleterre, il autorisa par un ukase du 31 décembre 1810 l'entrée des denrées coloniales dans les ports russes ; en même temps, il prohiba les produits industriels de la France, frappa les vins français de droits énormes ; enfin, il rassembla une armée considérable sur les frontières occidentales de son empire. Ces actes, s'ils n'étaient pas encore une déclaration de guerre, en étaient une annonce formelle, et des deux côtés on s'y prépara avec activité. Cependant les négociations continuèrent pendant toute l'année 1811, tandis que Napoléon faisait marcher sur la Vistule, son armée, augmentée des contingents d'Italie et d'Allemagne.

L'empereur, voyant la guerre inévitable, songea à en assurer le succès par des alliances. La Prusse et l'Autriche, encore meurtries des coups qu'il leur avait portés, n'osèrent refuser d'unir leurs troupes aux siennes. La première de ces puissances s'engagea à fournir un contingent de vingt mille hommes et la seconde de trente mille (24 février et 14 mars 1812). Outre ces deux alliés équivoques, Napoléon comptait sur deux autres plus sincères, c'étaient la Suède et la Turquie. Mais cette dernière puissance venait de signer le traité de Bucharest, et de faire la paix au moment où elle eût pu faire une diversion si favorable aux projets de l'empereur. Quant à la Suède, ses secours lui paraissaient plus assurés, depuis que son lieutenant Bernadotte avait été appelé à la gouverner; mais ce lieutenant était, comme on le sait, peu disposé en sa faveur, et, pour la première fois les Suédois devaient être les ennemis des Français, parce qu'un Français était appelé à être leur roi. En effet, au mois de mars 1812, Bernadotte se déclara pour Alexandre, qui lui promit la Norwége en compensation de la Finlande, et il s'engagea dans la coalition.

Le tzar, dès qu'il eut traité avec la Suède, signifia à Napoléon son *ultimatum*; il lui demandait l'évacuation de la Prusse, de Dantzig et de la Poméranie, un équivalent pour Oldenbourg et la liberté du commerce des neutres (avril 1812). Napoléon regarda ces demandes comme une déclaration de guerre : « Quel langage! s'écria-t-il; c'est tout au plus celui que Catherine pouvait tenir au dernier roi de Pologne! » En même temps l'ambassadeur russe demanda ses passeports, et Alexandre alla rejoindre son armée à Wilna.

Sous prétexte de passer une inspection de son armée sur les bords de la Vistule, Napoléon partit de Paris le 9 mai avec l'impératrice et une suite nombreuse. Il avait indiqué Dresde pour rendez-vous à beaucoup de princes et de rois, ses alliés et ses tributaires. C'est là qu'il voulait leur donner audience, ou, comme on l'a dit, tenir *cour plénière de rois*. Il y trouva l'empereur et l'impératrice d'Autriche, le roi de Prusse, et tous les autres rois et princes de la confédération du Rhin. Jamais sa puissance ne brilla d'un si grand éclat; dernière lueur, qui devait bientôt s'éteindre dans les glaces du nord !

Napoléon, enivré de sa puissance, de cette cour de rois de l'Europe marchant sur ses pas : « Jamais, dit-il, un tel concours de circonstances favorables ne pourra se présenter ; je sens qu'il m'entraîne. » Il quitta Dresde le 29 mai, et dix jours après il était sur le Niémen à la tête d'une armée de cinq cents mille hommes, la plus redoutable peut-être qui eût existé dans l'antiquité et les temps modernes. On conviendra qu'il eût été difficile aux plus clairvoyants de prévoir comment cette armée, composée des meilleures troupes, pleines de dévouement et de zèle, serait complètement et en si peu de temps anéantie. Accoutumé dans ses guerres d'Italie et d'Allemagne à parcourir, à soumettre rapidement des contrées fertiles et populeuses, à nourrir la guerre par la guerre, il n'avait pas compris les difficultés, les obstacles qu'il rencontrerait dans les énormes distances de la Russie, dans les immenses déserts qui séparent les villes et les villages ; et surtout il n'avait pas prévu cette grande résolution de désespoir, cet ordre de tout détruire sur son passage, de tout perdre, de tout sacrifier, plutôt que de lui laisser les moindres ressources.

Cependant, avant de commencer une si grande entreprise, Napoléon tenta des voies de conciliation; mais l'ambassade qu'il envoya à Alexandre ne fut pas même reçue. En apprenant cette nouvelle, il s'écria dans son aveuglement : « La fatalité entraîne la Russie ! que ses destins s'accomplissent ! » Et aussitôt il ordonna à son armée de passer le Niémen. Elle franchit ce fleuve sur trois ponts (22 juin), entra à Kowno, et se dirigea sur Wilna, où elle arriva le 28. Les Russes, dans diverses rencontres, avaient été battus, et en abandonnant Wilna, ils avaient brûlé tous les magasins. L'empereur fut obligé de s'arrêter quinze jours dans cette ville, et cette halte eut une si funeste influence sur l'issue de la campagne, qu'elle est regardée comme la plus grande faute militaire de sa vie. Cependant ce séjour était forcé, par le manque de vivres; et les convois qui suivaient l'armée ne pouvaient marcher aussi vite que les colonnes. Les bataillons d'équipages s'étaient disloqués; les pluies et les mauvais chemins avaient fait périr quatre mille chevaux; il y avait déjà vingt à trente mille traîneurs qui dévastaient le pays; on craignait la famine. Napoléon, inquiet de cet immense désastre, y remédia avec activité; il fit de Wilna un grand centre d'approvisionnements, d'hôpitaux, de communications avec ses derrières; il ordonna de fortifier la ville, et y établit un gouverneur provisoire de la Lithuanie.

L'empereur reçut à Wilna des nouvelles inquiétantes, et qui le jetèrent dans une grande perplexité. Il apprit les premiers succès de lord Wellington en Espagne, à Ciudad-Rodrigo et à Badajoz; le traité de Bernadotte avec la Russie, et la paix de Bucharest, qui allait mettre une autre armée à la disposition d'Alexandre. Déjà cette armée menaçait l'aile droite de Napoléon; elle allait envahir la Wolhinie, où une fausse manœuvre de Jérôme et la lenteur de Schwartzemberg, qui commandait le contingent autrichien, livraient un passage aux Russes de Bagration, imprudemment engagés. Cette faute du jeune prince ajouta beaucoup aux embarras de son frère: il ordonna sur-le-champ à Davoust de prendre le commandement de toute l'aile droite; et le roi de Westphalie retourna fort mécontent dans sa capitale. Ce fut enfin à Wilna que Napoléon reçut les députés de la diète de Varsovie, qui venaient de se constituer en confédération générale et de proclamer le rétablissement de la Pologne; ces députés venaient conjurer l'empereur de rendre une patrie aux Polonais, offrant de concourir à la guerre de tout leur pouvoir, et terminant ainsi leur discours : « Que Napoléon-le-Grand dise : La Pologne existe, et elle existera !..... » Napoléon ne pouvait s'engager encore sans compromettre son alliance avec l'Autriche; il répondit d'une manière évasive : « Si j'eusse régné pendant les partages de la Pologne, j'aurais armé tous mes peuples pour vous soutenir..... j'applaudis à tout ce que vous avez fait; j'autorise les efforts que vous voulez faire ; tout ce qui dépendra de moi pour seconder vos efforts, je le ferai..... Mais j'ai promis à l'empereur d'Autriche l'intégrité de ses états.... » Cette réponse, dictée par des circonstances impérieuses, désanchanta la Pologne sans l'empêcher de nous donner encore des preuves de dévouement, et mécontenta la France, qui s'était plu à prononcer d'avance la restauration de ce malheureux royaume; elle fit croire que Napoléon, en doutant de sa force, doutait de son succès.

Quelques jours avant l'arrivée de la députation polonaise, Alexandre voyant son armée coupée essaya de renouveler les négociations : « Si votre majesté, écrivait-il à l'empereur, consent à retirer ses forces du territoire russe, et à repasser le Niémen, je regarderai ce qui s'est passé comme non avenu, et un accommodement entre nous reste encore possible. » Napoléon crut que ce n'était qu'un leurre pour gagner du temps ; il refusa, en disant : « Le sort en est jeté ! » Il se flattait de tout finir par une grande bataille, ou l'invasion d'une capitale. Le seul nom de Moscou le faisait tressaillir, et une victoire pouvait l'y conduire ! C'était là que son armée trouverait tout en abondance; c'était là que le tzar viendrait lui demander la paix à genoux.....

Bercé par ces illusions, il continua de s'enfoncer dans l'immensité de cet empire sans limites, qu'il connaissait si peu et dont la conquête lui semblait si facile ! Parti de Wilna le 16 juillet, il dirigea ses colonnes entre la Dwina et le Dniéper, croyant surprendre, dans une marche de flanc, Barclay de Tolly, qui venait de quitter Witepsk, pour se diriger sur Orscha et s'y joindre à Bagration. Mais déjà ce mouvement était achevé, et les corps russes eurent le temps de se réunir à Smolensk, ce qui dérangea tous les projets de Napoléon. L'armée souffrait de la fatigue et du manque de vivres ; elle s'inquiétait de ce pays de plaines et de marécages où l'on s'enfonçait sans rencontrer l'ennemi, de cette guerre où elle trouvait tout dévasté, des routes affreuses, des villes de bois, qu'on pouvait incendier avec une allumette ; elle commençait à regarder derrière elle les immenses pays qui la séparaient de la France.

Les Russes, au contraire, en se repliant dans le centre de leur empire, puisaient de nouvelles forces et excitaient les passions nationales. Des proclamations appelaient les Russes de toutes les conditions « à défendre l'indépendance de la patrie contre le Moloch qui veut détruire la terre. » Alexandre parcourait les provinces pour lever les milices et préparer ses sujets aux plus grands sacrifices : « Les désastres dont vous êtes menacés, dit-il aux habitants de Moscou, ne doivent être considérés que comme des moyens sûrs de consommer la ruine de l'ennemi. » Des ordres furent donnés pour incendier toutes les villes, détruire les vivres, faire refouler toute la population dans le centre de l'empire.

En arrivant à Witepsk, Napoléon trouva le premier indice de la terrible résolution des Russes. La ville était abandonnée ; les mêmes causes, qui l'avaient forcé de s'arrêter près de trois semaines à Wilna, l'obligèrent encore de rester treize jours à Witepsk. Il espérait livrer une bataille décisive devant Smolensk ; mais l'armée russe effectua encore sa retraite, tandis que son arrière-garde arrêtait, par une résistance opiniâtre, les Français devant cette ville ; et se retirait elle-même, après y avoir mis le feu (17 août). Les Français pénétrèrent dans Smolensk au milieu des ruines, de l'incendie, de douze mille morts ou mourants, épouvantés d'une victoire qui leur coûtait sept mille hommes, de l'acharnement des Russes et de cette guerre de destruction.

La fortune échappait pour la troisième fois à l'empereur ; excité par cet ennemi qu'il ne pouvait atteindre, il voulut marcher sur Moscou. Barclay se retirait sur cette ville, incendiant toutes les villes, poussant toute la population devant lui, défendant chaque ravin, chaque ruisseau, mais décampant à la menace d'une bataille. Les soldats russes eux-mêmes ne comprenaient pas ce mouvement de retraite continu. Alexandre, pour leur rendre la confiance, donna le commandement en chef de l'armée au prince Kutusof, vieillard septuagénaire, qui avait terminé si à propos la guerre contre les Turcs. Kutusof résolut de livrer bataille, en avant de Moscou, et il se retrancha à Rorodino, dans un terrain boisé et ravineux. Ce fut là que, le 7 septembre, l'armée française vint l'attaquer, et livra la célèbre bataille, connue sous le nom de la Moskowa, l'une des plus sanglantes dont l'histoire fasse mention. Napoléon l'avait désirée, provoquée depuis longtemps. Cependant on a dit qu'au moment de la livrer, il montra quelque hésitation, ce que l'on a attribué soit à l'inquiétude, soit à l'irritation que durent lui causer tant de contrariétés et de périls accumulés en même temps.

Les Français remportèrent la victoire! mais qu'elle fut chèrement achetée ! Quatre-vingt mille hommes des deux partis avaient été mis hors de combat. Trente mille cadavres couvraient le champ de bataille. Quarante-trois généraux français avaient été tués.

Sept jours après la bataille de la Moskowa, l'armée française arriva en vue de Moscou. Nos soldats furent transportés de joie à la vue de cette ville immense, moitié européenne, moitié asiatique, pleine de palais et de jardins, où brillaient les clochers dorés de deux cents églises. Napoléon alla habiter le Kremlin, citadelle et palais des tzars, persuadé qu'Alexandre ferait la paix, pour recouvrer sa capitale, ou que s'il hésitait encore à la demander, il trouverait dans cette immense cité de bons quartiers d'hiver, des ressources de toute nature et un point d'appui pour recommencer la guerre au printemps.

Napoléon se croyait en sûreté dans l'antique palais des tzars, lorsque, dès le lendemain de son arrivée, un terrible incendie éclata sur plusieurs points de la ville. On crut d'abord que ce n'était que de simples accidents, et on se hâta d'y porter remède. Mais on avait à peine éteint l'incendie sur un point, qu'il éclatait avec plus de force sur un autre. Des Russes couraient, la torche à la main, mettre le feu à toutes les maisons, sous les yeux et en présence de l'armée française qui s'y était logée. Plusieurs de ces hommes furent arrêtés et fusillés, mais on n'obtint d'eux aucune révélation, et ce n'est qu'au moment où les deux tiers de la ville furent consumés, qu'on reconnut enfin que c'était le résultat d'un plan général conçu pour la défense du pays. Les flammes atteignaient le Kremlin, et Napoléon fut obligé d'aller habiter un autre château impérial hors de la ville. L'armée sortit aussi de Moscou, qui resta livrée sans défense au pillage et à l'incendie. Enfin, lorsqu'au bout de cinq jours l'incendie fut dompté, ou plutôt qu'il s'éteignit, faute d'aliments, sous la cendre et les décombres, l'empereur retourna habiter le Kremlin, qui avait peu souffert, et l'armée vint se loger dans les quartiers peu nombreux, que le feu avait épargnés.

L'empereur passa cinq semaines à Moscou, travaillant, comme aux Tuileries, au gouvernement de ses états, aux soins de l'armée et à la correspondance avec tous les chefs de corps. Dans ses expéditions lointaines, au milieu des soins et des travaux de la guerre, Napoléon s'occupait également de l'administration de son empire, et il n'est presque pas un de ses quartiers-généraux d'Allemagne, de Pologne, de Russie, d'où ne soient datés des décrets impériaux sur des nominations de fonctionnaires, des règlements administratifs, etc. Il affectait même d'entrer dans des détails qui paraissaient bien différents des situations où il se trouvait. Ainsi, parmi beaucoup d'autres, se trouve un décret, daté du Kremlin, sur l'organisation et l'administration du théâtre français.

Napoléon prolongeait son séjour à Moscou, dans l'espoir qu'Alexandre lui ferait des propositions de paix ; mais, voyant le silence du tzar, il se décida à lui en faire lui-même. Il ne reçut aucune réponse ; et Kutusof même fut blâmé d'avoir permis de passer à l'officier français porteur des dépêches de Napoléon. Il n'y avait plus d'espoir d'obtenir la paix ; alors enfin Napoléon songea à la retraite ; il résolut de reprendre ses positions derrière le Dniéper et la Dwina, afin de se rapprocher des magasins qu'il avait fait préparer en Pologne.

Les 15, 16, 17 et 18 octobre, l'armée quitta Moscou pour se diriger sur Smolensk, mais en suivant la route de Kalouga, qui n'avait pas été épuisée par le passage des armées. Le temps était beau et sec ; aucun symptôme menaçant n'annonçait un hiver plus précoce et plus rigoureux qu'à l'ordinaire. Kutusof, en apprenant que l'armée française suivait la route de Kalouga, vint prendre position sur Molok-Jarolavitz, pour arrêter sa marche. Un combat opiniâtre s'engagea, et dura toute la journée. La ville de Molok-Jarolavitz fut prise et reprise jusqu'à sept fois, mais resta définitivement au pouvoir des Français.

Cette résistance inattendue des Russes, la crainte d'une nouvelle bataille, qui aurait augmenté le nombre déjà si considérable de nos blessés, déterminèrent l'empereur à abandonner la route de Kalouga, pour gagner par la droite, la route de Smolensk par Wiasma, route déjà parcourue et allant à Moscou. En voyant ce changement de direction, Kutusof se porta par une route de traverse sur Wiasma ; une partie de l'armée française avait déjà dépassé cette ville quand il y arriva. Il tenta d'enlever notre arrière-garde, mais il fut repoussé par Davoust et par le prince Eugène, après un combat acharné (3 novembre).

Jusque-là, la retraite s'était effectuée péniblement, avec de grandes fatigues, mais sans perte trop sensible. On avait eu à combattre contre un ennemi que l'on pouvait vaincre ; mais bientôt l'armée fut assaillie par un adversaire plus terrible, et contre lequel son courage était inutile ; c'était l'hiver de Russie. Jusqu'au 6 novembre, le temps avait été favorable ; mais le 7 le froid devint très-vif ; une partie des chevaux de la cavalerie et de l'artillerie succombèrent. Le 9, on arriva à Smolensk. Cette ville devait offrir des ressources à l'armée ; mais déjà le désordre régnait dans toutes les parties du service. Les vivres furent gaspillés et dévorés en peu de jours. L'armée s'arrêta cinq jours à Smolensk, sans pouvoir se réorganiser. Pour comble de malheur, l'armée russe se renforçait de toutes parts ; on ne pouvait rester plus longtemps à Smolensk ; il fallut continuer le mouvement rétrograde, malgré l'intensité du froid qui augmentait de jour en jour. On quitta Smolensk le 13 novembre ; le froid s'accrut subitement. Trente à quarante mille chevaux périrent en une seule nuit. Toute la cavalerie se trouva à pied, et il fallut abandonner et détruire, faute d'attelages, la plus grande partie de l'artillerie, et des munitions de guerre et de bouche. Les hommes tombaient par centaines, mourant de froid, de misère et de faim. Au milieu de tant de désastres, il fallait encore chaque jour combattre une nuée d'ennemis qui venaient assaillir l'armée en queue et en flanc. A Krasnoë, Kutusof, qui croyait couper l'armée française, fut encore repoussé par nos soldats, qui retrouvaient leur énergie quand il fallait combattre. « Les Français, dit-il, dans son rapport, loin de se laisser abattre par la cruelle extrémité où ils étaient réduits, n'en étaient que plus enragés à courir sur les pièces qui les écrasaient. »

Tout ce que l'histoire rapporte des légions de Varus, égorgées dans les forêts de la Germanie, des armées de Cambyse ensevelies dans les sables d'Ethiopie, ne peut être comparé aux souffrances, aux calamités que supportèrent alors les débris de cette armée, naguère si belle, si puissante! Toutes les privations accablaient à la fois nos malheureux soldats. Après avoir marché pendant le jour tout entier, ou s'être tenus dans leurs rangs sous les armes, pour faire face à des attaques incessantes, ils ne pouvaient pas même, pendant des nuits de seize heures, s'asseoir au feu d'un bivouac. Pour toute nourriture, ils n'avaient que des lambeaux de chair de cheval qu'ils dépeçaient et dévoraient tout crus. Heureux quand ils pouvaient les faire rôtir à quelque feu de bois vert ou sur les ruines d'une maison démolie! Et tous ne participaient pas à ces tristes festins; le plus grand nombre cheminait lentement, jusqu'à ce que, accablés par le froid, ils tombassent sur la route, où ils expiraient, ne pouvant pas même demander un dernier secours à leurs camarades, qui allaient eux-mêmes un peu plus loin tomber et mourir de la même manière. La neige recouvrait bientôt tous ces corps, et la route en était jonchée!..... et ne fut qu'un long cimetière. Bientôt ils ne trouvèrent même plus des chevaux, et toute espèce de nourriture leur manqua; il fallut mourir! « Ce n'était plus que par milliers à la fois, a dit un historien, témoin occulaire, que les hommes périssaient d'inanition et de froid. Toute la route était jonchée de cadavres, présentant le tableau hideux d'un champ de bataille continu. On rencontrait des troupes de mourants qui, dans un féroce délire, dévoraient les restes de leurs camarades morts peu d'instants auparavant!..... »

Ce fut au milieu de ce désastre, que Napoléon arriva le 25 novembre à la Bérésina, où il croyait trouver le pont de Borisof ; mais l'armée russe de Tchitchakof venait de l'occuper, et l'avait rompu ; d'un autre côté, l'armée de Kutusof et celle de Wittgenstein s'avançaient et allaient l'enfermer. Ainsi Napoléon se trouvait au milieu de trois armées ennemies, dont la moins nombreuse était plus forte que la sienne. Il est certain que si les généraux russes eussent manœuvré dans cette circonstance avec ensemble et activité, pas un homme de notre armée, depuis l'empereur jusqu'au dernier soldat, n'eût échappé. Cependant, par un bonheur inouï, Napoléon put faire construire deux ponts sans être inquiété, et passa, avec sa garde, et une partie de l'armée. Mais l'ennemi vint attaquer alors ce qui restait en deçà des ponts ; le brave maréchal Victor le tint quelque temps en respect, tandis qu'une foule se précipitait en désordre sur les ponts ; alors eut lieu un désastre inouï ; un des ponts se rompit sous la masse qui l'encombrait ; et tout fut précipité dans le fleuve. L'autre pont fut rompu avant qu'un grand nombre de personnes eussent pu passer. On se fera une idée des pertes que fit l'armée française en cette occasion, par l'extraction des cadavres qu'ordonna, six mois après, le gouvernement russe ; il en fut tiré vingt mille en cet endroit seulement !

Après le passage de la Bérésina, les Russes cessèrent de poursuivre l'armée. Napoléon se dirigea sur Wilna. Le 3 décembre, le quartier-général arriva à Malodetehno, d'où est daté le fameux vingt-neuvième bulletin de la grande armée, où Napoléon raconte lui-même les malheurs qui ont assailli son armée depuis son départ de Moscou. Le 5 décembre, Napoléon arriva à Smorgoni. On n'était plus qu'à quelques marches de Wilna ; les nouvelles qu'il venait de recevoir de France lui firent juger que sa présence était nécessaire à Paris ; là seulement il pourrait imposer à l'Autriche et à la Prusse, dont l'alliance lui paraissait douteuse. Il laissa le commandement de l'armée au roi de Naples et au prince de Neufchâtel, et partit dans la nuit. Il arriva à Paris le 18 décembre, deux jours après que la publication du vingt-neuvième bulletin avait jeté la consternation dans toute la France.

Sa présence remit un peu les esprits. Pour lui, il ne parut ni abattu, ni déconcerté par un si grand revers; et, dès le lendemain, il convoqua tous les ministres, tous les dignitaires de l'empire, qui, dans leurs compliments et leurs louanges, ne furent ni moins humbles, ni plus vrais. Il prépara dès-lors, avec ses ministres, les moyens de se remettre en campagne. C'était le principal but de son retour, et il y mit plus d'activité, plus de force qu'il n'avait encore jamais fait.

Une autre cause de son retour à Paris était la conspiration de Mallet, dont il avait reçu la nouvelle sur les rives de la Bérésina, dans un moment où il avait à s'occuper de bien autre chose. En y réfléchissant ensuite, il fut épouvanté de la facilité qu'un homme obscur, prisonnier et sans complice, avait trouvée pour attaquer son gouvernement et presque le renverser. Ce qui le blessa peut-être plus vivement que l'entreprise elle-même, ce fut la faiblesse du préfet de la Seine. « Il ne pouvait concevoir, disait-il, que le premier magistrat civil de la capitale se fût fait subitement et sans opposition l'agent d'une révolution, plutôt que d'aller se ranger près du fils et de la femme de son souverain à qui il avait prêté serment. » Ce préfet fut destitué ; Napoléon s'en tint là, quoiqu'il connût bien qu'il y avait d'autres coupables ; mais il garda le silence, et, sans perdre de vue ses ennemis secrets, il leur fit sentir, par des paroles publiques, dont eux seuls pouvaient bien comprendre le véritable sens, que leur conduite en son absence n'avait plus de mystère pour lui.

Les idées que cette conspiration de Mallet lui inspira sur l'instabilité de sa puissance, conduisirent alors Napoléon à s'occuper des affaires de Rome, et de faire lever les bulles d'excommunication qui pesaient sur lui. Le Saint-Père, toujours prisonnier, avait été transféré à Fontainebleau (juin 1812). Dans le mois de janvier 1813, Napoléon envoya un chambellan à Fontainebleau, chargé de complimenter sa Sainteté, à l'occasion du nouvel an. A cette époque, le vénérable pontife était dans un état de faiblesse et de souffrance, qui fit espérer des concessions que tant de persécutions n'avaient pu lui arracher. On lui réitéra des offres, des promesses; on lui envoya des messagers de toute espèce; enfin Napoléon se rendit lui-même à Fontainebleau avec l'impératrice Marie-Louise; il alla jusqu'à embrasser le saint-père avec une effusion incroyable de sa part; il y retourna plusieurs fois, et finit par lui proposer de mettre fin à leur dissentiment par une espèce de concordat qu'il avait apporté tout prêt et rédigé avec beaucoup d'adresse. On a dit que, pour le faire signer au pontife, il usa de la plus extrême violence; mais Pie VII, plusieurs fois interrogé sur ce fait, qui n'était pas dans le caractère de Napoléon, et qui d'ailleurs eût peu réussi auprès du saint-père, a toujours assuré qu'il n'était pas vrai. « Non, disait-il, il ne s'est pas porté à une telle indignité, et Dieu permet qu'à cette occasion nous n'ayons pas à proférer un mensonge. » Ce qui est plus vrai, c'est que ce vieillard seul, ne pouvant pas consulter ses cardinaux, environné de toutes sortes de séductions, donna sa signature à un acte qui n'était qu'un projet de concordat et qui ne pouvait, d'après les conventions, être publié qu'après un examen plus approfondi. Napoléon, dès qu'il eût la signature du saint Père, se hâta de publier le concordat (25 janvier 1813); Pie VII, dès qu'il apprit cette nouvelle, envoya à l'empereur une réclamation énergique, où il disait que sa conscience avait été surprise et qu'il ne pouvait consentir à l'exécution de ce concordat, « signé inconsidérément et par fragilité humaine. » Napoléon n'eut point égard à cette réclamation et le pape resta à Fontainebleau.

Cependant les nouvelles que l'empereur recevait du Nord étaient de plus en plus affligeantes. Les débris de l'armée, que Murat devait réorganiser à Wilna, n'avaient pu rester dans cette ville. L'armée prussienne, qui formait notre arrière-garde, et presque toute la force du corps de Macdonald, était passée toute entière, avec son général York, dans les rangs de l'armée russe (30 décembre 1812). Alors Murat s'empressa de repasser le Niémen, et se retira sur la Vistule. Bientôt il précipita sa retraite jusqu'à Posen. Là il abandonna le commandement au prince Eugène, pour aller sauver, disait-il, son royaume de Naples (16 janvier 1813). Les Français se jetèrent derrière l'Oder; les Russes franchirent la Vistule (18 janvier).

Eugène prit d'une main ferme le commandement de l'armée, réduite à dix-sept mille hommes; il déploya la plus grande activité, tira de ses derrières des armes, des chevaux, des munitions, approvisionna les places de l'Oder, pressa les renforts qui commençaient à arriver sur l'Elbe, et parvint à tenir les Russes en respect. Mais de nouvelles défections rendirent ses efforts inutiles. Le passage de l'Oder fut livré par les Prussiens, et Shwartzemberg se retira dans la Gallicie. Alors Eugène, débordé sur ses deux flancs, quitta Posen (12 février), laissa des garnisons dans Stettin, Custrin et Glogau, et arriva à Berlin. Mais déjà les Cosaques se montraient devant cette ville, et la Prusse était dans la plus grande agitation. Alors Eugène évacua Berlin, et se retira sur l'Elbe. La il s'arrêta, ayant son centre à Leipsick, sa gauche à Magdebourg; sa droite à Dresde, et attendit des renforts. La retraite était terminée (9 mars).

Pendant ce temps-là Napoléon faisait ses apprêts pour une nouvelle campagne avec une activité prodigieuse; en trois mois six cents canons, deux mille caissons, soixante-dix compagnies du génie et six régiments de canonniers avaient été envoyés sur l'Elbe ; les cadres de cent bataillons, quatre régiments de la garde, et deux régiments de cavalerie avaient été tirés d'Espagne; la gendarmerie fournissait trois mille officiers et sous-officiers pour reformer la cavalerie. L'empereur obtint encore du sénat quatre-vingt mille hommes de garde nationale, quatre-vingt-dix mille hommes de la conscription de 1814 ; enfin dix mille *gardes d'honneur*, sorte d'otages demandés aux familles nobles, qui devaient s'habiller, s'équiper et se monter à leurs frais.

La coalition faisait aussi ses apprêts pour la grande lutte qui semblait devoir être la dernière : l'Angleterre resserra son alliance avec la Russie; elle fit un traité avec la Suède, par lequel elle prit à sa solde trente mille hommes que devait commander Bernadotte. Frédéric-Guillaume signa secrètement, dès le 22 février, un traité d'alliance avec Alexandre, et le 19 mars ces deux monarques conclurent ensemble la convention de Breslau, par laquelle tous les princes allemands étaient appelés à concourir à l'affranchissement de la patrie, sous peine d'être privés de leurs états; la confédération du Rhin était déclarée dissoute ; on appelait toute la nation allemande à se lever en masse.

L'Autriche, sans paraître entrer encore dans la coalition, signait avec les Russes une trêve qui devait se prolonger indéfiniment, et prenait en apparence, l'attitude d'une neutralité armée; mais l'empereur François conseillait en même temps au roi de Prusse de « ne pas arrêter le noble élan qui l'avait porté à seconder les efforts de l'empereur de Russie, » et il adhérait secrètement à la convention de Breslau.

Cependant Eugène était parvenu pendant quinze jours à garder l'Elbe contre cent cinquante mille hommes; à la fin, cette ligne fut rompue par l'insurrection de Hambourg, qui se donna aux Russes (12 mars), et par la prise de Dresde, qu'occupèrent les Prussiens (26 mars). Alors le vice-roi se retira sur la Saal; il arrêta encore l'ennemi pendant un mois, par les manœuvres les plus habiles, et, après avoir rempli dignement sa mission, il ne chercha plus qu'à faire sa jonction avec la grande armée, qui arrivait sous la conduite de l'empereur.

Il était temps qu'il arrivât. La fermeté, l'habileté et la bravoure du vice-roi, la constance de ses héroïques bataillons, réduits à un si petit nombre d'hommes, ne pouvaient plus suffire pour contenir les forces toujours croissantes de l'ennemi. L'empereur, après avoir confié la régence à Marie-Louise, avait quitté Paris et était arrivé à Erfurth, avec toutes ses troupes, sauf la cavalerie, dont la formation n'était pas achevée. Son armée se montait à cent dix mille hommes, presque tous jeunes soldats qui allaient voir le feu pour la première fois. Ce fut sur les bords de la Saal, à peu de distance du fameux champ de bataille d'Iéna, que l'armée nouvelle fit sa jonction avec celle du prince Eugène. L'empereur prit aussitôt l'offensive et ordonna de marcher sur Leipsick. L'avant-garde ennemie fut repoussée de

Weissenfels et de Poserna, après deux combats, dans l'un desquels fut tué le brave maréchal Bessières, duc d'Istrie (1er mai).

L'armée vint bivouaquer sur la route de Lutzen à Leipsick, dans cette plaine célèbre, par la victoire et par la mort de Gustave-Adolphe. Là Napoléon livra la première bataille de cette campagne; la victoire, vivement disputée, nous resta. Les jeunes conscrits s'y montrèrent dignes de leurs aînés. Mais cette victoire leur coûtait douze mille hommes; pour tant d'efforts on n'avait recueilli que deux mille prisonniers, et, faute de cavalerie, on ne put poursuivre les vaincus.

Pendant la bataille, Leipsick avait été pris par les Français, et six jours après, Dresde tomba en leur pouvoir (9 mai). L'ennemi repassa l'Elbe et vint occuper une position formidable dans les environs de Bautzen. L'empereur vint l'attaquer dans cette position (20 mai), et après deux jours de combat, il resta maître du champ de bataille. C'était encore une belle victoire, mais aussi peu fructueuse que celle de Lutzen. L'ennemi avait perdu dix-huit mille hommes, mais il en avait fait perdre aux Français douze mille; il se retirait en bon ordre, brûlant ses bagages, ravageant toute la route, faisant résistance à chaque ruisseau, à chaque ravin. On le poursuivit avec activité, mais en combattant sans cesse. C'est dans une de ces affaires d'arrière-garde, que le grand-maréchal Duroc, l'ami particulier, le confident des plus secrètes pensées de Napoléon, fut tué à côté de lui.

Cependant le résultat des victoires de Lutzen et de Bautzen était l'occupation de la Saxe, la conquête d'une partie de la Silésie. Davoust avait repris les bouches de l'Elbe, Hambourg et Lubeck. La diplomatie vint alors s'interposer au milieu des combattants. L'Autriche offrit sa médiation ; elle obtint de Napoléon un armistice qui devait durer du 4 juin au 28 juillet ; pendant ce temps-là on réunissait un congrès pour traiter de la paix.

Les alliés employèrent le temps de l'armistice à augmenter les forces de la coalition, à réunir, à concentrer leurs efforts, à combiner enfin un plan régulier, ce qui avait toujours manqué aux coalitions précédentes. Après un simulacre de congrès ouvert à Prague, le 29 juillet, où il ne fut pas même tenu une conférence, l'armistice fut rompu, et l'Autriche déclara qu'elle entrait dans la coalition. Cette coalition, telle que l'Angleterre avait tant de fois voulu la faire, était complète : décidée à en finir avec la France, elle avait mis sur pied un million d'hommes. Les armées du Nord comprenaient plus de six cent mille combattants, divisés en trois armées : celle de droite, ou du *Nord*, commandée par Bernadotte ; celle du centre, ou de *Silésie*, commandée par Blücher, et celle de gauche ou de *Bohême*, commandée par Schwartzemberg. En outre, cent quarante mille Russes et Prussiens bloquaient les places de la Vistule et de l'Oder ; et une nombreuse armée de réserve se formait en Russie et en Autriche ; enfin, les armées d'Espagne, composées d'Anglais, d'Espagnols et de Portugais, s'élevaient à plus de deux cent mille hommes. La bataille de Vittoria, gagnée par Wellington (21 juin), avait porté l'ennemi sur la Bidassoa ; les Anglais et les Espagnols menaçaient d'envahir la France. Cet évènement ne fut pas une des moindres causes qui déterminèrent les coalisés à continuer la guerre. Ils comptaient en outre sur le mécontentement de l'intérieur, et sur l'influence de deux anciens lieutenants de Napoléon, doués tous deux de grands talents militaires, Bernadotte et Moreau, qui faisaient aujourd'hui partie du conseil des alliés.

La force des troupes rassemblées par l'empereur ne s'élevait guère qu'à quatre cent mille hommes, en comprenant même dans ce nombre les garnisons des places fortes, et les contingents des alliés, sur lesquels on ne pouvait guère compter, à l'exception des Polonais. Cent cinquante mille soldats aguerris étaient encore en Espagne, où ils se consumaient sans utilité.

Le jour même où expirait l'armistice, les Prussiens envahirent la Silésie, et les Autrichiens publièrent leur manifeste. Toutes les espérances de paix s'évanouirent; le congrès fut dissous, et Napoléon dut aller en Silésie pour combattre les Prussiens, qui se retirèrent devant lui; car, d'après le plan général des alliés, on devait, autant que possible, refuser la bataille à Napoléon. Tandis que l'empereur poursuivait Blücher, il apprit que deux cent mille hommes se portaient sur Dresde, où il n'avait laissé que dix-huit mille hommes sous les ordres de Gouvion-Saint-Cyr. Laissant aussitôt à Macdonald le soin de tenir Blücher en échec, il courut à Dresde, que déjà l'armée alliée avait attaquée sous les yeux des trois monarques. Il conçut alors un plan admirable, qui pouvait avoir des résultats incalculables. Tandis qu'il va soutenir le choc de la grande armée devant Dresde, il envoie Vandamme, avec trente mille hommes, couper la retraite des alliés dans les défilés de la Bohême.

Le 26 août, Schwartzemberg ordonna l'attaque de Dresde, comptant n'avoir affaire qu'au corps de Gouvion-Saint-Cyr. Six colonnes, précédées de trois cents pièces de canon, s'avancèrent avec résolution, enlevèrent le faubourg de Pyrna, en criant Paris! Paris! Un second assaut allait livrer la place, quand tout-à-coup Napoléon arriva avec sa garde. Sa présence rendit le courage à tout le monde; deux colonnes de vieille-garde, s'élançant aussitôt sur les assaillants, les culbutèrent et reprirent le faubourg; l'ennemi recula dans ses premières positions en laissant quatre mille morts et deux mille prisonniers. Ce fut la première journée d'un triomphe aussi beau qu'imprévu; et celle du lendemain fut plus brillante encore. Malgré une pluie torrentielle, les soldats reprirent leurs armes dès le point du jour, jamais ils ne s'étaient montrés plus braves. Napoléon avait employé la nuit à régler leurs mouvements, et dès le matin on le vit à cheval au milieu du feu, la pluie ruisselant sur ses habits. Murat, qui, pour la dernière fois, paraissait dans les rangs français, fut aussi très-brillant à la tête de la cavalerie. Schwartzemberg, qui avait reconnu la présence de Napoléon, se tenait sur la défensive; mais l'empereur, ayant rallié toutes ses troupes, l'attaqua vigoureusement au centre avec toute son artillerie, et l'obligea à y entasser toutes ses forces; ce fut là qu'un boulet français tua Moreau, à côté de l'empereur Alexandre. Triste et déplorable fin pour le vainqueur de Hohenlinden! Pendant ce temps-là, Murat, ayant débordé l'aile gauche des alliés, forçait des corps entiers à mettre bas les armes. A trois heures, la victoire était décidée; l'ennemi, dans le plus grand désordre, précipitait sa retraite dans les défilés de la Bohême, en abandonnant sur le champ de bataille vingt mille prisonniers, dix mille tués ou blessés et deux cents canons.

On eût fait encore un plus grand nombre de prisonniers, si les chemins, rendus impraticables par une pluie de vingt-quatre heures, n'eussent empêché la poursuite. Napoléon, en voyant l'ennemi en pleine retraite, dit à Berthier : « A présent, nous avons rempli notre tâche; Vandamme va remplir la sienne. » Mais Napoléon n'avait pas compté sur les difficultés que devait rencontrer ce général. Après avoir combattu avec la plus grande valeur contre une armée tout entière, il fut obligé de se rendre prisonnier avec un tiers de ses troupes (30 août). En même temps Macdonald, que Napoléon avait laissé en Silésie, fut battu par Blücher à Katsbach ; en Prusse, Oudinot fut défait à Gross-Beeren par Bernadotte et Bulow ; Ney, envoyé pour rétablir les affaires de ce côté, fut attaqué à Dennewitz et à Zuterborg et n'eut pas plus de succès.

Ces évènements détruisaient toutes les espérances que l'empereur avait fondées sur la victoire de Dresde. L'armée s'abîmait dans des marches continuelles ; des bandes de partisans couraient sur nos derrières ; la Westphalie était en pleine insurrection ; les Cosaques avaient pris Cassel et Brême ; le roi de Bavière allait être forcé d'entrer dans la coalition ; les Saxons et les Wurtembergeois étaient travaillés par les proclamations de Bernadotte. « L'étoile pâlissait, disait le prisonnier de Sainte-Hélène ; je sentais les rêves m'échapper, et je n'y pouvais rien. Un coup de tonnerre pouvait seul nous sauver..... et chaque jour, par une fatalité ou une autre, nos chances diminuaient. Les mauvaises intentions commençaient à se glisser parmi nous ; le découragement gagnait le plus grand nombre ; mes lieutenants devenaient mous, gauches, maladroits, et par conséquent malheureux.... Les hauts généraux ne voulaient plus de guerre ; je les avais gorgés de trop d'honneurs, de trop de considération, de trop de richesses. Ils avaient bu à la coupe des jouissances, et eussent acheté du repos à tout prix..... Le feu sacré s'éteignait [1]. »

Après un mois perdu à Dresde, dans l'espérance de ce coup de tonnerre qui devait le sauver, Napoléon, en apprenant la défection des Bavarois et des Wurtem-

---

[1] Mémorial de Saint-Hélène, t. VI, p 139.

bergeois, se décida enfin à se rapprocher de la France, et indiqua Leipsick pour la réunion de tous les corps de l'armée française.

L'empereur arriva à Leipsick le 15 octobre, et dès le 16, cent trente-six mille Français, attaqués par trois côtés à la fois, avaient à tenir tête à deux cent trente mille alliés. Néanmoins, après une lutte qui dura toute la journée, et qui fut balancée par des succès divers, la victoire resta à l'armée française ; l'ennemi avait éprouvé une perte de trente mille hommes tués, blessés ou faits prisonniers. Poniatowski, qui s'était distingué à la tête de ses Polonais, reçut le bâton de maréchal sur le champ de bataille.

La journée du 17 se passa dans l'inaction ; l'empereur avait demandé un armistice ; on ne lui fit aucune réponse ; les alliés attendaient la jonction de l'armée de réserve de Benigsen et de Bernadotte.

Le lendemain 18, l'armée française avait reçu quelques renforts pendant la nuit ; elle s'élevait à peu près à cent cinquante mille hommes ; mais le nombre des alliés s'était accru jusqu'à trois cent cinquante mille. C'est avec cette masse énorme, avec cinquante mille chevaux et douze cents canons, qu'ils s'avancèrent de toutes parts, enfermant dans un demi-cercle de trois à quatre lieues de développement, les cent cinquante mille Français adossés à Leipsick. La bataille fut effroyable. Cependant, au centre et à la droite, les Français qui, au dire même des ennemis, n'avaient jamais montré plus de bravoure, conservèrent leurs positions ; mais, à la gauche, une horrible trahison leur fit perdre un moment du terrain. Vers le milieu de la journée, le corps des Saxons tout entier, qui formait le tiers de cette gauche, se sépara tout-à-coup des Français, pour se joindre aux alliés, et déchargea toute son artillerie, à bout portant, sur les compagnons qu'ils venaient de quitter. Rien ne peut excuser un pareil fait. C'est dans l'histoire le seul exemple d'un corps auxiliaire, qui ait ainsi abandonné son poste pour passer à l'ennemi sur le champ de bataille, et qui ait, à l'instant même, retourné ses armes contre ceux qui tout-à-l'heure étaient ses alliés, ses amis. Napoléon accourut sur ce point avec sa garde, et là, comme ailleurs, les positions furent conservées. La nuit fit cesser le carnage ; soixante mille hommes jonchaient le champ de bataille.

A la fin de cette terrible journée, on avait averti l'empereur que l'artillerie manquait de munitions ; il se prépara alors à la retraite, et les bagages commencèrent à s'éloigner par la route de Lindenau. Le 19, au matin, les corps de Victor et d'Augereau ouvrirent la retraite ; Ney et Marmont les suivirent, avec l'empereur et la garde ; Lauriston, Macdonald et Poniatowski, formant l'arrière-garde, soutinrent un combat acharné pour protéger la retraite. Au moment où ils allaient l'effectuer eux-mêmes, le seul pont placé sur l'Elster, par où ils devaient passer, sauta, par la faute des sapeurs du génie, qui mirent trop tôt le feu à la mine. Trente mille hommes et cinquante canons se trouvaient ainsi coupés. Le désespoir s'empara de ces braves ; les uns se défendirent jusqu'à la mort dans les maisons ; les autres essayèrent de passer l'Elster à la nage ; peu y parvinrent ; Macdonald fut de ce nombre ; Poniatowski fut tué au moment où il se lançait dans la rivière ; le roi de Saxe, Reynier, Lauriston et quinze généraux restèrent prisonniers. Dans les trois jours de cette bataille, la plus terrible des temps modernes, et que les Allemands appellent la *bataille des nations*, un demi-million d'hommes furent engagés et combattirent avec acharnement. Les Français perdirent cinquante mille hommes, dont vingt mille tués ; les alliés n'eurent pas moins de soixante mille tués ou blessés.

La retraite de l'armée française, harcelée par l'innombrable cavalerie des coalisés, se fit lentement et en désordre. Arrivé à Erfurth, l'empereur réorganisa à la hâte ses débris, qui s'élevaient encore à près de quatre-vingt mille hommes, et se dirigea sur le Rhin. A Hanau, le général bavarois Wrède essaya de couper la retraite à l'armée française, avec un corps de soixante mille Austro-Bavarois, retranchés dans une forte position. Il fallut livrer une nouvelle bataille pour s'ouvrir le passage. L'ennemi fut culbuté dans deux combats, où Wrède fut lui-même grièvement blessé et perdit dix mille hommes (30 octobre).

Le 2 novembre, toute l'armée réduite à soixante mille hommes, avait passé le Rhin. Nos malheureux débris s'entassèrent dans les hôpitaux, où le typhus se déclara, et enleva trente mille hommes en six semaines.

CHAPITRE X.

Retour de l'empereur à Paris. — Opposition et ajournement du corps législatif.— Invasion de la France par les armées alliées. — Campagne de 1814.— Batailles de Brienne, de la Rothière, de Montmirail, de Champaubert, de Montereau, etc.— Projet de l'empereur pour couper les armées ennemies. — Les alliés marchent sur Paris et s'en emparent. — L'empereur à Fontainebleau — Le sénat prononce sa déchéance. — Abdication de Napoléon. — Son départ pour l'île d'Elbe. — Retour de l'île d'Elbe. — Le 20 mars. — Bataille de Waterloo. — Seconde abdication.— Napoléon est conduit à Sainte-Hélène.— Mort chrétienne de Napoléon.

En arrivant à Paris, l'empereur se rendit au sénat : « Il y a un an, dit-il, toute l'Europe marchait avec nous ; aujourd'hui toute l'Europe marche contre nous. Nous aurions tout à redouter, sans l'énergie et la puissance de la nation. » Et il fit décréter une levée de trois cent mille hommes sur les conscriptions de 1813 à 1814, convoqua le corps législatif, et, avec l'argent du domaine extraordinaire, prépara des armes, des chevaux, des habits. Mais il n'y avait plus cet enthousiasme qui, dans d'autres temps, avait si bien secondé ses efforts. La nation harassée, épuisée, irritée, accusait son ambition seule des maux et des dangers de la patrie, s'effrayait des deux millions d'hommes et des huit milliards dépensés par lui en huit années, enfin, regardait comme intolérable le despotisme du sabre. Les partis, longtemps comprimés, étaient revenus à leurs anciens souvenirs ; à Bordeaux et dans la Vendée, les royalistes commençaient à s'organiser comme aux premières années de la révolution, et ils se recrutaient de tous les conscrits réfugiés dans les bois, où ils bravaient la loi draconienne, qui avait rendu les pères responsables de la soumission des enfants.

Au milieu de si grands embarras, Napoléon ouvrit la session du corps législatif (19 décembre). Une violente opposition se manifesta dans la commission nommée pour examiner ces documents ; elle se fit l'écho de la douleur et des vœux de la France ; elle fit un tableau sombre et vrai des maux qui affligeaient la patrie. Napoléon trouva ces réclamations intempestives ; il n'était pas accoutumé à entendre des remontrances ; il ajourna indéfiniment le corps législatif, et, dans une allocution, il lui fit les reproches les plus amers : « Au lieu de m'aider, dit-il, vous secondez l'étranger ! au lieu de nous réunir, vous nous divisez ! est-ce le moment de parler des abus, quand deux cent mille Cosaques franchissent nos frontières, quand Huningue est bombardé et Belfort attaqué ? Quand il s'agit de sauver la liberté politique et l'indépendance nationale, est-ce le moment de disputer sur les libertés et les sûretés individuelles ?..... »

Dans cette situation critique, l'empereur régla par un décret le budget de 1814 ; il rétablit la garde nationale de Paris ; il mobilisa cent vingt bataillons de garde nationale pour le service des places. Avec les cent cinquante mille hommes qui combattaient en Italie et en Espagne, il aurait pu soutenir avec avantage la lutte qui allait s'engager ; mais Napoléon, croyant toujours reprendre l'offensive, ne voulut pas les rappeler; et, au lieu de concentrer ses dernières ressources, il ne fit que des sacrifices tardifs et inutiles. Ainsi, il cessa de garder prisonnier le vénérable Pie VII et le laissa retourner en Italie; il fit un traité avec Ferdinand VII, par lequel il le reconnut comme roi d'Espagne, et lui rendit sa liberté; mais Wellington n'arrêta pas sa marche, et Napoléon ne put tirer que vingt mille hommes de l'armée d'Espagne pour renforcer l'armée de l'intérieur.

L'armée des puissances alliées, au moment où s'ouvrit la campagne de France, s'élevait à plus de douze cent mille hommes. Six cent mille franchirent d'abord le Rhin sur divers points. Le reste était chargé de l'invasion de la Hollande, du blocus des places fortes de l'Allemagne et de la guerre en Italie. Les troupes qui envahirent la France formaient deux armées. *La grande armée*, divisée en trois corps, avait pour généralissime, le prince de Schwartzemberg; Blücher commandait *l'armée de Silésie*, aussi partagée en trois colonnes. Le quartier-général des souverains alliés suivait la grande armée. Les forces, que l'empereur pouvait opposer à ces masses, ne s'élevaient pas à plus de cent vingt mille hommes, non comprises les garnisons des places fortes. Il comptait sur la levée en masse des populations, mais cette levée ne produisit pas les résultats qu'il en attendait; quelques paysans des Vosges, de la Champagne et de la Franche-Comté prirent seuls les armes. Napoléon avait aussi une espérance, que la trahison du roi de Naples fit évanouir. Eugène et Murat devaient réunir leurs forces, ne laisser en Italie qu'un nombre d'hommes suffisants pour la garde des forteresses, passer les Alpes, et prendre les ennemis à dos pendant qu'il les attaquerait de front. Cette manœuvre, arrivant après quelques batailles gagnées, pouvait compromettre l'armée alliée, et l'empêcher de repasser le Rhin. Il fallut y renoncer après la défection de Murat.

L'empereur partit des Tuileries, après avoir laissé la régence à Marie-Louise (25 janvier 1814), et confié à la garde nationale sa femme et son fils qu'il ne devait jamais revoir.

Les bornes qui nous sont imposées ne nous permettent pas de suivre Napoléon dans la campagne de France. Nous ne ferons qu'indiquer les principaux faits de cette campagne.

L'empereur arriva à Châlons-sur-Marne, où il avait concentré son armée. Le 27 janvier, il repoussa une avant-garde ennemie qui s'était avancée jusqu'à Saint-Dizier; le 29, il attaqua Blücher à Brienne, et le chassa de cette position après un violent combat; le 1er février, les alliés eurent l'avantage à la bataille de la Rothière.

Malgré les hostilités, un congrès avait été ouvert à Châtillon. Le premier succès des alliés, au début de la campagne, les enhardit dans leurs prétentions. Ils ne voulurent plus traiter qu'à condition que la France rentrerait dans ses anciennes limites de 89. Au quartier-général de l'empereur on était découragé; une proposition de paix, quelle qu'elle fût, semblait aux conseillers de Napoléon devoir être admise sur-le-champ. Les alliés demandaient une réponse catégorique et prompte; Berthier et Maret pressaient l'empereur d'accepter. « Quoi! leur dit-il, vous voulez que je signe un pareil traité, et que je foule aux pieds mes serments! Des revers inouïs ont pu m'arracher la promesse de renoncer aux conquêtes que j'ai faites; mais que j'abandonne aussi celles qui ont été faites avant moi;..... que je laisse la France plus petite que je l'ai trouvée!..... Si nous renonçons à la limite du

Rhin, ce n'est pas seulement la France qui recule, c'est l'Autriche et la Prusse qui s'évacuent !...... La France a besoin de la paix, mais celle qu'on veut lui imposer entraînera plus de malheurs que la guerre la plus acharnée !...... » Après ce premier mouvement, il se jeta sur un lit de camp, et, le duc de Bassano (Maret), profitant d'un moment plus calme, obtint enfin la permission d'écrire à Caulaincourt, plénipotentiaire de la France à Châtillon, que l'empereur lui laissait *carte blanche*.

Après la bataille de la Rothière, gagnée par les armées réunies de Blücher et de Schwartzemberg, ces deux armées, au lieu de se porter en masse sur Paris, par le pays entre Seine et Marne, se séparèrent pour descendre l'un la Marne, l'autre la Seine jusqu'à la capitale. Napoléon en profita pour tomber sur l'armée de Silésie, qu'il battit et désorganisa en cinq combats différents. Mais, en faisant face à l'ennemi qu'il avait en tête, il ne pouvait plus embrasser d'un coup-d'œil l'ensemble des opérations. Appelé contre Schwartzemberg qui avait passé la Seine, il l'attaque le 17 février, et les combats de Nangis et de Montereau rejetèrent les alliés sur Troyes ; Napoléon marche sur cette ville, et à son approche les Autrichiens l'abandonnent. Schwartzemberg se retire sur Bar-sur-Aube, et donne la main à Blücher qui occupe Arcis. Les deux masses ennemies se trouvaient encore réunies, mais elles étaient troublées, inquiètes ; les fuyards jetaient l'alarme jusque sur le Rhin, où les paysans de la Lorraine et de l'Alsace faisaient une guerre acharnée à leurs convois, et où la ligne de retraite des alliés pouvait être occupée par Augereau, dont le corps d'armée était à Lyon, et qui avait mission de remonter la Saône et de se porter sur le Rhin et les Vosges.

Napoléon, qui se raidissait contre les difficultés de

sa position, fut comme enivré de ses succès, dont il s'exagérait l'importance, écrivit à Caulaincourt de ne traiter que sur les bases de Francfort : « Je suis plus près de Vienne, lui écrivait-il, qu'ils ne le sont de Paris. » Mais les alliés connaissaient mieux que lui la situation intérieure de la France, et le 1er mars ils conclurent le traité de Chaumont, par lequel ils faisaient alliance offensive et défensive pour vingt ans, et s'engageaient, en poursuivant la guerre avec toutes leurs ressources, à ne jamais faire de paix séparée.

Pendant que Napoléon poursuivait Schwartzemberg, Blücher avait repris l'offensive et marchait de nouveau sur Paris. Il laissa Macdonald et Oudinot à la poursuite des Autrichiens, partit de Troyes avec vingt-cinq mille hommes, et arriva par Sezanne à la Ferté-Gaucher. Blücher, apprenant ce mouvement, renonce à marcher sur Paris, fait passer la Marne à toute son armée, et se retire en hâte sur Soissons. Il fut rejoint dans cette ville par Bulow et Wintzingerode, ce qui doubla ses forces et lui permit de reprendre l'offensive (4 mars). Napoléon, après avoir vainement essayé d'enlever Soissons, voulut tourner les alliés par leur gauche, les prévenir à Laon, les couper de la Belgique. Il passa l'Aisne, et rencontra l'armée de Blücher sur le plateau de Craonne (7 mars); il parvint à l'en déloger après un combat sanglant où les Français perdirent huit mille hommes; Blücher se retira en bon ordre sur Laon. Pendant trois jours, l'empereur l'attaqua dans cette position, et fut constamment repoussé. Enfin, après avoir perdu cinq mille hommes, il se retira par la route de Reims, où il livra un violent combat aux Russes, qui étaient maîtres de la ville, et l'abandonnèrent en perdant cinq mille hommes (14 mars).

L'éloignement de l'empereur avait rendus faciles les

mouvements des Autrichiens, et Schwartzemberg en profita pour reprendre la route de Paris. C'était cette évolution qui avait décidé Napoléon à quitter Blücher pour se porter sur Reims. Le succès qu'il remporta dans cette ville détermina Schwartzemberg à se mettre de nouveau en retraite. L'armée française le poursuivit et l'atteignit à Arcis-sur-Aube, où un violent combat s'engagea; Schwartzemberg recula, concentra ses forces, et présenta à la poignée de Français, qui le poursuivaient, cent mille hommes en bataille. Napoléon rétrograda et abandonna la ligne de l'Aube.

Au milieu des vicissitudes d'une défense toujours de plus en plus difficile, les projets se succédaient dans l'esprit de Napoléon. Il résolut tout-à-coup de se jeter par Saint-Dizier dans la Lorraine, d'y réunir les insurgés et les garnisons des places, de couper les communications de l'ennemi, et de le forcer ainsi à suspendre sa marche sur Paris, à faire face au Rhin, à le suivre dans ce nouveau système d'opérations, où une bataille serait décisive. Ce plan était dangereux, puisqu'il découvrait Paris; les alliés ne suivirent pas Napoléon et marchèrent sur Paris.

L'empereur était déjà à Saint-Dizier, lorsqu'il apprit le danger dont la capitale était menacée. Sa fausse combinaison avait porté le dernier coup à sa puissance. Abandonnant son projet, il s'empressa d'accourir à Paris. Il n'en était plus qu'à cinq lieues, lorsqu'en relayant à Fromenteau, il apprit que Paris venait de se rendre et que les ennemis devaient y entrer le lendemain. Bientôt il connut les détails de cette catastrophe. Les alliés, après avoir battu les maréchaux Mortier et Marmont à Fère-Champenoise, ne rencontrèrent plus d'obstacles jusqu'à Paris. Ils parurent en vue de cette ville le 29 mars. Tout était en confusion dans la capitale,

Rien n'avait été prévu pour la défense de cette grande ville. L'impératrice, le roi de Rome, les ministres étaient partis pour Blois; Joseph était resté, mais il n'y avait plus en réalité de gouvernement; tout était dans le désordre le plus complet. A la vue de l'ennemi, le riche avait pensé à capituler et le pauvre à combattre; les ouvriers avaient demandé des armes et n'avaient pu en obtenir. Cependant les braves soldats de Mortier et de Marmont avaient voulu tenter un dernier effort, avant de céder la capitale aux ennemis; quelques milliers d'hommes qui faisaient le fond des dépôts de Paris, les élèves de l'école polytechnique formés en compagnie d'artillerie, et huit à dix mille Parisiens fournis par la garde nationale, étaient sortis des murs pour prendre part au combat. Après une action très-vive et très-meurtrière, l'arrivée de nouveaux renforts avait rendu toute résistance impossible; Joseph, désespérant du salut de Paris s'enfuit, en autorisant les maréchaux à capituler.

Au moment où Napoléon apprit ces tristes détails, la capitulation n'était pas encore signée. Il envoya aussitôt le duc de Vicence à Paris, pour connaître s'il était encore possible de sauver la capitale. Le duc revint dans la nuit annoncer que tout était consommé. La capitulation avait été signée à deux heures du matin, et au jour les alliés devaient entrer dans Paris. L'empereur retourna accablé de douleur à Fontainebleau. Le lendemain, ses troupes, celles de Mortier et de Marmont se rallièrent à Essonne et prirent position sur la rivière (31 mars).

Ce même jour les alliés entrèrent dans Paris. Les royalistes manifestèrent alors ouvertement leur vœu pour la restauration du trône des Bourbons. Ce mouvement sauva la France d'un partage.

Le lendemain (1er avril), le sénat fut convoqué par Talleyrand ; ce corps institua un gouvernement provisoire dont il le nomma président. Le sénat prononça ensuite la déchéance de Napoléon, en s'appuyant sur des motifs, dont la plupart étaient fondés et justes, mais que seul peut-être il n'avait pas le droit d'exprimer. Comment, en effet, de si dociles instruments, de si méprisables complices du despotisme impérial, osaient-ils l'accuser d'abus et d'iniquités, qu'ils avaient eux-mêmes autorisés et consacrés par leurs décrets ? Quoiqu'il en soit, ce décret fit en France la plus grande sensation, et jeta le trouble dans les débris de l'armée.

Les souverains alliés ne se contentèrent pas de cette déchéance prononcée par une autorité qu'ils devaient considérer elle-même comme déchue. Ils exigèrent de Napoléon une abdication absolue, sans restriction et sans réserve des droits de son fils et de ceux de l'impératrice. L'empereur résista longtemps ; enfin, quand il se vit abandonné de ses plus anciens amis, de Berthier lui-même ; quand il vit surtout que Marmont avait signé une convention avec les alliés, il se résigna et signa son abdication en ces termes : « Les puissances alliées ayant proclamé que l'empereur Napoléon était le seul obstacle au rétablissement de la paix en Europe, l'empereur Napoléon, fidèle à son serment, déclare qu'il renonce pour lui et ses héritiers aux trônes de France et d'Italie, puisqu'il n'est aucun sacrifice personnel, même celui de la vie, qu'il ne soit prêt à faire à l'intérêt de la France. »

Ce fut en vain qu'il écrivit à son beau-père, et qu'il demanda qu'on fît venir auprès de lui son fils et l'impératrice. Après avoir passé quelques jours à Rambouillet, tous les deux furent conduits en Autriche, et Napoléon fut condamné à ne plus les revoir. Par un traité que l'empereur Alexandre dicta aux maréchaux Ney et Macdonald, Napoléon fut reconnu souverain de l'île d'Elbe, avec le titre d'empereur, deux millions de revenu pour lui, et deux cent cinquante mille francs pour sa famille. Il eut la faculté d'emmener quatre cents hommes de sa vieille garde.

L'empereur resta à Fontainebleau jusqu'au 20 avril. On a dit, et quelques-uns même de ses amis l'ont sérieusement répété, qu'il tenta alors de s'empoisonner, mais sans pouvoir y parvenir. Mais ce fait, nous le croyons, n'est qu'une pure invention; nous pensons, comme l'écrit un auteur qui a été bien informé sur les particularités de sa vie, et qui certes ne peut être accusé de partialité à son égard, « que le suicide n'était pas dans son caractère. Il a souvent bravé la mort, quand, pour cela, il avait de bons motifs, surtout quand il s'est agi d'obtenir des honneurs et du pouvoir; mais s'il ne s'y fût jamais exposé gratuitement, bien moins encore a-t-il voulu se la donner sans but et sans nécessité [1]. »

Le jour du départ pour l'île d'Elbe arriva enfin.

« Le 20 avril, à midi, les voitures de voyage se rangèrent dans la cour du Cheval-blanc, au bas de l'escalier de Fer-à-cheval. La garde impériale prit les armes et forma la haie; à une heure Napoléon sortit de son appartement; il trouva rangé, sur son passage, ce qui restait autour de lui de la cour la plus brillante et la plus nombreuse de l'Europe; c'étaient le duc de Bassano, le général Belliard, le colonel de Bussy, le colonel Anatole de Montesquiou, le comte de Turenne, le général de Foulers, le baron Mesgrigny, le colonel Gourgaud, le baron Fain, le lieutenant-colonel Athalin,

---

[1] Michaud, Notice sur Napoléon, Biographie universelle, t. 75.

le baron de la Place, le baron Lelorgue d'Ideville, le chevalier Jouanne, le général Kosakowski et le colonel Vonsowitch, ces deux derniers Polonais. Napoléon tendit la main à chacun d'eux, descendit vivement l'escalier, et s'avança vers la garde ; il lui adressa une allocution qu'il termina par ces mots..... « Adieu, mes enfants ; je voudrais vous presser tous sur mon cœur ; que j'embrasse au moins votre drapeau. » Après avoir embrassé le général Petit pour tous ses camarades, il s'élança dans sa voiture, au fond de laquelle le général Bertrand était déjà placé, et partit.

Des commissaires des puissances alliées l'accompagnèrent pendant le voyage ; jusqu'à Valence, il fut accueilli par des cris de *vive l'empereur !* comme au temps de sa puissance ; mais, en Provence, ce fut tout le contraire ; les injures qui lui étaient adressées étaient souvent accompagnées d'émeutes et de menaces violentes, au point qu'il fut obligé, pour s'y soustraire, de prendre un déguisement.

Napoléon arriva le 4 mai à l'île d'Elbe. Il ne parut d'abord s'occuper que d'embellir et de fortifier sa nouvelle résidence ; sa mère, sa sœur Pauline et presque toute sa famille vinrent l'y visiter, et il se mit bientôt en relation avec la cour de Naples. Mais il paraît que dès-lors il était sans cesse occupé de ses projets de retour ; il avait des rapports suivis avec toute la France, surtout avec Paris et les chefs de l'armée. Ce fut surtout vers le mois d'octobre, que sa résolution de retourner en France devint plus absolue. Sa correspondance avec Paris était si bien organisée, qu'il savait ce qui s'y passait beaucoup mieux que le roi lui-même. De ce moment, ses relations avec le continent se multiplièrent, il se réconcilia avec son beau-frère Murat ; enfin, tout était convenu et préparé dès le mois de février 1815; l'époque du départ était fixée au mois d'avril; mais, informé par sa correspondance de Vienne, que la résolution de le transporter dans une île lointaine allait être prise au congrès, il se détermina de se hâter, sans considérer quels malheurs il allait attirer de nouveau sur la France.

Le 26 février 1815, il s'embarqua avec sa petite armée et sa flotille, composée d'un brick et de six autres petits bâtiments, portant en tout mille à onze cents hommes, dont la moitié était des soldats de la vieille garde, commandés par Cambronne, et l'autre des recrues, faits principalement en Corse. Le 1ᵉʳ mars, il débarqua sans obstacle à Cannes, non loin de la plage, où quinze ans auparavant il avait pris terre en revenant d'Egypte. Les défections, parmi les troupes, se multiplièrent sur son passage. Les généraux, et entr'autres le maréchal Ney, qui avaient été investis de la confiance du roi et qui avaient donné mille assurances de leur fidélité, firent cause commune avec Napoléon. Pas un coup de fusil ne fut tiré. Sur la route, il ne fut arrêté par aucune tentative de résistance; c'était à qui s'empresserait le plus vite à lui apporter ses hommages; versatilité de sentiments qui devaient lui inspirer de tristes réflexions. Le 20 mars au soir, l'empereur arriva à Paris, et prit aussitôt possession du château des Tuileries, que la nuit précédente Louis XVIII avait abandonné pour se retirer à Gand.

A peine était-il arrivé, que l'enthousiasme s'éteignit; on se retrouvait dans la situation de 1814, avec toute l'Europe pour ennemie et des dissensions intérieures. La Vendée et le midi ne voulurent pas reconnaître son autorité; les souverains alliés déclarèrent « que Napoléon s'était placé hors des relations civiles et sociales, et que, comme ennemi et perturbateur du repos du monde, il était livré à la vindicte publique. » Ils renouvelèrent le traité de Chaumont « pour préserver de toute atteinte l'ordre de choses si heureusement rétabli en Europe. » Ils y firent adhérer tous les États de l'Europe, même la Suisse, qui s'engagea à donner passage aux alliés et à fournir son contingent; ils rappelèrent en hâte leurs armées, qui déjà avaient repris la route du Nord, et se préparèrent à une nouvelle invasion, qui devait être plus terrible que la première.

Le péril de la situation de Bonaparte était encore aggravé par l'opposition qu'il trouva dans le parti révolutionnaire, qui d'abord l'avait appuyé, puis qui se sépara de lui en le voyant refaire une cour impériale, rendre seul des décrets et rétablir la tyrannie du sabre. L'acte additionnel aux constitutions de l'empire ne parut qu'une mauvaise parodie de la charte; et la chambre des représentants, qu'il convoqua, ne lui montra que défiance et antipathie (7 juin).

Une victoire pouvait faire taire ou au moins comprimer les oppositions. L'Europe armée s'avançait; déjà cent soixante mille Anglais, Hollandais, Hanovriens, commandés par Wellington, et cent vingt mille Prussiens, commandés par Blücher, se trouvaient en Belgique. Napoléon, ayant reformé en deux mois une armée de trois cent mille hommes, envoya des corps d'observation sur les frontières de l'Est, et marcha sur la Sambre avec cent vingt mille hommes. Il battit les Prussiens à Ligny (16 juin). Alors il s'avança contre les Anglais, en laissant trente mille hommes commandés par Grouchy pour contenir les Prussiens. Une nouvelle bataille s'engagea à Waterloo (18 juin), et les Anglais défaits se mettaient en retraite, lorsque les Prussiens, qui avaient échappé à Grouchy, vinrent se joindre à eux. Les deux armées réunies reprirent l'offensive; les Français furent écrasés et mis en pleine déroute. Napoléon essaya vainement de les rallier à Laon ; il laissa le commandement à Soult et accourut à Paris pour y concentrer ses moyens de défense et demander aux chambres la dictature : « Que les représentants me secondent, disait-il, et rien n'est perdu. » Mais, à la nouvelle du désastre, il y eut une explosion contre lui ; la chambre des représentants, loin d'appuyer l'empereur, manifesta les sentiments les plus hostiles. Elle se déclara en permanence, et elle força l'empereur à abdiquer une seconde fois. Napoléon s'y résigna, et le 28 juin il signa une abdication en faveur de son fils Napoléon II. Les représentants furent pleins de joie ; ils nommèrent un gouvernement provisoire, ayant pour président Fouché.

Cependant les débris de Waterloo s'étaient retirés sous la capitale, où ils s'étaient grossis de quelques renforts et formaient une armée de près de cent mille hommes, dont Davoust prit le commandement. Napoléon demanda à se mettre à la tête de l'armée comme simple général ; Fouché le refusa, le pressa de se réfugier aux Etats-Unis et menaça de le faire partir de force. Napoléon se rendit à Rochefort ; mais les croisières anglaises tenaient la mer. L'empereur renonça à s'embarquer pour l'Amérique ; et, par une résolution désespérée, il résolut de se confier à son plus grand ennemi. Il écrivit, le 13 juillet, au prince régent d'Angleterre cette lettre que le général Gourgaud fut chargé de porter à Londres.

« Altesse royale, en butte aux factions qui divisent mon pays et à l'inimitié des plus grandes puissances de l'Europe, j'ai terminé ma carrière politique, et je viens, comme Thémistocle, m'asseoir au foyer du peuple britannique. Je me mets sous la protection de ses lois, que je réclame de votre altesse royale, comme du plus puissant, du plus constant et du plus généreux de mes ennemis.   NAPOLÉON. »

Cependant le temps pressait. Paris avait été occupé par l'étranger. Un des capitaines de la station navale anglaise, M. Maitland, déclara le 14 « qu'il n'avait pas encore de saufs-conduits pour l'empereur (ces saufs-conduits avaient été demandés depuis le 10); mais que si l'empereur voulait s'embarquer pour l'Angleterre, il était autorisé à l'y conduire et à le traiter avec tout le respect et les égards dus au rang qu'il avait occupé. » L'empereur se rendit le 15, avec sa suite, à bord du *Bellérophon*. Il y fut reçu avec tous les honneurs militaires. Le Bellérophon mit aussitôt à la voile ; mais, retardé par les vents contraires, il n'arriva que le 24 juillet dans la rade de Torbay. Le 30, il reçut enfin la réponse à la lettre qu'il avait adressée au prince régent. C'était une déclaration ministérielle, ainsi conçue : « Il ne peut convenir ni à nos devoirs envers notre pays, ni à nos alliés, que le général Bonaparte conserve de nouveau le moyen de troubler la paix du continent. L'île de Sainte-Hélène a été choisie pour sa future résidence. Le climat est sain, et la situation locale permettra qu'on l'y traite avec plus d'indulgence qu'on ne le pourrait faire ailleurs, vu les précautions indispensables qu'on serait obligé d'employer pour s'assurer de sa personne.... »

Napoléon protesta énergiquement contre cette décision ; sa réclamation ne fut pas écoutée. Le 6 août, il fut transféré à bord du *Northumberland*, et le 17 octobre il aborda à Sainte-Hélène. Il avait été accompagné par quelques amis fidèles, qui avaient demandé et obtenu la permission de partager son exil ; c'étaient MM. de Montholon, Gourgaud, de Las-Cases, avec son fils, et Bertrand ; Mmes Bertrand et de Montholon, avec leurs enfants, obtinrent aussi la permission de suivre leurs maris. Il fut permis à l'empereur d'emmener douze individus de sa domesticité, entre autres le valet de chambre Marchand, qui a écrit des mémoires.

La captivité de Napoléon dura six années. On peut lire, dans les volumineux mémoires publiés par ses compagnons d'exil, comment s'écoula pour lui jour par jour et pour ainsi dire heure par heure, ce temps d'une longue et solennelle expiation. Nous n'entrerons pas dans ces détails qui nous mèneraient trop loin, et qui d'ailleurs sont bien connus; mais nous parlerons avec plus d'étendue de la conduite et des sentiments religieux qu'il montra dans les dernières années et jusqu'à la fin de sa vie.

Sa santé s'était assez bien soutenue pendant les premières années de son séjour dans l'île; mais elle commença à s'altérer vers la fin de 1818. Vers cette époque, ainsi que la plupart des hommes qui ont vécu dans une grande agitation, et qui n'ont pas eu le temps de se recueillir, Napoléon parut penser sérieusement à une autre vie. Elevé dans les meilleures doctrines de notre sainte religion, Napoléon se les rappela plusieurs fois au milieu de l'énivrement de sa puissance. Il a dit souvent, même dans ses plus grands succès, que le jour le plus heureux de sa vie était celui de sa première communion, et qu'il se rappellerait toujours l'aspect de cette église de Brienne, où il s'était prosterné devant Dieu, avec tant de foi et d'humilité. Si, au milieu des agitations de la guerre et de la politique, il pratiqua peu les devoirs de la religion, du moins jamais on ne le vit se déshonorer par les blasphèmes et par les stupides dénégations d'un philosophisme impie. A Sainte-Hélène, il finit par revenir sincèrement aux principes de son éducation première; ce fut la consolation de ses derniers moments. Et qu'on ne pense pas qu'il en soit venu là par suite des faiblesses, des terreurs d'un moribond ; il s'en était occupé sérieusement en pleine santé. Dès son arrivée à Sainte-Hélène, un de ses plus grands chagrins fut de ne trouver ni prêtre, ni église, et de ne pas entendre le son des cloches. Plusieurs fois il avait fait demander qu'on lui envoyât de France, ou d'Italie, un prêtre catholique; ses premières demandes ne parvinrent pas, parce qu'elles furent, à ce que l'on croit, retenues par celui à qui Napoléon les avait confiées ; il les renouvela par une autre voie, et enfin elles arrivèrent en France [1] et en Italie. Le cardinal Fesch, qui était à Rome, choisit aussitôt deux ecclésiastiques, que sa Sainteté fit partir pour Sainte-Hélène, où ils arrivèrent le 21 septembre 1819. Napoléon les accueillit parfaitement ; depuis leur arrivée, la messe fut dite chaque dimanche à Longwood (résidence de l'empereur), et tous les autres devoirs de la religion furent pratiqués exactement. Il montrait beaucoup de reconnaissance envers le saint-père, à qui il devait cette dernière consolation. Il se repentait sincèrement alors des persécutions qu'il lui avait fait souffrir, et le disait sans déguisement, professant hautement la plus grande admiration pour les vertus de Pie VII, qu'il appelait un *agneau*.

Il eut, dans le même temps, avec ses compagnons d'exil, surtout avec Bertrand, qui se montrait le plus incrédule, des conversations sur la religion, dans lesquelles on remarque des pensées vraiment étonnantes

---

[1] On en donna communication à M. de Quelen, alors coadjuteur de l'archevêque de Paris, et qui avait eu, au sujet de l'emprisonnement du pape, une vive altercation avec Napoléon. Le ministre de Louis XVIII lui ayant dit : « Quel est le prêtre qui consentira à s'exiler à Sainte-Hélène ? — Moi, répondit le prélat, je m'offre volontiers pour gagner cette âme à Jésus-Christ. » Ce généreux dévouement ne put s'accomplir.

et dignes des plus profonds théologiens. Ce général lui ayant dit un jour sur un ton fort inconvenant : « Qu'est-ce que Dieu ? l'avez-vous vu ? — Je vais vous le dire, répondit Napoléon : comment jugez-vous qu'un homme a du génie ? Le génie est-il une chose visible ? qu'en savez-vous pour y croire ? Sur le champ de bataille, au fort de la mêlée, quand vous aviez besoin d'une prompte manœuvre, d'un trait de génie, pourquoi, vous le premier, me cherchiez-vous de la voix et du regard ? pourquoi s'écriait-on de toutes parts : où est l'empereur ? que signifiait ce cri, si ce n'est de l'instinct, de la croyance en moi, en *mon génie?* Mes victoires vous ont fait croire en moi ; eh bien ! l'univers me fait croire en Dieu.... Les effets merveilleux de la toute-puissance divine sont des réalités plus éloquentes que mes victoires. Qu'est-ce que la plus belle manœuvre, auprès du mouvement des astres ? » Nous pourrions citer d'autres preuves de l'existence de Dieu, données par Napoléon, qui montrent que c'était chez lui un sentiment profond, que sa position actuelle fortifiait, mais qu'elle n'avait point fait naître.

Dans les premiers jours d'avril 1821, convaincu que sa fin était prochaine, il s'occupa sérieusement de ses dispositions testamentaires. Ce travail le fatigua beaucoup, il le recommença plusieurs fois. Ce monument historique du plus haut intérêt, comme tout ce qui se rattache à Napoléon, mérite surtout d'être remarqué. La plupart des legs y sont fondés sur des causes justes et des droits réels ; on regrette qu'une si grande renommée s'y soit souillée par quelques pensées peu généreuses ; mais on admire surtout cette résolution si chrétienne de pardonner à tous les ingrats, à tous les traîtres, à son frère Louis, qui *l'a calomnié dans un libelle*, à Marie-Louise, dont il connaissait tous les torts.

Elle est coupable, disait-il, *mais c'est la mère de mon fils... et moi, suis-je innocent?* Et combien il est touchant, en parlant de sa *bonne mère, de ses frères et sœurs, d'Eugène et d'Hortense, qu'il remercie de tout l'intérêt qu'ils n'ont cessé de lui porter;* et son digne valet de chambre Marchand, qu'il appelle *son ami!....* Pour bien apprécier Napoléon et l'histoire de sa vie, il faut lire ce testament en entier; de telles pièces d'ailleurs ne peuvent s'analyser, et nous regrettons que l'espace ne nous permette pas de le reproduire textuellement [1].

Quelques jours après avoir terminé son testament, un domestique lui annonça qu'on avait découvert pendant la nuit une comète à l'Orient : « Une comète, s'écria Napoléon avec vivacité; ce fut le signe précurseur de la mort de César. » Ainsi le nouveau César se crut averti; mais il voulut se disposer à la mort autrement que le héros païen. Depuis ce moment, il ne s'occupa plus que de ses devoirs de piété, et le prêtre Vignali ne dut plus s'éloigner un seul instant [2]. « Je suis né dans la religion catholique, lui dit-il à plusieurs reprises, je veux remplir tous les devoirs qu'elle m'impose, et recevoir toutes les consolations, tous les secours que je dois en attendre. » Ayant remarqué dans son médecin quelques signes de désapprobation, il lui dit avec force : « Pouvez-vous ne pas croire en Dieu! tout proclame

---

[1] Nous en citerons seulement les deux premiers articles : « 1° Je meurs dans la religion apostolique romaine, dans le sein de laquelle je suis né il y a plus de cinquante ans. 2° Je désire que mes cendres reposent sur les bords de la Seine, au milieu de ce peuple français que j'ai tant aimé.

[2] Le plus âgé des deux ecclésiastiques venus de Rome, l'abbé Bonavita, que Napoléon aimait aussi beaucoup, avait été obligé de retourner en Europe, n'ayant pu supporter le climat de Sainte-Hélène.

son existence, et les plus grands esprits l'ont cru !...»
Une autre fois le docteur s'étant permis de rire aux
éclats, et de la manière la plus indécente, des apprêts
que l'empereur avait ordonnés pour une cérémonie religieuse, Napoléon le tança rudement et dans des termes
si énergiques, que Marchand, qui les entendit, n'a pas
osé les répéter.

« Le 29 avril, dit le comte de Montholon, j'avais déjà
passé trente-neuf nuits au chevet de l'empereur, sans
qu'il eût permis, même à mon vénérable compagnon
de chaîne, le général Bertrand, de me remplacer dans
ce pieux et filial service, lorsque, dans la nuit du 29
au 30 avril, il affecta d'être effrayé de ma fatigue, et
m'engagea à faire venir à ma place l'abbé Vignali. Son
insistance me prouva qu'il parlait sous l'empire d'une
préoccupation étrangère à la pensée qu'il m'exprimait.
Il me permettait de lui parler comme à un père, j'osai
lui dire ce que je comprenais; il me répondit sans hésiter : « Oui, c'est le prêtre que je demande ; veillez
à ce qu'on me laisse seul avec lui et ne dites rien. »
J'obéis, et lui amenai immédiatement l'abbé Vignali,
que je prévins du saint ministère qu'il allait remplir. »

Resté seul avec lui, le prêtre y remplit en effet tous
les devoirs de son ministère. Après s'être humblement
confessé, cet empereur, naguère si superbe, reçut le
viatique, l'extrême-onction, et il passa toute la nuit en
prières, en actes de piété aussi touchants que sincères.
Le lendemain, dès le matin, quand le général Montholon
parut, il lui dit d'un ton de voix affectueux et plein de
satisfaction : « Général, je suis heureux ; j'ai rempli tous
mes devoirs ; je vous souhaite, à votre mort, le même
bonheur. J'en avais besoin, voyez-vous; je suis Italien,
enfant de classe de la Corse; le son des cloches m'émeut;
la vue d'un prêtre me fait plaisir; je voulais faire un

mystère de tout ceci; mais cela ne convient pas; je dois, je veux rendre gloire à Dieu. Je doute qu'il lui plaise de me rendre la santé; n'importe, donnez vos ordres, général, faites dresser un autel dans la chambre voisine; qu'on y expose le Saint-Sacrement, et qu'on dise les prières des quarante heures. » Bertrand voulut s'opposer à ce qu'il appelait une *capucinade;* il ne craignit pas de dire à l'empereur que de pareils actes, que la renommée porterait en Europe, étaient politiquement peu convenables, et plutôt d'un religieux, que d'un vieux soldat, de son empereur... A ces mots, Napoléon, se levant sur son séant, s'écria d'une voix forte : « Général, je suis chez moi, vous n'avez pas d'ordre à donner ici; vous n'en avez pas à recevoir, pourquoi donc y êtes-vous ? est-ce que je me mêle de votre ménage, moi ? » Bertrand sortit, d'un air mécontent; il fallut reconstruire l'autel que déjà il avait fait démolir, et toutes les cérémonies furent reprises selon les ordres de l'empereur [1]. Il eut encore quelques moments lucides, et il aimait alors à se rappeler ce qu'il avait fait de bien pour la religion. « J'aurais voulu, disait-il, réunir toutes les sectes du christianisme, nous en étions convenus avec Alexandre à Tilsitt; mais les revers sont venus trop tôt.... Du moins, j'ai rétabli la religion; c'est un ser-

---

[1] On ne doit pas conclure de cette conduite de Bertrand, qu'il fût enraciné dans l'impiété; c'était plutôt chez lui le fruit d'une mauvaise éducation, et des habitudes contractées dans les camps. Il paraît que les paroles, et surtout la mort édifiante de l'illustre captif, exercèrent beaucoup d'influence sur son esprit. On affirme que, dans les derniers temps de sa vie, le général Bertrand accomplissait régulièrement, au sein de sa pieuse famille, les devoirs de la religion et qu'il est mort très-chrétiennement, à l'exemple de son maître, dont il conserva toujours le souvenir le plus respectueux, et pour qui, chaque année, il faisait célébrer un service funèbre, comme le pratiquent encore un grand nombre de serviteurs fidèles.

vice dont on ne peut calculer les suites.... que deviendraient les hommes sans religion ? » Puis il ajouta « Il n'y a rien de terrible dans la mort; elle a été la compagne de mon oreiller pendant ces trois semaines; et à présent elle est sur le point de s'emparer de moi. J'aurais désiré revoir ma femme et mon fils; mais que la volonté de Dieu soit faite ! » Le 3 mai, il reçut une seconde fois le saint viatique, et, après avoir dit adieu à ses généraux, il prononça ces mots : « *Je suis en paix avec le genre humain.* Le 4 mai, il tomba dans un assoupissement léthargique qui dura jusqu'à sa mort. Le 5, vers les cinq heures et demie, il joignit les mains en disant : « *Mon Dieu !* » Quelques minutes après on l'entendit murmurer les mots *tête*, *armée*, et il expira.

Son corps, après avoir été embaumé, fut placé dans un double cercueil, et inhumé dans le lieu qu'il avait indiqué lui-même pour sa sépulture, dans le cas où son corps devrait rester à Sainte-Hélène. C'était près d'une source jaillissante, à l'ombre de deux saules pleureurs, où il était allé souvent s'asseoir.

En 1840, le gouvernement anglais permit que le corps de Napoléon fût exhumé et apporté en France. Une frégate, commandée par le prince de Joinville, s'est rendue à Sainte-Hélène, et le cercueil, arrivé à Paris, a été déposé solennellement, le 15 décembre 1840, dans l'église des Invalides, où un magnifique tombeau doit être construit.

Ainsi mourut cet homme extraordinaire qui, pendant douze ans, parcourut l'Europe en triomphateur, faisant et défaisant les rois, s'emparant de presque toutes les capitales, et habitué, par ses succès inouïs, à regarder la fortune comme sa vassale et son esclave. C'est au moment où il croyait l'avoir enchaînée sans retour à son char victorieux, c'est au moment où allié à la fille des Césars, il mêlait son sang au sang des plus vieilles familles couronnées, où, par la naissance d'un fils, si ambitieusement nommé *roi de Rome,* il croyait assurer à sa race la domination et l'empire, que ce colosse, pour qui le monde était resserré dans des limites trop étroites, tombe et s'écroule, puis reste, pendant six années cloué sur un rocher, au milieu des mers, comme pour servir d'enseignement de la vanité des grandeurs et de la gloire humaine.

Son fils, qui paraissait appelé à de si hautes destinées, s'éteignit bientôt obscurément à la cour de l'empereur d'Autriche, son aïeul, avant d'avoir pu donner quelqu'indice qu'il eût hérité des prodigieuses qualités de son père. Son titre de roi de Rome avait été échangé contre celui de duc de Reichstadt; élevé comme un jeune prince allemand, il ne parut jamais, dans sa courte existence, tourner des regards de regret vers la France et les grandeurs qui lui étaient réservées. La maladie qui l'a enlevé était une phthisie pulmonaire, dont il se sentait atteint depuis longtemps. Un jour, un flatteur emphatique lui dit : « Fils du soleil, vous serez au moins une planète. — Eh ! monsieur, répondit le jeune duc, laissez-moi mourir tranquille, c'est tout ce que je désire. »

CHAPITRE XI.

Jugement de quelques écrivains sur Napoléon. — Ode de
M. de La Martine.

Nous terminerons cette esquisse rapide de la vie de Napoléon, par quelques jugements des principaux écrivains de notre temps. Nos lecteurs pourront apprécier leurs divers points de vue, et se former une opinion plus complète du caractère de cet homme extraordinaire.

« Napoléon, dit M. de La Mennais, ressemblait trop peu aux autres hommes pour qu'il n'eût pas été formé pour une destination particulière.

» Cet homme allait toujours en avant, les yeux fermés; et, comme il détruisait en marchant, il ne laissait derrière lui que des abîmes. De là, l'impossibilité de revenir sur ses pas, de réparer des fautes ou des malheurs. A la guerre, il ne sut jamais faire une retraite; en politique, il ne sut pas même faire un campement.

» Il n'y avait point de passé pour lui; il n'y avait que le présent, qu'il serrait dans ses bras de fer, comme pour étouffer l'avenir dans son sein. Il craignait le temps, et dans ses terreurs et son impatience, il voulait se passer de lui, en tout ce qu'il entreprenait.

» Né au milieu des tempêtes, il fit le calme ; mais ce calme brûlant qui précède et annonce de plus grands orages. »

Ecoutons maintenant M. de Salvandy, faisant voir combien les projets et les combinaisons des hommes sont renversés par la Providence.

« Restauration sociale et pouvoir absolu, grandeur de la France et lutte sans repos contre le monde, tout cela n'était dans les vues de Napoléon, que les instruments de l'établissement de sa dynastie sur tous les trônes de l'Occident. Maintenant ces trônes sont tombés. Il laissa derrière lui, au lieu de la sécurité, les factions ; au lieu de sa dynastie, celle de Louis XIV ; au lieu du pouvoir absolu, le gouvernement représentatif ; au lieu du territoire de l'empire, les frontières de 1792 ; au lieu de la conquête du monde, le triomphe de l'étranger. Il a voulu soumettre toutes les nations, et il les a conduites toutes par la main au cœur de la France. Il a voulu expatrier d'Europe la Russie, il lui a livré l'Occident. Il a voulu détruire l'Angleterre, il l'a faite reine de toutes les mers et de tous les rivages. Il a poursuivi par toute la terre les institutions libres, bannies de l'empire, et il a hérissé le nouveau monde de républiques, l'ancien monde de monarchies constitutionnelles..... Jamais la fortune ne se joua ainsi des calculs du génie. On dirait que la Providence, pour punir l'immensité de ses désirs, s'est attachée à surpasser la grandeur de ses triomphes par la grandeur de ses mécomptes.....

» Si, au terme de cette rapide esquisse de la plus colossale figure des temps modernes, on était obligé de prononcer en quelques mots un jugement sur cette grande vie, sur cette grande fortune, sur cette grande et sublime intelligence, sur cette grande âme, on dirait : La force fut donnée à Napoléon comme à personne dans l'univers. La Providence ne lui avait pas départi au même degré la sagesse, qui n'est que la justice. Mais, pour être vrai, on doit reconnaître que tout ce qu'il créa fut l'ouvrage et le prodige de son génie et de sa volonté. Ce qui a péri dans ses mains ne périt pas seulement de son fait, mais aussi du fait de sa destinée ; elle se composait de problèmes vraisemblablement insolubles. Aussi peut-on dire avec certitude, qu'il tomba pour avoir ignoré la justice ; on n'oserait ajouter, qu'avec la justice il se serait soutenu [1]. »

« Lorsque la Providence, dit M. De Cormenin, met sa main dans la foule pour y choisir et en retirer les hommes extraordinaires, qu'elle a prédestinés à changer la face des empires, elle leur communique et elle leur attribue tout ensemble la puissance matérielle et la puissance intelligente de la société, et elle ne les fait apparaître, de loin en loin, sur la scène du monde, que dans des circonstances qu'elle semble avoir préparées tout exprès pour leur élévation et pour leur chute. Tels furent Alexandre, César, Napoléon.....

» Napoléon s'empare habilement des forces vives de la révolution qui, lasses de bouillonner au fond de leur cratère et de retomber sur elles-mêmes, cherchaient à se répandre au-dehors et débordaient vers la conquête. Il est maître parce qu'il veut l'être, parce qu'il peut l'être et parce qu'il sait l'être. Il absorbe, dans le despotisme de son empire, les consciences, les intelligences et les libertés. Il a de l'audace, parce qu'il a du génie ; et peut-être il a du génie, parce qu'il a de l'audace. Il méprise les hommes, parce qu'il les juge. Il aime la gloire, parce que tout le reste ne peut rem-

---

[1] Dict. de la conversation. Art. Napoléon.

plir le vide immense de son âme. Il dévore le temps, il dévore l'espace, parce qu'il lui faut vivre plus vite, marcher plus vite que les autres hommes. Il pèse le monde dans sa main, et il le trouve léger, et le front à demi penché dans l'abîme, il se met à rêver l'éternité de sa dynastie et la monarchie universelle.

» Mais, après avoir élevé si haut les conquérants, la Providence éteint d'un souffle l'éclat de leur diadême, et elle les donne en spectacle à l'univers, pour lui montrer que, malgré leur gloire et la sublimité de leur domination, ils sont hommes, et que, comme tous les hommes, ils sont sujets à des chutes sans relevée.

» Napoléon était un de ces hommes prodigieux qui se sentent nés et qui sont faits pour le gouvernement des peuples et des empires. Il faut que ces hommes-là meurent ou qu'ils règnent. Ils sortent à peine d'être simples soldats, et ils commandent comme s'ils étaient généraux. Ils ne sont encore que sujets, et ils parlent déjà en maîtres....

» On trouve dans les proclamations, bulletins et ordres du jour de Napoléon, de la vertu militaire, l'art de l'orateur et le sens profond et délié du politique. Ce n'est pas seulement un général qui parle, ce n'est pas seulement un roi, ce n'est pas seulement un homme d'état, c'est tout cela à la fois. Si Napoléon a été un orateur complet, c'est qu'il était un homme complet. S'il a tout dit, c'est qu'il lui était permis de tout dire. Quelle force, quelle splendeur n'a point le génie uni à la puissance ! Quelle autorité la parole de ce ravageur de peuples, de ce fondateur d'états ne devait-elle pas tirer de la majesté du commandement suprême, de l'éminence et de la perpétuité du généralat, du nombre immense de ses troupes, de leur fidélité et de leur dévouement, de l'éclat multiplié de ses victoires, de la nouveauté, de la soudaineté, de la hardiesse et de la grandeur extraordinaire de ses entreprises.

» Napoléon a réuni toutes les conditions de l'audace personnelle, de la souveraine puissance, et des talents politiques et guerriers à un plus haut degré qu'aucun autre capitaine des temps modernes; et c'est pour cela qu'il leur est de tous points supérieur et incomparable !.....

» Arrêtons-nous : car aussi bien j'entends gronder déjà une voix plus sévère, et je crains que l'histoire ne dresse à son tour son acte d'accusation contre celui pour qui la postérité commence, et ne dise : il était empereur de la république française, et il se fit despote. Il jeta le poids de son épée dans les balances de la loi. Il incarcéra la liberté individuelle dans ses prisons d'état. Il étouffa la liberté de la presse sous les baillons de la censure. Il viola la liberté du jury. Il tint sous ses pieds, dans l'abaissement de la servitude, les tribunaux, le corps législatif et le sénat. Il mit les générations en coupe réglée et il dépeupla les ateliers et les campagnes.... Il leva des impôts arbitraires. Il voulut qu'il n'y eût dans tout l'empire qu'une seule voix, sa voix, qu'une seule loi, sa volonté. Notre capitale, nos villes, nos armées, nos flottes, nos palais, nos musées, nos magistrats et nos citoyens devinrent sa capitale, ses villes, ses armées, ses flottes, ses palais, ses musées, ses magistrats et ses sujets. Il traîna la nation sur les champs de bataille, où nous n'avons laissé d'autre souvenir que l'insolence de nos victoires, nos cadavres et notre or. Enfin, après avoir assiégé les forts de Cadix, après avoir eu dans ses mains les clés de Lisbonne et de Madrid, de Vienne et de Berlin, de Naples et de Rome, après avoir fait trembler les pavés de Moscou sous le roulement de ses canons, il a rendu la France moins grande qu'il ne l'avait prise, toute saignante de ses blessures, démantelée, ouverte, appauvrie et humiliée [1]. »

Ajoutons à ces paroles si fortement burinées, le portrait suivant, dû à une plume sage et exercée.

« Napoléon était petit de taille ; très-maigre dans sa jeunesse, il acquit plus tard beaucoup d'embonpoint. Sa figure, fortement caractérisée, avait de la noblesse et prêtait singulièrement à la sculpture. Ses mains étaient fort belles, et il mettait quelquefois de la coquetterie à les montrer. Exigeant du luxe de tous ceux qui l'entouraient, lui seul restait vêtu avec simplicité. Son valet de chambre a dit qu'après avoir eu beaucoup de peine à lui faire mettre un habillement neuf, il le lui voyait souvent quitter le lendemain pour reprendre le vieux. Il semblait attacher une sorte d'idée superstitieuse à son petit chapeau et à sa redingote grise. Son costume, son attitude, étaient tellement remarquables, qu'aujourd'hui même on le reconnaît, au premier coup-d'œil, dans les tableaux ou dans les gravures, quelque petites qu'en soient les dimensions....

» Comme tous les hommes occupés de grandes affaires et forcés de se déranger sans cesse, il dormait peu, s'éveillait facilement, presque à volonté, et exigeait de ses serviteurs la même activité. Il était sobre, ne restait à table que quelques minutes, et pouvait, par conséquent, donner beaucoup de temps au travail. Doux et complaisant, il était très-aimé de ses domestiques et de tous ceux qui l'approchaient familièrement. Plein de grâces et de charmes pour ceux qu'il voulait séduire, se livrant volontiers à une causerie d'abandon ou à de violentes sorties, il ne perdait jamais de vue le parti

[1] Esquisses des orateurs parlementaires par Timon.

qu'il pouvait tirer de chaque homme et de chaque chose. Sa colère, comme sa confiance, était presque toujours calculée....

» Personne ne posséda à un plus haut degré l'art d'agir sur les masses et de leur inspirer du fanatisme. Adoré des soldats, même dans ses plus grands revers, il ne fut abandonné ou trahi que par ceux dont il avait fait la fortune si grande, qu'ils ne pouvaient plus désirer autre chose que de la conserver. Son penchant au fatalisme ajoutait à l'inflexibilité de son vouloir, et ce vouloir puissant, cet esprit vaste qui pourvoyait à tout, cette activité à laquelle aucun détail n'échappait, avaient en quelque sorte annulé tous les hommes qui l'entouraient.

» Si comme législateur ou comme fondateur d'un empire, Napoléon n'est pas placé plus haut que comme guerrier, il faut au moins reconnaître que ses exploits n'ont point laissé de résultats utiles, que toutes les conséquences en ont été réellement funestes, tandis que plusieurs bases de son édifice monarchique subsistent encore avec avantage, et que les Codes qu'il a établis, dont il a lui-même surveillé, dirigé la rédaction, sont des modèles de clarté, d'unité; qu'ils ont admirablement simplifié l'étude, l'application des lois, et que les peuples qui, aujourd'hui séparés de la France, pouvaient les repousser, leur ont rendu un hommage flatteur en désirant les conserver. C'est un bienfait que la postérité reconnaîtra longtemps, et qui seul devra porter le nom de Napoléon jusque dans les siècles les plus éloignés [1]. »

Peu d'hommes ont été plus célébrés en prose et en vers que Napoléon. L'éclat de sa puissance et de ses vic-

---

[1] Michaud, Biographie universelle.

toires faisait, pendant son règne, naître chaque jour des odes et des dithyrambes, qui, inspirés par l'adulation, n'eurent qu'une durée aussi éphémère que leur mérite. Le bruit de sa chute, mêlé au retentissement de ses grandes actions, a depuis fait vibrer avec gloire les lyres de nos meilleurs poètes. Nous nous bornerons à citer les strophes suivantes de M. De La Martine [1] :

Sur un écueil battu par la vague plaintive,
Le nautonnier de loin voit blanchir sur la rive
Un tombeau près du bord par les flots déposé ;
Le temps n'a pas encore bruni l'étroite pierre,
Et, sous le vert tissu de la ronce et du lierre,
  On distingue un sceptre brisé !

Ici gît... point de nom !... Demandez à la terre
Ce nom ! il est inscrit en sanglant caractère,
Des bords du Tanaïs au sommet du Cédar,
Sur le bronze et le marbre, et sur le sein des braves,
Et jusque dans le cœur de ces troupeaux d'esclaves
  Qu'ils foulait tremblants sous son char.

Il est là !... Sous trois pas un enfant le mesure !
Son ombre ne rend pas même un léger murmure.
Le pied d'un ennemi foule en paix son cercueil.
Sur ce front foudroyant le moucheron bourdonne,
Et son ombre n'entend que le bruit monotone
  D'une vague contre un écueil.

[1] Ces strophes sont extraites des *Méditations* publiées avant la translation à Paris des dépouilles mortelles de Napoléon.

Ne crains pas cependant, ombre encore inquiète,
Que je vienne outrager ta majesté muette.
Non, la lyre aux tombeaux n'a jamais insulté.
La mort fut, de tout temps, l'asile de la gloire ;
Rien ne doit jusqu'ici poursuivre une mémoire ;
   Rien... excepté la vérité !

Ta tombe et ton berceau sont couverts d'un nuage ;
Mais, pareil à l'éclair, tu sortis d'un orage ;
Tu foudroyas le monde avant d'avoir un nom.
Tel ce Nil, dont Memphis boit les vagues fécondes,
Avant d'être nommé, fait bouillonner ses ondes
   Aux solitudes de Memnon.

Les dieux étaient tombés, les trônes étaient vides ;
La victoire te prit sur ses ailes rapides ;
D'un peuple de Brutus la gloire te fit roi.
Ce siècle, dont l'écume entraînait dans sa course
Les mœurs, les rois, les dieux.... refoulé vers sa source,
   Recula d'un pas devant toi.

Tu combattis l'erreur sans regarder le nombre ;
Pareil au fier Jacob, tu luttas contre une ombre ;
Le fantôme croula sous le poids d'un mortel.
Et, de tous ces grands noms profanateur sublime,
Tu jouas avec eux, comme la main du crime
   Avec les vases de l'autel.

Ainsi, dans les accès d'un impuissant délire,
Quand un siècle vieilli de ses mains se déchire,
En jetant dans ses fers un cri de liberté,
Un héros tout à coup de la poudre s'élève,
Le frappe avec son sceptre... Il s'éveille, et le rêve
  Tombe devant la vérité.

Superbe et dédaignant ce que la terre admire,
Tu ne demandais rien au monde que l'empire.
Tu marchais... Tout obstacle était ton ennemi.
Ta volonté volait comme ce trait rapide
Qui va frapper le but où le regard le guide,
  Même à travers un cœur ami.

Jamais, pour éclairer ta royale tristesse,
La coupe des festins ne te versa l'ivresse;
Tes yeux d'une autre pourpre aimaient à s'enivrer.
Comme un soldat debout, qui veille sous ses armes,
Tu vis de la beauté le sourire et les larmes,
  Sans sourire et sans soupirer.

Tu n'aimais que le bruit du fer, le cri d'alarmes,
L'éclat resplendissant de l'aube sur les armes ;
Et ta main ne flattait que ton léger coursier,
Quand les flots ondoyants de sa pâle crinière
Sillonnaient, comme un vent, la sanglante poussière,
  Et que ses pieds brisaient l'acier.

Tu grandis sans plaisir, tu tombas sans murmure ;
Rien d'humain ne battait sous ton épaisse armure ;
Sans haine et sans amour, tu vivais pour penser.
Comme l'aigle régnant dans un ciel solitaire,
Tu n'avais qu'un regard pour mesurer la terre,
    Et des serres pour l'embrasser.

S'élancer d'un seul bond au char de la victoire,
Foudroyer l'univers des splendeurs de sa gloire,
Fouler d'un même pied des tribuns et des rois,
Forger un joug trempé dans l'amour et la haine,
Et faire frissonner, sous le frein qui l'enchaîne,
    Un peuple échappé de ses lois.

Etre d'un siècle entier la pensée et la vie,
Emousser le poignard, décourager l'envie,
Ebranler, raffermir l'univers incertain,
Aux sinistres clartés de ta foudre qui gronde,
Vingt fois contre les dieux jouer le sort du monde,
    Quel rêve !... Et ce fut ton destin.

Tu tombas cependant de ce sublime faîte ;
Sur ce rocher désert, jeté par la tempête,
Tu vis tes ennemis déchirer ton manteau.
Et le sort, ce seul dieu qu'adora ton audace,
Pour dernière faveur t'accorda cet espace
    Entre le trône et le tombeau.

Oh ! qui m'aurait donné d'y sonder ta pensée,
Lorsque le souvenir de ta grandeur passée
Venait, comme un remords, t'assaillir loin du bruit,
Et que, les bras croisés sur ta large poitrine,
Sur ton front chauve et nu, que la pensée incline,
      L'horreur passait comme la nuit.

Tel qu'un pasteur debout sur la rive profonde
Voit son ombre de loin se prolonger sur l'onde,
Et du fleuve orageux suivre, en flottant, le cours ;
Tel du sommet désert de ta grandeur suprême,
Dans l'ombre du passé te recherchant toi-même,
      Tu rappelais tes anciens jours.

Ils passaient devant toi comme des flots sublimes
Dont l'œil voit sur les mers étinceler les cimes ;
Ton oreille écoutait leur bruit harmonieux,
Et, d'un reflet de gloire éclairant ton visage,
Chaque flot t'apportait une brillante image
      Que tu suivais longtemps des yeux.

Là, sur un pont tremblant tu défiais la foudre ;
Là, du désert sacré tu réveillais la poudre ;
Ton coursier frissonnait dans les flots du Jourdain ;
Là, tes pas abaissaient une cime escarpée ;
Là, tu changeais en sceptre une invincible épée ;
      Ici... Mais quel effroi soudain !

Pourquoi détournes-tu ta paupière éperdue ?
D'où vient cette pâleur sur ton front répandue ?
Qu'as-tu vu tout à coup dans l'horreur du passé ?
Est-ce de vingt cités la ruine fumante,
Ou du sang des humains quelque plaine écumante ?
    Mais la gloire a tout effacé.

La gloire efface tout... tout, excepté le crime.
Mais son doigt me montrait le corps d'une victime,
Un jeune homme, un héros, d'un sang pur inondé.
Le flot qui l'apportait, passait, passait sans cesse,
Et, toujours en passant, la vague vengeresse
    Lui jetait le nom de Condé.

Comme pour effacer une tache livide,
On voyait sur son front passer sa main rapide ;
Mais la trace du sang sous son doigt renaissait :
Et, comme un sceau frappé par une main suprême,
La goutte ineffaçable, ainsi qu'un diadème,
    Le couronnait de son forfait.

On dit qu'aux derniers jour de sa longue agonie,
Devant l'éternité, seul avec son génie,
Son regard vers le ciel parut se soulever ;
Le signe rédempteur toucha son front farouche...
Et même on entendit commencer sur sa bouche
    Un nom... qu'il n'osait achever.

Achève... c'est le Dieu qui règne et qui couronne,
C'est le Dieu qui punit, c'est le Dieu qui pardonne.
Pour les héros et nous il a des poids divers.
Parle-lui sans effroi : lui seul peut te comprendre.
L'esclave et le tyran ont tous deux compte à rendre.
   L'un d'un sceptre, l'autre des fers.

Son cercueil est fermé : Dieu l'a jugé, silence !
Son crime et ses exploits pèsent dans la balance :
Que des faibles mortels la main n'y touche plus !
Qui peut sonder, Seigneur, ta clémence infinie ?
Et vous, fléau de Dieu, qui sait si le génie
   N'est pas une de vos vertus...

FIN.

TABLE

DES MATIÈRES.

Chapitre premier. — Famille de Bonaparte. — Naissance de Napoléon et ses premières années, jusqu'au 13 vendémiaire. — 5

Chap. ii. — Bonaparte au 13 vendémiaire. — Il est nommé général en chef de l'armée d'Italie. — Première campagne. — Bataille de Montenotte, de Millésimo, de Dego, de Mondovi. — Armistice de Cherasque. — Passage du Pô ; invasion de la Lombardie. — Bataille de Lodi ; soumission de Milan et de toute la Lombardie. — Ascendant de Bonaparte sur son armée et sur le directoire. — Insurrection de Pavie. — Bataille de Borghette ; investissement de Mantoue. — Rappel de Beaulieu. — Fin de la première campagne d'Italie. 29

Chtp. iii. — Expédition dans la Romagne et en Toscane. — Traité de Bologne avec le pape. — Bataille de Castiglione. — Invasion du Tyrol. — Bataille de Bassano. — Bataille de Saint-Georges. — Wurmser est enfermé dans.

Mantoue. — Entrée en Italie d'une troisième armée autrichienne commandée par Alvinzi.— Situation périlleuse de l'armée française. — Bataille d'Arcole. — Nouveaux efforts de l'Autriche. — Bataille de Rivoli. — Bataille de la Favorite. — Reddition de Mantoue.   57

Chap. iv. — Expédition contre les Etats du pape.— Traité de Tolentino. — Marche de l'armée d'Italie sur Vienne. — Passage du Tagliamento. — Préliminaires de Léoben. — Insurrection de Venise. — Création de la république Cisalpine. — Révolution du 18 fructidor. — Conférences d'Udine.— Traité de Campo-Formio. — Retour de Bonaparte en France.   80

Chap. v. — Bonaparte à Paris. — Projets de l'expédition d'Egypte.— Départ de l'expédition. — Prise de Malte. — Arrivée à Alexandrie.— Bataille des Pyramides. — Occupation du Kaire. — Destruction de la flotte française à Aboukir. — Révolte du Kaire. — Expédition de Syrie. — Siége de Saint-Jean-d'Acre. — Bataille de Mont-Thabor. — Retour de Bonaparte au Kaire. — Bataille d'Aboukir. — Bonaparte quitte l'Egypte. — Son arrivée en France. — Enthousiasme universel. — Révolution du 18 brumaire.   96

Chap. vi. — LE CONSULAT. — Bienfaits du gouvernement consulaire. — Constitution de l'an viii. — Bonaparte Ier consul. — Administration et institutions fondées par le Ier consul. — Expédition d'Italie.— Bataille de Marengo. — Traité de paix de Lunéville. — Concordat. — Paix d'Amiens. — Prospérité intérieure de la France. — Code civil. — Création de la légion d'honneur. — Fondation de l'université. — Le consulat à vie. — Rupture de la paix d'Amiens. — Conspiration de Pichegru, Cadoudal, etc. — Assassinat du duc d'Enghien. — Bonaparte se fait proclamer empereur.   124

Chap. vii. — L'Empire. — Le sacre. — L'empereur Napoléon est proclamé roi d'Italie. — Projets de descente en Angleterre.— Arrêté par la déclaration de guerre de l'Autriche. — Campagne de 1805. — Prise d'Ulm. — Bataille d'Austerlitz. — Traité de paix de Presbourg. — Conquête du royaume de Naples. — Joseph Bonaparte *nommé* roi de Naples; Louis Bonaparte roi de Hollande. — Grands fiefs de l'empire.— Confédération du Rhin. — Campagne de Prusse. — Bataille d'Iéna. — Blocus continental. — Campagne de Pologne. — Bataille d'Eylau. — Bataille de Friedland. — Entrevue et traité de Tilsitt. 158

Chap viii.— Suppression du Tribunat. — Création d'une nouvelle noblesse.— Invasion des Etats du pape. — Affaires d'Espagne. — Entrevue de Bayonne. — Joseph appelé au trône d'Espagne et Murat à celui de Naples. — Révolte de l'Espagne. — Entrevue d'Erfurth. — Campagne de Napoléon en Espagne. — Campagne de 1809 en Autriche. — Bataille d'Essling et de Wagram. — Traité de Vienne. 192

Chap. ix. — Divorce. — Mariage de Napoléon avec Marie-Louise. — Naissance du roi de Rome. — Réunion de la Hollande à la France. — Guerre avec la Russie. — Expédition de Moscou. — Bataille de la Moskova. — Incendie de Moscou. — Retraite des Français. — Retour de Napoléon à Paris. — Campagne de 1813. — Bataille de Lutzen, de Bautzen, de Dresde. — Bataille de Leipsick — Retraite de l'armée française au-delà du Rhin. 215

Chap. x. — Retour de l'empereur à Paris. — Opposition et ajournement du corps législatif.— Invasion de la France par les armées alliées. — Campagne de 1814. — Batailles de Brienne, de la Rothière, de Montmirail, de Champaubert, de Montereau, etc.— Projet de l'empereur pour couper les armées ennemies. — Les alliés marchent sur

Paris et s'en emparent. — L'empereur à Fontainebleau.
— Le sénat prononce sa déchéance. — Abdication de
Napoléon. — Son départ pour l'île d'Elbe. — Retour de
l'île d'Elbe. — Le 20 mars. — Bataille de Waterloo. —
Seconde abdication. — Napoléon est conduit à Sainte-
Hélène. — Mort chrétienne de Napoléon. 248

Chap. xi. — Jugement de quelques écrivains sur Napoléon.
Ode de M. de La Martine. 271

FIN DE LA TABLE.

Lille. Imp. le L. Lefort. 1845.

A LILLE, CHEZ **L. LEFORT**, IMPRIMEUR-LIBRAIRE,

Et chez tous les principaux Libraires.

BIBLIOTHÈQUE HISTORIQUE ET MORALE.

73 VOL. IN-12 A 1 FR. 10 C. LE VOL. BROCHÉ, ORNÉ D'UNE VIGNETTE.

Adhémar de Belcastel, ou ne jugez point sans connaître.
Ame (l'); entretiens de famille sur son existence, son immortalité, sa liberté, etc., suivis d'entretiens sur l'existence de Dieu et sur la Providence, par M.***
Amis de collége, par M.me Césarie Farrenc.
Antoine et Joseph, ou les deux éducations.
Beautés des leçons de la nature, ou l'histoire naturelle présentée à l'esprit et au cœur; extraits de Cousin Despréaux.
Botanique à l'usage de la jeunesse, par M.me B.****
Chants historiques, trad. de l'ital. de Silvio Pellico, par L. P. 2.e édit.
Charmes de la société du chrétien, par l'auteur de *René*.
Correspondance de famille, sur le choix des amis et sur le danger des mauvaises liaisons. 5.e édit.
Dom Léo, ou le pouvoir de l'amitié, par l'auteur de *Lorenzo*. 2.e éd.
Drames à l'usage des colléges et des pensionnats.
Edmour et Arthur, par l'auteur de *Lorenzo*. 2.e édit.
Epreuves (les) de la piété filiale, par le même. 2.e édit.
Eugénie de Revel, ou esquisses historiques de la fin du 18.e siècle.
Famille (la) Luzy, ou désintéressement et cupidité, par Henri Marger.
Fernand et Antony; épisode tirée de l'histoire d'Alger, avec une notice sur l'Algérie.
Foi (la), l'Espérance et la Charité, par M. L. B.
Gilbert et Mathilde; épisode de l'histoire des Croisades.
Histoire d'Angleterre, depuis la conquête par les Romains jusqu'à nos jours.
Histoire de Bossuet, par F. J. L. 2.e édit.
Histoire de Fénelon, par le même. 3.e édit.
Histoire de Du Guesclin; extraite de Guyard de Berville, par ****.
Histoire de Godefroy de Bouillon, suivie de l'histoire des Croisades, jusqu'à la mort de saint Louis, par H. Prévault. 2.e édit.
Histoire de Henri IV, roi de France et de Navarre.
Histoire de Louis XII, surnommé le père du peuple.
Histoire de Louis XIV, à l'usage de la jeunesse.
Histoire de Marie-Antoinette, et précis sur M.me Elisabeth.

Histoire de Philippe–Auguste.
Histoire de Pierre d'Aubusson, Grand–Maître de Rhodes.
Histoire de Russie.
Histoire de S. François d'Assise, par l'auteur du *Voyage à Hippone*.
Histoire de sainte Monique, par le même.
Histoire d'Espagne.
Histoire des Solitaires d'Orient, tirée des auteurs ecclésiastiques.
Histoire de Stanislas, roi de Pologne; extraite de l'abbé Proyart, par ***, et suivie de quelques opuscules.
Histoire de Vauban, par l'auteur de l'*Histoire de Louis XIV*.
Histoire du Bas–Empire, par Ant. Caillot. 2 vol.
Histoire du brave Crillon.
Histoire du grand Condé, par l'auteur de l'*Histoire de Louis XIV*.
Histoire du Moyen–âge, par F. G.
Histoire du pontificat de Pie VI.
Histoire du pontificat de Pie VII.
Jérusalem; tableau de l'histoire et des vicissitudes de cette ville célèbre, depuis son origine la plus reculée jusqu'à nos jours, par de Ravensberg.
Jules, ou la vertu dans l'indigence, par M.me Césarie Farrenc. fig.
Julien Durand; nouvelle imitée de l'anglais par l'auteur d'*Adhémar de Belcastel*, suivie d'Honorine et d'Adolphe.
Lancelle et Anatole, ou les Soirées artésiennes, par D. J. D. ancien professeur de physique. 2.e édit.
Lorenzo, ou l'empire de la religion, par un non-conformiste écossais qui a embrassé la foi catholique. 3.e édit.
Morale du Christianisme, offerte à la jeunesse, par M. D. S.***
Naufrage (le), ou l'île déserte, suivi d'*Arthur Daucourt*. 2.e édit.
Petit (le) Savoyard; histoire morale dédiée à la jeunesse, suivie du *pauvre Orphelin* et de l'*Orpheline*. 2.e édit.
Réné, ou de la véritable source du bonheur, par l'auteur de la *Correspondance de famille*. 2.e édit.
Retour à la Foi; trad. de l'Espagnol d'Olavidès.
Retour des Pyrénées, suivi de fragments et de pensées diverses, par l'auteur du *Voyage aux Pyrénées*. 2.e édit.
Rosario; histoire espagnole, par l'auteur de *Lorenzo*. 2.e édit.
Séraphine, ou le catholicisme dans l'Amérique septentrionale. 2.e éd.
Solitaires (les) d'Isola–Doma, par l'auteur de *Lorenzo*. 2.e édit.
Souvenirs d'Angleterre et Considérations sur l'Eglise anglicane, par M. Robert, chanoine honoraire de Tours.
Souvenirs d'Italie, par M. le marquis de Beauffort.
Théâtre des jeunes filles, par M.me Césarie Farrenc.
Traits édifiants, recueillis de l'histoire ecclésiastique. 2.e édit.
Triomphe (le) de la piété filiale; extrait de la vie du comte Georges de Lesley, publiée en italien par Mgr. Rinuccini, suivi de la famille Deschamps. 2.e édit.
Vie de Brydayne, Missionnaire, par l'abbé Carron.
Vie de Marie Leczinska, reine de France, par l'abbé Proyart.

Vie de sainte Thérèse, suivie de la Paraphrase sur le *Pater*.
Vie de saint Vincent de Paul, extraite de la vie du Saint par Collet.
Vie pratique de S. Alph. de Liguori, par M. l'abbé Gillet, prêtre.
Vie pratique de S. Louis de Gonzague, par le même.
Visnelda, ou le christianisme dans les Gaules, par Mme V. M.***
Voyage à Hippone, au commencement du 5.e siècle, par un ami de saint Augustin. 2.e édit.
Voyage aux Pyrénées, par l'auteur du *Retour des Pyrénées*. 2.e édit.
Voyage sur la mer du monde, orné d'une carte allégorique.
Youlofi (les); histoire d'un prêtre et d'un militaire français chez les nègres d'Afrique, par M. de Préo.

Cette Bibliothèque se continue.

NOUVELLE

BIBLIOTHÈQUE CATHOLIQUE.

380 volumes in-18, à 30 centimes le vol. broché, la plupart ornés de vignettes.

Adèle, ou la pieuse villageoise. 3 vol. fig.
Adhémar de Belcastel, ou ne jugez point sans connaître. 4 vol. fig.
Adolphe, ou la conversion. fig.
Aimable (l') joug du Seigneur.
Ami (l') inconnu. 2 vol. fig.
Albert, ou le sage écolier. fig.
Album du jeune Botaniste. T. P. M. fig.
Aimée, ou l'ange d'une famille. 2 vol. fig.
Ame (l'); entretiens de famille sur son existence. 2 vol. fig.
Amis (les) de régiment. 2 vol.
Anecdotes religieuses, contemporaines et inédites. fig.
Ange (l') consolateur. 2 vol. fig.
Angéline de Mazili. 2 vol. fig.
Année (l') consolante, dédiée aux âmes affligées. 2 vol. fig.
Antoine, ou le bon père de famille.
Arthur Daucourt, ou voyage en Norwége. fig.
Artisan (l') chrétien, ou vie du bon Henri, cordonnier.
Auguste. fig.
Auguste Fauvel. fig.
Augustine, ou les avantages d'une éducation chrétienne.
Ave (l') Maria, ou les beautés de la Salutation angélique. fig.
Avertissements (des) de la Providence dans les calamités publiques.
Bienfaits des Missionnaires de l'Amérique. 2 vol. fig.
Bienfaits (les) de la Providence. fig.
Bible de famille, ou histoire de l'ancien testament. 4 vol. fig.
Bibliothèque (la) de St.-Gervais. 2 vol.
Blanche et Marie. fig.
Bonheur (du) des époux chrétiens. 2 vol.

Bonheur d'une famille chrétienne. 2 vol. fig.
Bonne (la) Mère de famille, ou souvenirs de la vie de Mme ***.
Bon (le) sens du peuple. fig.
Cabane (la) du pêcheur. fig.
Captivité et mort de Louis XVI. 2 vol. fig.
Carême (le) populaire, ou l'école de Jésus souffrant. 2 vol. fig.
Caverne (la) de la forêt; ouvrage imité de l'allemand.
Charité (la).
Charles, ou le bonheur de rencontrer un ami. fig.
Charlotte et Ernest, ou les 6 sous métamorphosés en 6 louis. fig.
Charmes (les) de la société du chrétien. 2 vol. fig.
Choix de lectures chrétiennes et d'anecdotes intéressantes.
Choix des poésies inédites de Silvio Pellico, par L. P. 2 vol. fig.
Chrétien (le) consolé dans les diverses situations de la vie.
Conseils à la jeunesse, extraits des devoirs des hommes.
Conseils d'une mère chrétienne à sa fille, par M. M.*** 2 vol.
Conseils et Exemples en forme de dialogue.
Considérations affectueuses, trad. de S. Liguori, par l'abbé M.***.
Correspondance de famille sur le choix des amis. 4 vol.
Couronne de la grâce. 2 vol. fig.
Croix (la) de la forêt; récit imité de l'allemand.
Dangers (les) de la légèreté. 2 vol.
Derniers (les) jours du condamné Félix Robol. 2 vol. fig.
Deux (les) Marins, ou le triomphe de l'amitié. fig.
Deux amis, ou entretiens familiers sur la nécessité d'une religion.
Deuxième Plaidoyer religieux, ou nécessité de la confession. 2 v. fig.
Devoirs du jeune chrétien. 2 vol. fig.
Dialogue sur le jurement et le blasphème, par un curé de campagne.
Dieu me voit, ou dialogue sur la présence de Dieu.
Dimanche (le) utilement employé; dialogue sur la religion.
Docteur (le) Morisot. 2 vol. fig.
Dom Léo, ou le pouvoir de l'amitié. 2 vol. fig.
De la Douceur chrétienne.
Drames et Proverbes, par l'auteur de la *Famille Luzy*. fig.
Edmour et Arthur, par l'auteur de *Lorenzo*. 3 vol. fig.
Edmund; récit du 15.e siècle, imité de l'anglais. 2 vol. fig.
Efficacité de la prière, ou conversion d'un condamné. fig.
Eglise (de l') catholique, apostolique et romaine. 2 vol.
Elisabeth et Emilie. 2 vol. fig.
Elise. fig.
Entretiens d'un Berger et d'un Missionnaire sur les vérités de la foi.
Entretiens sur les principales fêtes de l'année. 2 vol. fig.
Ermite-Roi (l'). fig.
Espérance (l').
Essais dramatiques et moraux, par l'auteur de *Florence*.
Exemples de confiance en Dieu au milieu des plus grands périls.
Exemples de vertu, mis à la portée de la jeunesse. 2 vol.
Exilé (l') de Tadmor; histoire persane du viie siècle. fig.
Famille du fermier Simon, ou la résignation dans les adversités. fig.
Famille (la) heureuse. 2 vol. fig.
Famille (la) irlandaise; ouvrage imité de l'anglais. 2 vol. fig.
Famille (la) Luzy, ou désintéressement et cupidité. 3 vol.
Fernand et Antony, ou l'amitié dans le malheur. 2 vol. fig.
Fidélité (la) bénie; chronique chrétienne du 5.e siècle.
Florence, ou modèle de piété offert aux jeunes personnes.
Foi (la); par M. L. B. fig.

Fraises (les) et le petit Ramoneur. fig.
Geneviève de Brabant; histoire touchante du vieux temps. 2 vol. fig.
Geneviève, ou la pauvre femme charitable. 2 vol.
Georgine, ou l'amour fraternel. fig.
Gloire et Malheur, ou les suites de l'ambition. fig.
Guide du Lecteur chrétien, pour le choix des ouvrages. 2 vol. fig.
Guirlande de fleurs; poésies contemporaines. fig.
Henri Vanderhove. 2 vol. fig.
Héroïne de la charité, ou vie de Jeanne Biscot. fig.
Heureux (les) fruits de la vertu. fig.
Histoire de Godefroi de Bouillon, par H. Prévault. 2 vol. fig.
Histoire de Jérôme, ou le malin, dupe de ses malices. fig.
Histoire de Joseph. fig.
Histoire de saint Louis, roi de France. 2 vol. fig.
Histoire du Pontificat et de la captivité de Pie VI. 2 vol. fig.
Histoire de Pie VII, extraite en grande partie de M. Artaud. 2 v. fig.
Honnête (l') Marchand, ou la bonne foi dans le commerce. fig.
Honorine. 2 vol. fig.
Imitation de saint Augustin, par l'auteur du *Voyage à Hippone*. fig.
Imitation de saint Joseph. fig.
Importance (de l') de la prière, trad. de l'italien de S. Liguori.
Inconnu (l'), ou l'Expiation. fig.
Instructions sur les évangiles des dimanches et fêtes de l'année. 5 v. fig.
Isabelle de Nesle; épisode tiré de l'histoire du 15.e siècle. 2 vol. fig.
Isala; par l'auteur de *Lorenzo*. 2 vol.
Isidore, ou le fervent Laboureur.
Isla, ou l'Enfant gâté. fig.
Jeanne d'Arc. 2 vol. fig.
Jenny. fig.
Jérusalem; tableau de l'histoire de cette ville célèbre. 2 vol. fig.
Jeunes (les) Héros chrétiens. 2 vol.
Jeune (la) Mélanie. fig.
Jeune (le) Ouvrier, ou souvenirs de la vie de Léandre Vandrisse.
Jeune (la) Vierge, ou notice sur M.elle Aloysa Jouve.
Jour (le) des morts, par A. R.*** fig.
Julie, ou le bon exemple. fig.
Julien Durand; nouvelle imitée de l'anglais. fig.
Justine, ou l'influence de la vertu, par A. D. 2 vol. fig.
Lectures intructives et intéressantes, recueillies de divers auteurs. 2 v.
Lettres de Léandre à Théophile, sur les devoirs dans le monde. 2 vol.
Loi du travail; instruction de Mgr. l'Archevêque de Cambrai. fig.
Louise, ou le doigt de Dieu. 2 vol. fig.
Lorenzo, ou l'empire de la religion. G. T. D. 3 vol. fig.
Louise, ou la bonne femme de chambre. fig.
Marcellin, ou du devoir de prier pour les morts. fig.
Marguerite, ou le dévouement d'une mère, par A. D. 2 vol. fig.
Marie et son père. fig.
Marraine (la) et la Filleule, ou considérations sur le baptême. 2 vol.
Martyr (le) de la croix. fig.
Martyrs (les) et les Confesseurs de la foi.
Martyr (le) du secret de la confession, ou vie de S. J. Népomucène.
Matinées (les) et les Veillées du mois de Marie. 2 vol. fig.
Méditations pour servir dans les circonstances difficiles de la vie.
Méditations de l'enfance, ou réflexions sur l'enfance de N. S. J. C. fig.
Mère (la) des pauvres. fig.
Mes prisons, ou Mémoires de Silvio Pellico. 3 vol. fig.

Miséricorde et Providence; vie de Melle de Lamourous. 2 vol. fig.
Modèle (le) des jeunes pensionnaires, ou vie d'Augustine P.***
Mois (le) de Marie populaire. fig.
Mon bon ange. fig.
Morale (la) du Christianisme, offerte à la jeunesse. 4 vol. fig.
Moralités et Allégories, traduites et imitées de l'allemand. fig.
Moraliste (le) du premier âge.
Natalie, ou la piété nous rend heureux.
Naufrage (le), ou l'île déserte; ouvrage imité de l'anglais. 2 vol.
Nouveaux Essais dramatiques et moraux; scènes populaires.
Nouveau (le) Tobie, ou la patience dans les afflictions de la vie.
Observation (de la fidèle) des Commandements de Dieu. 2 vol.
Observation (de la fidèle) des Commandements de l'Eglise.
Orphelins (les) juifs. fig.
Pater (le), ou les beautés de l'Oraison dominicale. fig.
Pauvre (le) Orphelin. fig.
Paysans (les) Norwégiens. fig.
Pêcheurs (les) de la côte. fig.
Pensées sur les fins dernières de l'homme, trad. de S. Liguori. 2 v.
Pensées de saint Augustin. fig.
Petit (le) Savoyard. fig.
Petite (la) Mendiante. fig.
Piété (la) filiale, ou devoirs des enfants envers leurs parents. 2 v. fig.
Pratique de l'amour envers N. S. Jésus-Christ, par S. Liguori. 2 v. fig.
Pratique des vertus chrétiennes. fig.
Premier Plaidoyer religieux, ou le dogme de la Confession.
Princesses (les) de France, modèles de vertu et de piété. 2 vol.
Prisonnier (le) de Russie, par l'auteur des *Youlofi*. 2 vol. fig.
Prix (le) de Sagesse, par l'auteur de la *Famille Luzy*. fig.
Réconciliation (la). 2 vol. fig.
Réné, ou de la véritable source du bonheur. 2 vol.
Retour de l'enfant prodigue, ou dialogue sur la Pénitence. 2 vol.
Retour (le) en Savoie. fig.
Robert, ou le Superstitieux éclairé.
Rosario; suite des *Solitaires d'Isola Doma*. 3 vol. fig.
Route (la) du Ciel; pensées pour chaque jour du mois. fig.
Sabine. 2 vol. fig.
Sacrifice (le) de l'Autel; par M. Guillois, curé au Mans. 2 vol. fig.
Sage (le) dans la solitude. fig.
Saints (des) Anges, et en particulier des Anges gardiens.
Sélim, ou le pacha de Salonique. fig.
Sentiments chrétiens, ou paraphrases diverses des livres saints.
Séraphine, ou le Catholicisme dans l'Amérique septentrionale. 3 v. fig.
Serviteurs (les) vertueux, ou vie de la bonne Armelle et de J. Cochois.
Silva, ou l'ascendant de la vertu, par l'auteur de *Lorenzo*. 2 vol. fig.
Sœurs (les) jumelles, ou la vocation. 2 vol.
Solitaires (les) d'Isola Doma, suite de *Silva* et du même auteur. 2 v.
Soirées (les) artésiennes. 4 vol.
Soirées (les) du Presbytère. fig.
Souffrances et Résignation. fig.
Souvenirs d'Italie. 3 vol. fig.
Souvenirs d'Angleterre et considérations sur l'Eglise anglicane. 2 v. fig.
Stéphane et Félicie, ou considérations sur les Sacrements. 2 vol.
Suites funestes de la lecture des mauvais livres. 2 vol.
Suzanne, ou l'atelier des orphelines, par l'auteur de *Thérèse*. fig.
Tableau de la naissance du protestantisme, par M. l'abbé P.*** fig.

Thérèse, ou la pieuse ouvrière. fig.
Traits édifiants recueillis de l'histoire ecclésiastique. 4 vol.
Traits remarquables, recueillis des premières années du 19.ᵉ siècle.
Trésors (les) de la grâce, suivis de traits historiques. 2 vol.
Triomphe (le) de la piété filiale. 2 vol.
Triomphe (le) de l'humilité, ou vie du B. Benoît-Joseph Labre.
Trois condamnés à mort: Colin, Druon et Friedlander. 2 vol. fig.
Troisième Plaidoyer religieux, ou les avantages de la confession. fig.
Un Ange de la terre, ou notice sur la vie et la mort de J. Daymé. fig.
Un Maître d'école. 2 vol. fig.
Une Enfant de Marie, ou notice sur la vie et la mort de M.ᵉˡˡᵉ ***.
Une Famille française chez les Iroquois. 2 vol. fig.
Vacances (les), ou lettres de quelques jeunes personnes. 2 vol.
Valentin, ou le jeune Menuisier faisant son tour de France. fig.
Variétés instructives et morales. 2 vol.
Veillées (les) du village, ou dialogues sur divers sujets. 2 vol.
Veillées (les) amusantes. fig.
Véritable (la) Sagesse, ou les sept dons du Saint-Esprit. fig.
Vérités (les) de la Foi, mises à la portée de tous les fidèles.
Vertus et Bienfaits du clergé de France. 2 vol.
Vertus de Marie; par S. Alphonse de Liguori. 2 vol.
Victorine et Eugénie, ou politesse et charité.
Vie de François-Philibert, dit Lafeuillade, soldat au régiment du Vexin.
Vie de la bienheureuse Françoise d'Amboise, duchesse de Bretagne.
Vie de Louis de Sales, ou modèle de piété au milieu du monde. 2 v.
Vie de Louis XVII. 2 vol. fig.
Vie de M. de la Salle, ou l'ami de l'enfance. fig.
Vie de M. de Renty, ou modèle du parfait chrétien. 2 vol.
Vie de M.ᵐᵉ Maës. fig.
Vie de S. Augustin, évêque d'Hippone, docteur et P. de l'Eglise. 2 v.
Vie de saint François de Sales, évêque et prince de Genève. 2 v. fig.
Vie de saint François Xavier, apôtre des Indes. 2 vol. fig.
Vie de saint Vincent de Paul. 2 vol. fig.
Vie de sainte Catherine de Sienne.
Vie de sainte Marie-Magdeleine, pécheresse et pénitente.
Vie du pauvre prêtre Bernard, ou le Père des malheureux. 2 vol.
Vie du P. Jean Eudes; par M. l'abbé P.*** portr.
Vie du vénérable serviteur de Dieu Grignon de Montfort. fig.
Vie et Miracles de sainte Philomène. 2 vol.
Vie pratique de S. Louis de Gonzague; par M. Gillet, prêtre. 2 v. fig.
Vierge (la) iroquoise. fig.
Vies des Saints dans les plus humbles conditions de la société. 2 vol.
Visnelda, ou le christianisme dans les Gaules. 2 vol. fig.
Voyage aux Pyrénées, par l'auteur des *Souvenirs de Voyages*. 2 v. fig.
Voyage sur la mer du monde. 2 vol. carte.
Voyage à Hippone, au 5.ᵉ siècle. 2 vol. fig.
Voyage à Migné. 2 vol. fig.
Wilhem, ou le pardon d'une injure. fig.

Cette Bibliothèque se continue.

LIVRETS D'ENCOURAGEMENT

AU TRAVAIL ET A LA VERTU.

LIVRETS IN-18, DONT 30 AVEC JOLIE VIGNETTE.

A 10 FR. LE CENT, *avec vignette.* A 8 FR. LE CENT.

1.re SÉRIE.

Le petit Paul.
L'Enfant dans les bois.
Albert et Léonard.
L'Orpheline.
Les véritables Défenseurs du peuple.
L'Hirondelle.
L'honnête Homme.
Notre-Dame de Bon-Secours.
Emile et Edouard.
Le Chien dans la Seine.
Thomas Morus.
La mère Blanc-d'OEuf.
Ayez pitié du pauvre.
Michelette, ou l'ange de la prison.
Julien le jardinier.

2.e SÉRIE.

La tombe des Carriers.
Jules Belly.
Le Fermier de Valpont.
Pauvre père !
Le pieux Commis.
L'Avare et le Prodigue.
La Providence.
Les deux Voisins.
Les Voleurs.
Gérard le charpentier.
Si j'avais cent francs !
Les Quadrupèdes.
Les Oiseaux.
Les Insectes.
Les Poissons.

1.re SÉRIE.

Le vrai Moyen d'être heureux.
Le seul Remède aux désordres.
La 1.re Communion d'Edouard.
M. Valbert.
La Religion protectrice du pauvre.
Prosper.
Les deux Frères.
Le danger des mauvaises lectures.
La sanctification du Dimanche.
Les deux Soldats.
Le Secours inattendu.
M. de Saint-Aubin.
Les Vœux changés d'objets.
Pourquoi des riches ? Pourquoi des pauvres ?
Saint Louis de Gonzague.

2.e SÉRIE.

La joie du Chrétien.
L'Homme et la vie.
L'Homme et la mort.
Foi. Douceur.
Les Délices de l'homme de bien.
L'Arrogant puni.
Jean, ou l'orphelin reconnaissant.
Ernest, ou repentir d'un bon cœur.
Julien, ou le mensonge.
Bastien, ou l'enfant dissipé.
Charles, ou l'enfant jaloux.
Henri, ou le jeune instituteur.
Fabliaux.
Fleurs à la jeunesse.
L'Homme. Le Monde. l'Eternité.

www.ingramcontent.com/pod-product-compliance
Lightning Source LLC
Chambersburg PA
CBHW071125160426
43196CB00011B/1801